U0482341

浙江工业大学人文社会科学后期资助项目

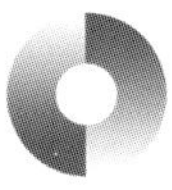

政策科学视野中的新型城镇化

目标、网络及其工具选择

王洪江◎著

中国社会科学出版社

图书在版编目（CIP）数据

政策科学视野中的新型城镇化：目标、网络及其工具选择／王洪江著．—北京：中国社会科学出版社，2021.5

ISBN 978 - 7 - 5203 - 8074 - 4

Ⅰ.①政… Ⅱ.①王… Ⅲ.①城市化—经济政策—研究—中国 Ⅳ.①F299.21

中国版本图书馆 CIP 数据核字(2021)第 040730 号

出 版 人　赵剑英
责任编辑　张　林
特约编辑　王　萌
责任校对　周晓东
责任印制　戴　宽

出　　版　中国社会科学出版社
社　　址　北京鼓楼西大街甲 158 号
邮　　编　100720
网　　址　http://www.csspw.cn
发 行 部　010 - 84083685
门 市 部　010 - 84029450
经　　销　新华书店及其他书店

印刷装订　三河弘翰印务有限公司
版　　次　2021 年 5 月第 1 版
印　　次　2021 年 5 月第 1 次印刷

开　　本　710 × 1000　1/16
印　　张　17.25
插　　页　2
字　　数　255 千字
定　　价　99.00 元

目　　录

第一章

绪　论

一　问题缘起与研究意义

（一）问题的提出

科菲·安南曾经指出，在哪里生活已经和怎么生活一样受到人们重视。城市已经成为人类最重要的居住与活动区域，城市化是人类社会不可逆的历史发展趋势。诺贝尔经济学奖获得者斯蒂格利茨在 2000 年 7 月有一个著名断言被广泛引用："中国的城市化与美国的高科技发展将是深刻影响 21 世纪人类发展的两大课题"。[①] 不管这种预言是否符合事实，但有一点可以肯定，如此人口规模与体量的一国城市化确实是人类社会历史上的第一次伟大尝试，而且将在世界历史发展中占有重要地位。无论成功与否都会对世界发展造成极大影响并有重要的借鉴意义，当然更重要的是城市化对于中国发展自身蕴含的巨大价值与意义。

面对这样的历史大趋势，中国政府也做出了积极回应。中国共产党第十六次全国代表大会工作报告中，首次在中央层面明确提出城镇化发展战略。2008 年美国发生次贷危机，更有学者提出观点认

① 吴良镛、吴唯佳、武廷海：《论世界与中国城市化的大趋势和江苏省城市化道路》，《科技导报》2003 年第 9 期，第 3 页。

为城市化是中国走出经济低谷的唯一通道，主张应对世界性萧条的经济振兴方案的战略方向应立足于城市化①。对此虽然争论很多，但是都难以改变城镇化作为政府重要执政战略的事实，城镇化被赋予新的历史使命。中共十八大开始提出了新型城镇化的战略构想，提出“新型工业化、信息化、城镇化”深度融合，走中国特色的城镇化道路，城镇化战略明确上升为国家战略。2013 年 12 月，中共中央召开了新中国成立以来的第一次城镇化工作会议，并制定了《国家新型城镇化规划（2014—2020 年）》（以下简称《国家规划》）进行统一指导。新型城镇化成为中央的执政方略已是既定事实，其重要性无须赘述，关键问题在于怎样执行好这个执政战略，达成新型城镇化政策目标。《2013 年全球监测报告》中强调，消灭贫困，实现千年发展目标都离不开城市化，但如果城市化进程失当，贫民窟、城市污染和各类刑事案件等城市常见病也会大量产生②。目前中国城镇化的发展态势并不会随着新型城镇化这一新概念的提出而自动得到有效改变，新型城镇化政策如果执行不好，城镇化的负面效应就有可能不断扩大。所以新型城镇化战略构想提出之后，更重要的是如何实现的问题。我们迫切需要提升新型城镇化政策执行效果以利于城镇化目标的实现。

需要注意的是，新型城镇化不仅是一个社会经济发展的客观历史进程，同时也是一个需要政府做出有力引导的主观政策过程。一种新的观点是，大家公认城市增长属于有机体特性，是动态的非均衡系统，并在不断变化和适应，只要组织存在，城市增长就从组织的交互作用中自发产生，但这并不是让我们停止管理或放任自流，而是需要我们针对城市的复杂性设计更

① 王建：《论城市化是走出低谷的唯一通道》，《中国经贸导刊》2009 年第 8 期，第 9—13 页。

② 连希蕊：《只有驾驭了城市化才能实现千年发展目标》，《财经界》2013 年第 5 期，第 75 页。

好的模型[①]。已有研究中针对新型城镇化某个方面的研究并不少，但是国家总体性战略如果只注重从某一个具体领域来研究具体政策肯定是不够的，因为城镇化是一系列公共政策的集合[②]。城镇化的实践需要有来自政策理论的强有力指导，需要从政策科学的角度研究城镇化，两个学科的知识融合非常必要。但很遗憾的是，关于新型城镇化政策的研究相对较少，以中国知网研究文献为例，截至2018年12月，搜索篇名中含有新型城镇化的文献总共有21381篇，最早出现在2003年，其中核心期刊论文2479篇，而篇名中同时含有“新型城镇化”与“政策”这两个关键词的文献只检索到1662篇，占总文献数的7.8%，其中核心期刊论文只有80篇，而且2012年才开始产生文献，没有一篇博士学位论文，仅有硕士学位论文37篇。这些名为城镇化政策研究的论文也并不是从政策科学的角度研究，即使把城镇化相关制度的研究也视作政策研究[③]，也同样缺乏从政策执行角度分析新型城镇化政策怎么能有效被执行与实现的研究成果。实际上，在实现政策目标的过程中，方案确定的功能只占10%，而其余的90%取决于政策的有效执行[④]。戴维·奥斯本也认为，现在政府失败之处主要是手段而不是目标不当[⑤]。雄心勃勃的新型城镇化战略已经确定，目标提出以后的城镇化行动究竟能否体现“新型”两个字，或者即便不是“新型”，只要在中国成功实现城镇化，那也是中华民族历史上的宏大伟业，因为这将彻底

---

① ［英］鲍尔：《社会为何如此复杂：用新科学应对21世纪的挑战》，韩昊英译，科学出版社2015年版，第99页。

② 樊纲、武良成：《城镇化：一系列公共政策的集合》，中国经济出版社2009年版。

③ 这些论著只是对城市化相关的制度进行研究，并不涉及这些制度的相互关系以及制度执行层面的研究。具体参见叶裕民《中国城市化之路：经济支持与制度创新》，商务印书馆2001年版；吴靖《中国城市化制度障碍与创新——基于城市化制度支持系统的一个分析框架》，人民出版社2010年版。

④ 陈振明：《政策科学》，中国人民大学出版社2003年版，第260页。

⑤ ［美］戴维·奥斯本、特德·盖布勒：《改革政府：企业精神如何改革着公营部门》，上海市政协编译组、东方编译所编译，上海译文出版社1996年版，第8页。

改变中华民族农耕文化为基础的社会结构，实现伟大的社会结构转型，因此重要的不仅仅是提出新的概念，如何实现才是重中之重。本书将围绕如何实现新型城镇化这一主题，从政策科学角度进行深入研究。

（二）选题意义

1. 理论意义

（1）有助于拓展新型城镇化的研究视野。新型城镇化是一个比较复杂的社会历史发展进程，其研究涉及学科非常庞杂，目前新型城镇化多是从人口学、经济学、社会学等学科角度的研究，很少有针对政策科学方面的深入研究。有些所谓的城镇化政策研究也只不过是相关政策的罗列，而非从政策科学角度进行深入分析。新型城镇化作为涉及面广、波及面大的政府重要执政方略，不仅担负促进刺激内需、城乡协调发展的重任，而且能改变现有社会政治格局，但受到城镇化的技术基础（产业、资源环境等约束）、社会基础以及中国现有政治环境的约束，也对国家治理能力提出更高要求，因此，运用政策理论进行研析非常必要，新型城镇化理论与政策相关理论的有效结合是观察新型城镇化过程的独特视角。

（2）有利于转型政治理论、政策科学相关理论的丰富与发展。中国新型城镇化是具有非常鲜明的转型期中国特色，而转型期的政策分析，比如许多政策工具的使用显然有别于市场、计划体制背景下的工具运用，能够比传统的市场和非市场两分法下的政策分析提供更为精细的内容与新的参照系，并形成转型政治学[①]的重要拼板。

---

① 公共政策是政治系统的重要产出，中国政策工具的运用必然深刻地受到中国政治系统转型特征的影响。关于转型政治学的具体论述可参见萧功秦《从转型政治学看三十年中国变革》，《探索与争鸣》2008 年第 5 期，第 4—10 页。

（3）政策网络分析方法的运用对新型城镇化政策研究具有创新意义。网络分析方法在社会学等诸多学科已经被大量应用，其强调结构—关系的分析模式非常适用于需要诸多领域、主体协同推进的新型城镇化研究，对目前城镇化研究中土地、资源、产业等各方面独立推进的局面是一个改变，而利益多元化又促成政策网络的形成与固化，政策网络主体及其互动都深刻影响着新型城镇化进程。因此，采用政策网络分析方法研究新型城镇化政策过程对研究新型城镇化具有启发意义。

2. 实践意义

（1）论著的研究可为推进新型城镇化政策的有效执行开拓思路。新型城镇化已上升为国家战略，必须对很多涉及全局的综合性社会发展难题做出回答，这需要在新型城镇化过程中能形成政策体系网络，没有政策的配套协同难以突破现有格局。同时，新型城镇化过程中各相关政策利益群体形成的政策网络也能最终影响新型城镇化绩效。本书提出新型城镇化政策工具的改进，为提高新型城镇化政策制定与执行水平提供了新的思路。

（2）论著的研究有利于防范新型城镇化的庸俗化发展。以前，我国城镇化过程经常演变成“房产化”，在目前房价高企的阶段，如果不能有效遏制这种倾向，房地产泡沫将会成为现实，这对我国未来经济发展会造成重大冲击。因此，新型城镇化政策的制定不仅要着眼于城镇化的有效推进，还需要着眼于防范城镇化过程中容易产生的政策偏差。新型城镇化属于典型的政府主导模式，政府行为及其政策科学化水平决定了新型城镇化战略目标是否能实现。而政府政策执行水平的提高与政策网络密切相关，因此，从政策体系网络与主体网络入手来防范新型城镇化的庸俗化发展至关重要。

二 基本概念辨析与界定

（一）城市与城镇

在中国城镇化问题上，一直存在城市化与城镇化发展道路的辩论，两者的区别始自城镇与城市的区别。在英文里与城市有关的词汇主要有三个："city""town"和"urban"。"city"的主要解释是"large and important town"，而"town"通常用作"大于村而尚未成为市，常用作country的相对词"，"urban"的解释是"of or in a town"，主要指的是城市里的都市区[①]。在字典中"city"和"town"主要是规模的区别，但是在词汇具体使用上并不绝对，有时大城市也用"town"，可见在西方文化里城市的区分界限并不严格，是"city"还是"town"并不重要，自然也就没有城镇化和城市化的区别，而城市化只有"urbanization"这个词汇，这个词来源于"urban"，可以理解为无论是"city"还是"town"，都必须有都市区，这是城市与乡村最大的空间区别，这点在美国的城市设置上体现得比较充分。

在中文里，《辞海》和《辞源》中并没有收录城镇这个词，在《现代汉语词典》中城镇指的是城市和集镇。在中国历史上，镇的建制始于北魏，清朝末年才出现现代意义上的镇。1909年的《城镇乡地方自治章程》中规定，服务厅州县的行政机构所在地为城，城外超过5万人的为镇，其他皆为乡[②]。城的标志是治所所在，而非经济活跃程度，也没有人口的限制，当然治所所在也往往是人口规模大的地方。人口较多的镇往往经济活跃，否则就没有人口的聚

---

① 三个英文单词的解释来源于《牛津现代高级英汉双解词典》，商务印书馆1988年版。

② 关于镇的历史，具体参见侯保疆《中国乡镇研究》，中国社会科学出版社2006年版，第9页。

居。中国幅员辽阔，古代社会受制于交通、产业形态、经济社会发展不均衡等因素，除了城市分布以外，各种规模的集镇发育充分，连接广大乡村，辐射周围附近的农村地区，成为城市与农村的过渡形态，在中国扮演着极为重要的角色。所以早期城与镇的设置是双重标准，即政治标准与经济标准，而现代经济的发展，城市内涵早就超出了治所的规定，更多着眼于经济发展。可见，城和镇已经没有根本区别，只有规模大小的区别，不能简单地把城、镇与英文中的“city”和“town”相对应，城镇一词应是对“城”和“镇”的合称，包括了两类城市形态，强调了城市外在形式的归并，而“urban”更强调了城市质的规定性。两者并没有根本区别，只是表达对象的侧重不同。

城市的真正内涵远比字面上的意义来得丰富，一般有四重非常明确的内涵：首先是地理学意义的城市，指的是在限定密度上建筑空间连续性与一定规模的人口在一定空间内的聚居；其次是功能性的城市，主要指对社会经济发展具有独特意义的城市系统；再次是文化意义的城市，城市的文化形态有其独有的特征，是一种以城市生活方式为代表的城市文明，拉丁文中“civitas”（城市）就是文明（civilization）的词源；最后是统计意义的城市，因为有关城市的统计标准是国家法律规定的，有明确的经济活动地理边界。显然，地理、功能意义的城市都属于客观存在的系统，由于认识的困难相对显得比较模糊。文化意义的城市虽有明显特征，但更为抽象，边界也更为模糊。只有统计学意义的城市相对比较精确，但又是人类的自我主观认定，相对多变，随着规定的变化，城市代表的含义也在不断变化。以美国为例，根据美国人口普查局，城市被用于定义城市化区域（urban area，UA）和城市集群（urban cluster，UC）中的土地、人口和住房单位，其中 UA 和土地是否归为城市无关，主要是指城市核心区人口密度达到每平方英里 1000 人，周边密度为每平方英里500人，人数超过5万的密集住区；UC要有单一的核心城市，主城人口密度与UA一致，同时总人口数为2500到5万；随着大都市区的蔓延，从1950年开始，对大都市区进行标准定义（Standard Metropolitan Area，简称SMA），但是该术语在1960年普查后变成了标准大都市统计区（SMSA），在1983年又改为大都市统计区（MSA）；1990年采用MA的术语，在2000年的美国人口普查中包含了三种类型的统计区域（MSAs、PMSAs、CMSAs），而后又产生了所谓核心统计区的概念，用CBSA取代了上述三种类型，每个CBSA包含一个1万人或以上的城区（UA），CBSA包括大都市区统计区和微型都市统计区，其中微型都市统计区至少有一个城市集群，该集群人口为1万人以上，5万人以内，都市统计区，至少有一个5万人或以上人口的城市区域①。这些名称的确定是根据城市中心的规模，而不是总人口，与土地归属也没有关系。这种统计意义上的城市含义的不断变化，导致美国越来越多的区域被划入城区。从中可见，统计意义的城市概念在美国是多变或者不稳定的。在中国也同样如此，最近，许多城市热衷于把附近的县改成区，扩大城市区域面积与范围，但这其实也只是统计意义上的城市的变化。由此得到的启示就是，评价每个国家城市化水平最重要的指标——城市化率，实质上由于对城市的统计标准不一样，用于每个国家城市化水平的比较也只有相对价值。

但不可否认的是，统计意义的城市变化的背后是城市功能的不断变化以及地理界限的不断模糊，统计意义的城市必须以功能意义、地理意义的城市为基础，否则，统计上的城市就变成数字游戏，进而影响人们对城市化进程的判断。既然统计意义的城市只是表象，我们需要关注更为本质的城市的功能意义与地理意义：城市

① 根据《城市化》中关于美国人口普查定义的解释整理，具体参见［美］保罗·诺克斯、琳达·迈克卡西《城市化》，顾朝林、汤培源、杨兴柱等译，科学出版社2009年版，第6—9页。

是人们的聚集区域，有某种形式的纪念与寓意，是由人与建筑组成的场所，以集群形式出现；有着与其他结构分开的形态界限；也是方便获利的场所，依靠文字记录，与乡村有着紧密的联系等[①]。这些典型特征具有较强的稳定性，我们将重点关注上述特征的变化。所谓城市化就是具有上述特征的区域不断扩展的过程，最重要的是出现了社会的整体结构性转换。

（二）城市化与城镇化

城市化一词最早是西班牙巴塞罗那的城市规划师、建筑师兼工程师依勒德丰索·塞尔达于1867年在《城市化概论》中创造的[②]。从此城市化成为一个使用广泛、内涵丰富的词汇。通常各个学科主要从本学科角度对城市化进行规范，比如经济学的城市化研究侧重于劳动力转移、二元经济结构调整与产业结构变化；社会学侧重于生活方式从农村向城市的转变；人口学侧重于农村人口与城市人口比例的相对变化与转移；地理学则侧重于地理形态与城市发展的关系，城市化主要表现在城市区域的形成与扩大，城市区域间关系的形成与合理化等方面；政治学则把城市化视作内在固有的政治结果，侧重于城市化过程中的权力结构。即使同一学科的不同研究视角对城市化也有不同理解，比如社会学的互动学派与规范学派之间的差异。顾朝林曾列举过几个具有代表性的城市化概念，森川洋更多地强调城市化是生活方式从农村向城市的转变，当然也表现在人口、城区的扩张，景观等的塑造；帕辛（Pacione）定义的城市化包含三方面的含义："Urbanization"，城市人口在总人口中的比例，

---

① ［美］科斯托夫：《城市的形成：历史进程中的城市模式和城市意义》，单皓译，中国建筑工业出版社2005年版，第37—40页。

② 另外还有说法认为最早是马克思在1859年《政治经济学批判》中提出的，陈光庭认为那是误译，应该是城市关系。具体参见陈光庭《再论汉译马克思著作中的"城市化"一词系误译》，《城市问题》1998年第5期，第11—13页。

“Urban growth”，城市区域的扩展，“Urbanism”，城市生活的社会和行为特征在整个社会的扩展①；而美国学者弗里德曼则认为，城市化包括四个方面：从农村到城市的人口迁移产生空间变化，投资从农村向城市的转变，文化则是城市文化向农村扩散，政治决策也是从城市到农村的行政系统改变，这些变化形成社会整体空间组织，在全球化时代还有发达地区通过革新传播、权力扩张、投资等方式对欠发达地区的社会空间组织产生影响②。实际上，弗里德曼相对于前两者增加了权力控制变化，全球化对城市化的影响通过这四个过程实现，是更为完整的理解；布莱恩·贝利在其经典著作《比较城市化》中则认为，尽管城市化有着许多共性，但是城市化道路却不同，差异化主要源于不同的文化背景与发展阶段的不同，并产生了多样化的人类后果。如果说前面学者指出的多是城市化共性，而贝利则明确了城市化的个性存在。可以认为，前面论述的城市化诸多过程，因国、因时而异，不同国家在城市化的核心特征上体现出不同特征，城镇化概念的提出正是对这样一种理念的回应。

早在20世纪90年代初，就有学者开始使用“城镇化”一词。中国国家层面对城镇化进行专门阐述则是在2000年的《关于制定国民经济和社会发展第十个五年计划的建议》中。此后，城镇化逐步成为学术界研究的热门话题，也成为各种规划、各种等级的各类党政会议、领导讲话的高频词汇。这些研究以及各级政府的城市化实践经验为新型城镇化概念的提出奠定了基础。在改革开放过程中也曾经大力提倡小城镇建设，这与费孝通先生的极力倡导有关，也基于中国人口众多的国情。国外定义城市人口

---

① ［美］保罗·诺克斯、琳达·迈克卡西：《城市化》，顾朝林、汤培源、杨兴柱等译，科学出版社2009年版，第iii页。

② 许学强：《城市化空间过程与空间组织和空间结合》，《城市问题》1986年第3期，第4—8页。

数量的门槛大多很低，如在美国，一般集中居住人口数量达到每平方英里2500人的区域，就被定义为城市了。欧洲的情况比美国的情况更特殊，即大多数国家定义城市的标准更低，如瑞典的标准，只要集中居住人口达到200人就可被统计为城市人口。这些国家的总人口数量本就不多，没必要再单独强调“镇”的作用。但是，我国的情况就大不相同了，一是我国总人口数量庞大，不少自然村的人口数量通常就已超过200人，行政村人口超过2500人的也很常见；二是我国的城市和镇在规模等各方面的差别是极为明显的。如果不特别强调镇，在推进从乡到城的转型过程中，可能确实会出现忽视镇的发展[①]。

所以，在西方并没有城市化与城镇化的区别，城镇化的指称更多的体现了中国特色，实质上就是把镇这一级也列入国家城市发展战略中。本书并不严格区分城镇化与城市化，文中使用的城市化基本等同于城镇化，除非在特定语境中使用城镇化赋予其特定含义，而且城镇化主要指的是农村户籍人口的城镇化，城镇户籍人口的迁移不在本书研究范围内，深度城镇化即城市人口城市化生活方式的培养等也不列为中心议题。

（三）新型城镇化

2012年中共十八大提出要推动信息化和工业化深度融合、工业化和城镇化良性互动、城镇化和农业现代化相互协调，走中国特色新型工业化、信息化、城镇化、农业现代化道路[②]。在中国实现社会主义现代化过程中，城镇化第一次被赋予了与工业化等同等重要的地位，并指出了城镇化未来的发展方向。同年，在中央经济工作

---

① 胡必亮：《城镇化是否等于城市化》，《解放日报》2007年8月13日。

② 新华社：《胡锦涛在中国共产党第十八次全国代表大会上的报告》，新华网（http：//news. xinhuanet. com/18cpcnc/2012 -11/17/c_ 113711665_ 5. htm）。

会议上首次提出“新型城镇化”这一独立概念，公报中强调有序推进农业转移人口市民化，围绕城镇化质量的提高，构建科学合理的城市格局，紧密衔接区域经济和产业布局，适应资源环境承载能力，走集约、智能、绿色、低碳的新型城镇化道路①。2014 年《政府工作报告》中进一步提出“推进以人为核心的新型城镇化”战略，学术界对此的回应也非常热烈。以中国知网检索为例，题含“新型城镇化”的文献检索结果有 29624 个，2013 年是文献量的转折点，从 2012 年 381 篇直接暴增到 2013 年的 3786 篇，增长近十倍，而且从此居高不下②。各个学科给予新型城镇化各种解读，新型城镇化不仅是政治概念，也已经成为学术概念，这需要从学术角度给予较为清晰的定义。因为“概念是建构理论命题的主要建筑之物”③，“概念框架和视角可以引导理论家提出问题”，“可以构成一种产生范式转化的努力”④。从字面上看，新型城镇化是典型的“形容词 + 核心概念”的构词结构，所以理解新型城镇化的内涵应该首先从城镇化或城市化入手。贝利的城市化多样化理论已经为新型城镇化概念的提出作了很好的注脚：不同国家有不同城镇化，城镇化可以有新旧阶段之分。对“新型”一般的理解应该是“新的类型”，或是“新式”⑤，“新式”的理解实质同样是指向一种新的类型。因此，所谓新型城镇化应该指的是一种新类型的城镇化，可以理解为城市化诸多变化与一般过程在中国国情上的凝结，也就是

① 新华社：《2012 年中央经济工作会议公报》，新华网（http://news.xinhuanet.com/fortune/2012－12/16/c_ 114044452.htm）。

② 知网文献最新检索截止日期为 2019 年 11 月 11 日。

③ ［美］加里·戈茨：《概念界定：关于测量、个案和理论的讨论》，尹继武等译，重庆大学出版社 2014 年版，第 1 页。

④ ［英］戴维·贾奇等编：《城市政治学理论》，刘晔译，上海人民出版社 2009 年版，第 3 页。

⑤ 中国社会科学院语言研究所词典编辑室编：《现代汉语词典》，商务印书馆 1996 年版，第 1402 页。

城市人口比例变化、城市区域扩展、城市文化的传播等各方面都体现中国特点，并构成一种相对于别的国家的新类型城镇化。新型城镇化实质上提出了中国城镇化是否属于一种新类型城镇化这一命题。

（四）政策目标

制度经济学认为社会的治理机制有两种：一种是几十年来一直得到高度关注的自发的治理机制，还有一种是被低估了的有目的的治理。我们不仅需要为自发的治理和有目的的治理两者都做好适当的准备，而且还需要解释何种形式的治理适用于何处，并阐明其理由[①]。这与哈耶克提出的两种不同社会秩序有很大的相似之处，虽然威廉森偏重于经济组织，而哈耶克比较侧重于社会秩序。哈耶克认为有两种统治类型："规则的统治"（nomocracy）和"目标的统治"（teleocracy），前者属于自组织系统，不服从于人类赋予它的目标，但能产生一个抽象的秩序，人类在这个系统内生存，必须服从一些行为规则，国家的基本职责便是为这种秩序提供保证；而后者则是与不同具体"teloi"（目标）、"taxis"（安排或组织）相对应[②]。显然人类主观的设计是目标统治的重要特征。鄢一龙在总结中国国家规划的制定与实施经验基础上提出所谓"目标治理"的概念，不否认国家规划引导资源配置的作用，但是如果说把规划的导引作用概括为"集中的计划引导的治理模式"[③]，片面强调"集中的计划"的作用，在某种程度上是犯了哈耶克提出的"集体主义错误"。目标统治应该是建立在规则统治的基础上而不能够越俎代庖，也就是说，在资源配置中是市场而不是"集中的计划"起决定性作

---

① ［美］奥利弗·E. 威廉森：《治理机制》，王健、方世建等译，中国社会科学出版社 2001 年版，第 167 页。

② ［英］F. A. 哈耶克：《致命的自负（译者的话）》，冯克利译，中国社会科学出版社 2000 年版，第 9—12 页。

③ 鄢一龙：《目标治理——看得见的五年规划之手》，中国人民大学出版社 2013 年版，第 60 页。

用。哈耶克思想的启迪在于，尊重规则统治秩序的同时要限制目标统治的扩张力。这就对政策目标提出了质的规定性：政策目标的制定与内容不能天马行空背离客观规律，新型城镇化政策目标只能建立在市场机制以及城镇化客观规律基础上。

既然我们要重视“有目的治理”这一治理方式，那么合适目标的选择与提出是治理机制的重要内容，“说明目标并在目标之间进行适当的权衡是政策分析的重要产出”①。但是在实际政策制定过程中对目标并没有给予重点关注或者没有进行科学分析，最容易犯的错误就是把政策（具体的行动集）作为目标进行描述，实际上各种可选政策只是目标实现的具体方法，政策被选择的理由就是是否有利于政策目标的实现。同时人们很容易忽略目标其实有实质性目标和工具性目标之分。实质性目标体现价值导向，比如公平、效率等关系到人类的价值、尊严、自我意识、自我实现等理念。工具性目标是指那些有助于实现实质性目标的条件，一般包括政治可行性和预算的可获得性。这些作为工具的目标更多是一种资源约束。由于工具性目标的资源约束刚性导致人们更多地关注工具性目标。但实际上目标有很强的规范性，反映人类重要价值观念，用以衡量、评价可选政策或方案。但是如果目标太过抽象，人们必定倾向于确定一种具体的定量化指标以便于执行或者测定目标是否完成，那么人们对量化指标的关注就会超过对目标本身的关注。这就需要建立目标框架体系，以确保使用的标准和指标与合适的价值紧密相关。当然在选择实施策略的背景下，采纳既定政策作为目标常常是合理的，这时政策就等于目标②。因此，对政策目标的讨论需要注意对政策与目标的区分，以及对工具性目标与实质性目标的区分。

---

① ［美］戴维·L. 韦默、［加］艾丹·R. 维宁：《政策分析：理论与实践》，戴星翼、董骁、张宏艳译，上海译文出版社2003年版，第258页。

② 关于实质性目标和工具性目标的讨论请参见［美］戴维·L. 韦默、［加］艾丹·R. 维宁《政策分析：理论与实践》，戴星翼、董骁、张宏艳译，上海译文出版社2003年版，第257—260页。

（五）政策网络

不同的研究传统对政策网络概念的界定不同，但本森（Benson）提出的定义被较多人采用，罗茨也采纳了这个定义。他认为，政策网络是“因资源依赖而互相结盟，同时又因资源依赖结构的破裂而与其他一群或复杂组织区别开来的一群或复杂的组织”[①]。后来他又整理了一个更为简单明了的定义：政策网络是“政府和其他社会行动者之间的一系列正式制度性联系和非正式联系，如果不懈地进行磋商的话，这些联系基于公共决策和政策执行的共同理念和利益而形成”[②]。也有学者从主体角度进行定义，认为政策网络就是参与某一政策问题的相关行为者的集合（包括管理者与目标群体两个方面），具有一系列的特征：多元一致、行为者的相对自主性、行为者的相互依赖性，这些特征决定了政治网络永远处于高度的动态中[③]。而布雷塞尔斯引用林格林的理论把政策网络定义为一种社会系统，在这样的系统中行为者形成了针对政策问题或政策项目的相对持久的互动和沟通模式，要确认具体的政策网络，必须先界定一项政策问题或政策项目，这就决定了政策网络的限制[④]。

国内学者对政策网络的界定基本沿袭西方学者的概念，总体上大同小异。例如李瑞昌分别从政治学、管理学角度界定政策网络概念，前者关注政策网络合法性问题，从政治的角度探讨其作用；后

---

① R. A. W. Rhodes and David Marsh, *Policy Networks in British Government*, Oxford: Clarendon Press, 1992, p. 13.

② R. A. W. 罗茨：《如何管理政策网络》，王宇颖译，《中国行政管理》2015 年第 11 期，第 139 页。

③ ［荷］H. A. 德·布鲁金、E. F. 坦霍伊维尔霍夫：《对政策工具的背景性探讨》，载［美］B. 盖伊·彼得斯、弗兰斯·K. M. 冯尼斯潘主编《公共政策工具——对公共管理工具的评价》，顾建光译，中国人民大学出版社 2007 年版，第 70 页。

④ ［荷］H. Th. A. 布雷塞尔斯：《在政策网络中的政策工具选择》，载［美］B. 盖伊·彼得斯、弗兰斯·K. M. 冯尼斯潘主编《公共政策工具——对公共管理工具的评价》，顾建光译，中国人民大学出版社 2007 年版，第 87 页。

者侧重于网络治理中的管理策略问题研究①，这基本借鉴了上述的利益协调流派、治理流派的分法。李勇军则认为，政策网络是既独立又相互依赖的行动者基于利益互动、社会文化与制度嵌入形成的行动者关系形态组合，会因行动者的类型与数量、行动的范围与影响力、网络通道的开放程度等因素而被构建。② 郭魏青的定义相对显得简单，政策网络是政策参与者形成的一种网络状结构③。有的学者侧重于政府与其他组织的关系，比如任勇认为政策网络是政府部门与其他利益相关者就关心的议题进行协商，使得参与者的利益诉求得以最大程度实现的制度化互动模式④。石凯则干脆把政策网络认定为政府让更多组织或个人参与政策过程，借以扩展社会基础权力结构的协商机制，是国家自主性扩展的工具⑤。后两者从政府中心出发界定政策网络更具中国特色。

虽然关于政策网络的定义很多，但是无论是利益协调学派还是治理学派，他们对政策网络的理解存在一定共识，并不完全对立与排斥。博塞尔（Börzel）认为，"最小的或最低共同点的政策网络定义，即非科层制和相互依赖的、自然连接各种行动者的一种相对稳定的关系，这些行动者分享公共政策利益，通过交换资源实现共同利益，承认合作是实现共同目标的最佳途径"⑥。这些论述体现了对政策网络的共性认识，如资源互赖、主体互动、网络边界、规则

---

① 李瑞昌：《政策网络：经验事实还是理论创新》，《中共浙江省委党校学报》2004 年第 1 期，第 22 页。

② 李勇军：《政策网络与治理网络：概念辨析与研究维度》，《广东行政学院学报》2013 年第 1 期，第 13 页。

③ 郭巍青、涂锋：《重新建构政策过程：基于政策网络的视角》，《中山大学学报》（社会科学版）2009 年第 3 期，第 161 页。

④ 任勇：《政策网络：流派、类型与价值》，《行政论坛》2007 年第 2 期，第 42 页。

⑤ 石凯：《政策结果的多面向：寻访新政策网络理论》，《社会科学研究》2008 年第 5 期，第 37 页。

⑥ Tanja A. Börzel, "Organizing Babylon-on the Different Conceptions of Policy Network", *Public Administration*, Vol. 76, No. 2, 1998, p. 254.

制约等。

（六）政策工具

目前对于政策工具的概念国内外学者并没有取得共识，包括使用的名称不完全一样，比如萨拉蒙用的就是“政府工具”。虽然政策工具比政府工具更为宽泛，且其主体包括不限于政府，但使用政府工具概念表述的研究内容与别的学者使用的政策工具并无根本区别。萨拉蒙认为，政府工具又称公共行动的工具，集体行动通过它可被调动起来，用于解决公共问题[①]。欧文·E. 休斯把“政府的工具”和政策工具作了区分，前者是“政府的行为方式，以及通过某种途径用以调节政府行为的机制”[②]，后者是指政府可以用来实现某种政治目标的手段[③]，两个概念的区别并不大。也有学者把工具看作政策活动的集合，包括某些非正式的活动，视野拓宽的同时混淆了政策和工具的边界。该作者在后来的出版物中放弃了这样的定义，但仍然谈及政策手段[④]。这说明，政策工具的方法、手段特征得到了一致的公认。也有人对政策工具的内涵作了三个层次的区分：工具（instrument）作为一种社会制度类型的理解；技术（technique），以运作制度的具体装置来理解；手段（tool）作为一种技术内的微观装置[⑤]。

① 详细论述请参见［美］莱斯特·M. 萨拉蒙主编《政府工具——新治理指南》，肖娜等译，北京大学出版社2016年版，第15页。

② ［澳］欧文·E. 休斯：《公共管理导论》，彭和平、周明德、金竹青等译，中国人民大学出版社2001年版，第99页。

③ ［美］K. B. 伍德西德：《政策工具的可接受性与可见性》，载［美］B. 盖伊·彼得斯、弗兰斯·K. M. 冯尼斯潘主编《公共政策工具——对公共管理工具的评价》，顾建光译，中国人民大学出版社2007年版，第161页。

④ ［荷］H. A. 德·布鲁金、H. A. M. 霍芬：《研究政策工具的传统方法》，载［美］B. 盖伊·彼得斯、弗兰斯·K. M. 冯尼斯潘主编《公共政策工具——对公共管理工具的评价》，顾建光译，中国人民大学出版社2007年版，第14、30页。

⑤ 转引自黄红华《政策工具理论的兴起及其在中国的发展》，《社会科学》2010年第4期，第15页。

做此区分后，在不同情况下使用政策工具的内涵都不一样，显得比较灵活，但是内涵分得如此之细是否真的更有解释力却并不很确定。

三 研究思路与研究方法

（一）研究思路

城镇化是庞大的社会系统工程，简单地加强政府政策规划或者任由市场引导自由流动或许都不是最好的办法，怎么实现两者有效结合或许才是解决问题的根本之道，政策科学正是在市场失灵与政府失灵背景下应运而生。在新型城镇化《国家规划》已经完成的背景下，本书把研究焦点集中于新型城镇化如何顺利实现以及如何有效执行新型城镇化政策，这一城镇化关键问题上，在对影响新型城镇化实现的关键变量——政策本身及其目标、政策网络、政策工具的选择分析的基础上提出有关策略。

第一，对新型城镇化的理解。中国新型城镇化不仅是不断在变化的事实过程，也是不断受到城镇化政策雕琢的过程。而中国的制度特性更是强化了新型城镇化政策的影响，政策问题是政策分析的起点。厘清新型城镇化概念本身是所有问题的出发点，弄清楚新型城镇化真正的学术含义，而不只是一个政治概念。只有搞清新型城镇化究竟新在哪里这个基础理论，才能正确理解新型城镇化这一政策本身，执行才能有正确的起点。

第二，新型城镇化政策目标。目标是衡量政策成功或者失败的重要标准，任何政策都可以通过设定合适、合理的目标或解释目标，调节政策实现的实际难度，目标的自规定性决定了，这是战略实现的首要变量。

第三，新型城镇化政策网络。城镇化主要利益相关主体相互依赖，事实上已经形成并组织成一个完整而高效的政策网络，无论哪项具体的城镇化政策有效执行都依赖这个网络。同样，需要改进新型城镇化政策的执行，也必须通过该网络的有效管理来实现，加强网络内主体的分工协作、明确各自职责，才能切实发挥作用，从而完成如此巨大而复杂的社会工程。

第四，新型城镇化政策工具。执行过程实质上是政策工具的选择过程。新型城镇化政策执行就是新型城镇化政策工具的选择。选取什么样的政策工具直接关系到政策效果，关系到如何来实现新型城镇化目标的问题，这需要根据政策目标、政策网络特征等要素，结合历史发展过程以及目前发展现实认真选择政策工具，才能有利于实现新型城镇化。

根据如上思路，构建本书的研究技术路线图，即论著的基本框架如图 1.1 所示。

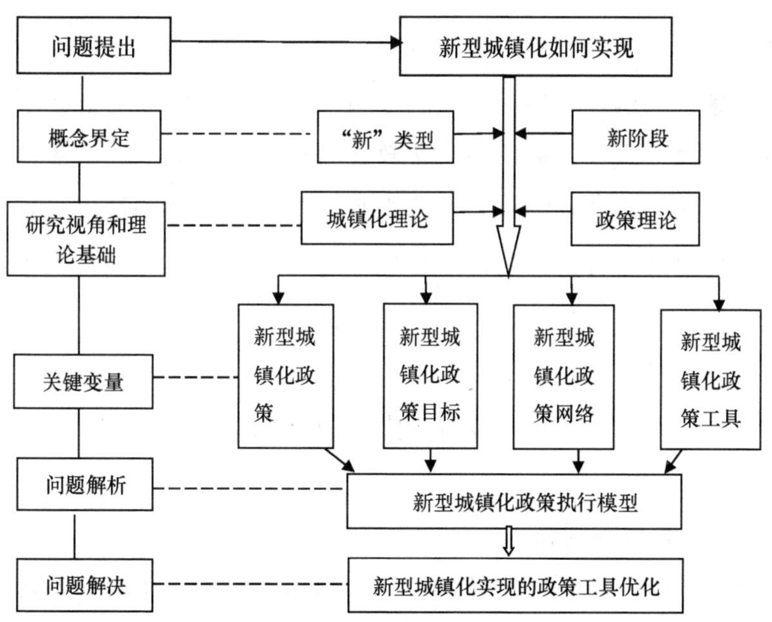

图 1.1 论著框架结构

（二）研究方法

1. 比较研究法。通过广泛阅读书籍、报纸、杂志、网络等途径获取各类相关文献，在对城镇化理论、政策网络理论、政策工具理论等领域的研究成果进行跟踪挖掘、研究的基础上，比较分析国内外不同社会经济条件下的城镇化，总结发达国家城镇化历程以及中国城镇化历程的经验教训，探讨和论证我国实现新型城镇化的科学思路与对策。

2. 系统分析法。新型城镇化是一个伟大的社会系统工程，是城镇化主体与客体共同作用的结果。新型城镇化政策是城镇化主体作用的输出，借用系统论“1 + 1 > 2”的理论思想，一个整体性的具有抽象意义的新型城镇化政策，不应是具体的各个领域的城镇化政策的简单加总，这为城镇化问题的研究提供了有益启发与科学思路。本书立足于国内外城镇化历史，提炼城镇化规律性认识，把新型城镇化置于世界历史维度下考察其特性，同时与中国城镇化阶段性特征结合，构建新型城镇化的政策系统。在新的历史背景下形成的新型城镇化政策目标，城镇化政策目标赖以完成的组织支持政策网络，这些因素与政策及其工具本身、政策环境共同构成了影响新型城镇化政策工具选择的重要变量，这个新型城镇化的政策系统是寻找实现新型城镇化策略、方式的最佳途径。

四　论著的创新与局限

（一）论著的创新点

1. 新型城镇化理论与政策科学理论的有效结合是本书研究的独特视角。在新型城镇化研究领域尚未出现有效运用政策科学理论整体性分析新型城镇化的论著，比较多见的都是政策科学理论和新型城镇化某个具体领域的结合，而新型城镇化问题的复杂性决定了需要有新型城镇化政策的整体研究。

2. 对新型城镇化概念的全新理解。自从提出新型城镇化概念以来，大家的说法莫衷一是，但基本都在强调新、旧或者传统、新型城镇化的对比，本书提出了一个独特的理解，跳出了简单的好坏对立思维，立足于用分类比较来理解新型城镇化，由此建构整个研究思路。

3. 构建了新型城镇化政策工具选择的模型。影响政策工具选择的因素很多，本书提出了一个基于新型城镇化的政策工具选择模型，试着解决新型城镇化过程中的阶段性问题。

（二）论著的局限

由于本书侧重于理论分析而非实证研究，新型城镇化政策在微观领域的执行观察在本书中未能涉及，是论著的缺憾所在。文中关注的影响新型城镇化实现的变量或许与现实存在偏差，可能影响研究结论的科学性。而且论著也缺乏从政策实施效果的角度分析实现新型城镇化过程当中的问题。这些有待在以后的研究中再深入展开。

第 二 章

基础理论及其文献评述

一　城市化理论

近现代以来，世界范围的国家发展史在某种意义上就是城市化历史，城市化作为一种社会现象，涉事之广、历时之长、演化之复杂都难有比肩者，相关研究论著自然汗牛充栋，经济学、地理学、人口学、社会学、政治学等学科都创立了各色理论。城市学也成为一门跨学科研究的综合性学科领域。虽然涉及文献比较庞杂，但是任何一种类型的城市化都包括以下要素：城市化演变的客观规律、城市化过程中的政府行为、资源的利用与集聚、人口的迁移与流动、城市化形态的物理呈现（城市空间结构）。一个国家的城市化政策基本上都围绕以上领域展开，因此，这些领域的文献评述基本能反映整个城市化研究的全貌。

（一）城市化演变的客观规律认识

任何一个国家的城市发展都是社会各方力量共同作用的结果，是人们主观形塑的结果。但不可否认的是，城市的发展有其客观独立的一面，即一些不可抗拒、不受人类行为调控的因素，人类行为必须尊重这些客观规律，否则会有适得其反的后果。许多城市化理论实际上就是对城市化内在力量的总结与反映。

1. 城市发展的生产方式决定论

马克思和恩格斯对城市的研究从来都是从城乡社会关系的演变发展的宏观大背景中展开的。赵洋对近三十年来学术界对马恩城乡关系问题的研究进行了综合概括，形成了五条研究主线：城乡关系起源及其背景、未来发展趋势、对立根源及其表现、达成城乡统筹融合的条件、消灭城乡对立的意义。但是很多研究者认为这些论述并不是集中完成，而是散落在马恩经典理论中①。但事实上，《德意志意识形态》和《〈政治经济学批判〉（1857—1858 年手稿）》就是主要围绕城乡分工展开的“集中而系统性的论述”②，揭示了西欧社会城乡分工与发展以及资本在乡村城市化过程中的作用。在这一过程中，生产方式决定了城乡关系性质，“城市乡村化”“乡村城市化”背后就是生产方式的变化。在自给自足的自然经济阶段，城市只是农村的附属，在城市交换的主要都是农村生产的产品，农业的生产力发展水平决定了城市的发展高度，这就是马克思所谓的“城市乡村化”。这一切随着资本主义工业大生产的产生而发生变化。恩格斯在《英国工人阶级状况》和《英国状况十八世纪》中详细论证了城市化是工业化不断深入的不竭动力，两者的合力推动了英国资本主义的发展。发源于 17 世纪中叶，以蒸汽机的应用为标志的科技创新“推动了产业革命，产业革命同时又引起了市民社会中的全面变革”③，导致利物浦、曼彻斯特这种规模城市的出现④。工业企业的发展聚拢了一大批工人在一起劳动，工人的聚居形成一个完整的村镇，他们的各种需要又吸引了诸如裁缝、面包师

---

① 赵洋：《近 30 年来国内关于马克思恩格斯城乡关系思想研究综述》，《理论与改革》2010 年第 4 期，第 144—146 页。

② 屈婷：《马克思的城乡分工理论与中国的城市化道路》，博士学位论文，南开大学，2012 年。

③ 《马克思恩格斯全集》第 2 卷，人民出版社 1957 年版，第 281 页。

④ 同上书，第 288 页。

等其他业者迁移到此，村镇开始成为小城市，进而发展为大城市。城市愈大，愈有获利机会，这就决定了大工厂、城市惊人迅速的成长[①]。工业的发展席卷了所有地区，公路、铁路、水路交通设施得到大力发展，工业城市开始大量出现，从根本上改变了英国的经济与社会。但是在英国取得巨大成功的同时，工业化和城市化也使英国社会开始进入极度分裂状态。英国光鲜、雄伟的世界级首都背后，拥挤、肮脏的“贫民窟”却普遍存在。资本主义文明的伟大创造力和罪恶都在大城市中得到充分而全面的表现。

城市的不断发展唤醒了土地的资本属性，不再仅是生产属性。城市工业的发展及其产生的社会组织迫使土地所有者开始追求商业利润以及农产品带来的货币收入，把土地所有权视作铸造货币的机器后，地租开始出现[②]，这是将田园生活卷入历史运动的动力[③]。当资本的意识被唤醒以后，资本与土地开始分离，这也意味着城市和农村的分离，资本开始独立于地产发展，这也就是以劳动和交换为基础的所有制的开始[④]。在此基础上住宅问题开始产生，为城市繁荣做出巨大贡献的民众住在贫民窟，没有属于自己的住宅。资本主义社会对住宅问题的解决主要是靠供求来解决，但是问题会重复产生，根本的解决办法只能是消灭城乡对立，无产阶级夺得政权，住宅以公共福利形式出现就容易解决了[⑤]。显然住宅问题不是一个简单的经济问题而是有很深的社会政治根源，而且彻底解决住宅问题需要社会革命完成。

总的来看，马克思和恩格斯对城市的研究形成了独特看法，他们对资本主义生产方式与城市发展的天然同盟以及资本在城市发展

---

① 《马克思恩格斯全集》第2卷，人民出版社1957年版，第300—301页。

② 《马克思恩格斯全集》第4卷，人民出版社1958年版，第185页。

③ 同上书，第186页。

④ 《马克思恩格斯选集》第1卷，人民出版社1995年版，第105页。

⑤ 《马克思恩格斯文集》第3卷，人民出版社2009年版，第264页。

中的重要作用等方面的洞察至今仍然闪耀着智慧的光芒。

2. 新马克思主义城市化理论

随着城市在资本主义发展过程中的作用日益彰显，城市不断繁荣与扩张的同时也产生了诸多城市病，引起了列斐伏尔、哈维等一些学者对城市化、空间和资本关系等问题的持续研究①。马克思的城市理论在新历史条件下有了新的发展，他们运用马克思主义基本原理与方法分析资本主义国家城市发展中出现的新课题，形成了城市研究新流派。他们对城市在现代社会发展中的地位重新进行界定，列斐伏尔认为都市化是资本发展的必然，20 世纪世界范围的工业社会向都市社会的转变是资本主义的重要特征，工业化不断改变着城市空间②，认为未把工业化与都市化区分为两个不同历史过程，不把都市化看作独立历史形态是马克思的历史局限性③，他注意到了工业化与城市化两者的不同，把城市化归结为资本积累与阶级斗争这对矛盾的作用④，是资本主义生产在工业化出现危机后转入城市空间生产的结果，城市化是工业化的后续和转化，而不是工业化的伴生或是简单结果⑤。这充分肯定了资本主义城市化与工业化一样都是资本家追求利润的结果，是资本不断积累的产物。事实上，美国次贷危机就是资本在城市房地产领域肆虐的结果，印证了哈维的有力洞见。他们把空间引入城市社会发展的研究，较好地弥补了马克思经典著作由于时代原因所导致的不足，同时也在空间研

---

① 张应祥、蔡禾：《新马克思主义城市理论述评》，《学术研究》2006 年第 3 期，第 85—89 页。

② ［美］朱克英：《城市文化》，张廷佺、杨东霞、谈瀛洲译，上海教育出版社 2006 年版，第 1 页。

③ 刘怀玉、范海武：《“让日常生活成为艺术”：一种后马克思的都市化乌托邦构想》，《求是学刊》2004 年第 1 期，第 27—33 页。

④ 夏建中：《新城市社会学的主要理论》，《社会学研究》1998 年第 4 期，第 47—53 页。

⑤ 魏开、许学强：《城市空间生产批判——新马克思主义空间研究范式述评》，《城市问题》2009 年第 4 期，第 83—87 页。

究领域发出马克思主义的声音，主要表现为一种对现代空间生产的批判，形成与原来城市与城市化研究中地理学、社会学等学科传统显著不同的研究范式，为中国城市空间研究提供了新视角。他们关于西方发达资本主义国家的城市空间非平衡、空间正义等问题的研究对新型城镇化具有较强借鉴意义。但是新马克思主义城市化研究的缺点也比较明显，它偏重于宏观的理论分析，缺少实证研究，所以批评也一直不断。

3. 集聚区位论

城市的发展除了它本身的地理区位优势以外，还有一个很重要的聚集功能。德国经济学家韦伯（A. Webber）1909 年在其代表作《工业区位论》中强调了城市聚集经济功能，他认为聚集的产生、发展对经济活动的地域分布产生影响，带来内部经济与外部经济，可以根据不同的聚集区位把经济布局划分为城市经济、地方性经济和工业中心区经济[①]。1933 年德国城市地理学家克里斯塔勒（W. Christaller）在其著作《德国南部中心地原理》中提出所谓的中心地理论，他认为，城市即中心地，是一个区域的发展核心，城市有一定等级，等级水平由他所提供的商品及服务等级决定，不同城市形成不同等级体系，市场空间结构也以此为基础，并对产业配置产生重大影响[②]。德国经济学家罗斯（A. Losch）在 1939 年的《经济空间秩序》中把中心地理论与工业区位论结合一起，提出市场区位模型，进一步把区位理论系统化。他认为工业企业的大规模发展会直接导致城市的产生，而同一或不同产业链企业的聚集则会导致城市的不断扩展，聚集效应不断放大[③]。

但长期以来，区位理论都游离在主流的古典、新古典经济学之

① 张耀辉等:《区域经济理论与地区经济发展》，中国计划出版社 1999 年版，第 20 页。

② 转引自范双涛《中国新型城镇化发展路径研究》，博士学位论文，辽宁大学，2015 年。

③ 董利民:《城市经济学》，清华大学出版社 2011 年版，第 44—45 页。

外，直到新经济地理学被提出后，主流经济学研究开始重视空间在经济活动中的意义。藤田昌久、P. 克鲁格曼、A. J. 维纳布尔斯是该领域的三位代表性人物，他们合作出版的《空间经济学：城市、区域与国际贸易》被公认为新经济地理学的经典之作，他们运用一般均衡、规模收益递增假设等理论，提出集聚效应的条件是生产要素、消费者在区位间移动①，总体上较好地解释了经济活动空间集聚持续的原因。

上述观点肯定了城市化“集聚效应”对经济增长所发挥的积极作用。但一些学者的研究表明集聚效应并非永久的，在初期有促进作用，集聚效应明显，但是集聚到一定程度，城市化就不一定促进经济的增长，当拥挤成本大于集聚作用，就会导致“过度城市化”②。一些实证研究也支持“威廉姆森假说”：城市化集聚促进GDP增长的作用达到一定经济发展水平就会停止，临界水平估计在人均收入一万美元，大致对应巴西和保加利亚目前的人均收入水平；国家经济增长和区域均衡之间的权衡可能会逐渐失去其相关性；研究结果也暗示，预知的增长政策抑制经济集聚的成本在最贫穷的国家是最高的③。

4. 区域增长极理论

增长极理论是发展经济学中非均衡增长理论的源头。它由法国经济学家佩鲁（Francois Perroux）首倡，后经美国学者赫尔希曼、弗里德曼等人不断丰富与发展，成为区域经济学的经典基础理论。佩鲁从经济增长非均衡现象出发，认为在经济发展中存在着一个

① 潘峰华等：《新经济地理学和经济地理学的对话——回顾和展望》，《地理科学进展》2010年第12期，第1518—1524页。

② Bertinelli. L. and D. Black, “Urbanization and growth”, *Journal of Urban Economics*, No. 56, 2004, pp. 80 – 96.

③ Marius Brülhart and Federica Sbergami, “Agglomeration and growth: cross-country evidence”, *Journal of Urban Economics* , Vol. 65, No. 1, January, 2009, pp. 48 – 63.

"推动型单元"，即增长极。区位等各方面条件占据优势的城市形成经济发展增长极，当发展到一定规模后，就会产生积极的"推动效应"，但是如果资源在城市过度聚集，增长极的辐射作用无法扩散也会产生消极的"制动效应"。这种理论对推动发展中国家经济发展具有极大的启发意义，就是通过培育增长极，利用推动效应来带动区域经济的发展。

赫尔希曼在1958年提出了核心区与边缘区理论，强调发展某些重点产业从而带动其他产业，促进整体发展，并解释极化效应和涓滴效应。他认为长期的涓滴效应会缩小城乡差距。弗里德曼则从创新出发提出中心—外围模型，认为发展通常发端于区域内少数的变革中心，并向周边地区扩散，中心还具有使外围区服从和依附的权威和权力，但是到了一定阶段，中心与外围的矛盾开始尖锐化，社会冲突在空间上得到体现，区域发展演变为社会、政治问题[①]。

5. 循环累积因果理论

瑞典经济学家缪尔达尔在1957年提出了"地理上的二元经济结构理论"，这与刘易斯的二元经济论有点类似但又不同，他是将地区经济发展的差别或不平衡作为二元经济分类的依据，而不是现代工业和传统农业。如果与城市化联系就是"城市与农村的二元经济结构论"。城市为代表的发达地区与农村为代表的不发达地区之间的经济发展差别会引起累积性因果循环，他把各种资源由农村向城市流动的现象称为回波效应，这会导致差距不断拉大。但这种效应是有一定限度的，因为城市对农村地区的影响还有扩散效应，这种效应会导致差别的缩小并最终趋于平衡。区域经济能否协调发展取决于这两种效应之间的力量对比[②]。这一理

---

① 陈秀山、张可云：《区域经济理论》，商务印书馆2003年版，第201—211页。

② 夏振坤主编：《发展经济学新探》，武汉出版社1997年版，第398—400页。

论后来被不断发展并用于研究城市化过程中一些现象不断重复加强的趋势。

6. 对城市化与经济发展之间关系的反思

工业化是城市化的根本动力这一结论几乎无人质疑，但城市化与经济发展之间的关系却有不同看法。在发展中国家多数人的印象里，城市化必定促进经济增长，诺瑟姆认为城市化水平与经济发展水平之间存在着粗略的线性关系，即经济发展水平越高，城市化水平就越高，但周一星通过对137个国家的数据进行统计分析发现，两者之间的关系应该是对数曲线关系，城市化水平提升和经济增长在不同的阶段有不同的数量关系，同时也修正了城镇化是经济增长的简单后果的认识，认为城镇化与经济增长是一种互为因果互相促进的关系①。但是也有很多证据表明，城市化水平与经济增长的速度之间并无很大关联，没有太多理由鼓励或抑制城镇化作为经济增长战略的一部分②。

当然更多的实证研究肯定了城市化对经济增长的总体稳定影响，一个国家在各个发展阶段有不同的城市集聚适宜规模，在未达到该规模前，城市化作用是正面的，如果城市化速度太快会影响经济的持续发展，适当调节速度后，随着经济发展，城市集聚最优规模随之提高，城市化和经济增长形成可持续的正相关关系③。亨德森（Henderson）在理论上论证了这种关系的成立依赖于政府政策、制度和城市间互动等因素④。近年来也有从实证角度对二者关系提

① 周一星：《城市地理学》，商务印书馆1995年版，第93—96页。

② David E. Bloom and David Canning，“Guenther Fink：Urbanization and the Wealth of Nations”，*Science*，Vol. 319，No. 8，2008，pp. 772－775.

③ J. V. Henderson，“How Urban Concentration Affects Economic Growth”，*World Bank Policy Research Working Paper*，2000，No. 2326.

④ J. V. Henderson，“Urbanization and Growth”，*Handbook of Economic Growth*，Vol. 1，Part B，2005，pp. 1543－1591.

出的质疑，比如非洲国家城市化并未促进经济的稳定增长①，拉美某些国家的研究结论同样如此②。但是也有学者认为，由于政局不稳、宗教冲突等因素对非洲国家经济发展影响较大，削弱了这种论据的反驳力量③。上述观点其实不是完全矛盾的，而是两者关系在不同的阶段的表现不同。钱纳里和赛尔昆通过对多国城市化与工业化关系的研究表明，工业化与城市化的关系效应呈逐渐衰减趋势，开始是工业化推动城市化，当两者发展都达到一定水平后，城市化的加速发展会明显超过工业化发展速度，进入工业化下半场后，国民经济中制造业占比逐渐减少，工业化对城市化的作用同样减小。库兹涅茨通过对国民收入、劳动力在各产业中分布的分析佐证了以上观点，两者比例在农业部门都表现为持续下降，工业部门的劳动力比例基本不变或稍有提高，国民收入比例保持上升，服务部门则不同，劳动力比例上升，国民收入比例却保持不动或略有变化，这说明工业化发展到一定阶段后，工业部门吸纳劳动力能力会下降，而服务业则表现出较强的劳动力吸纳力④。总的来看，绝大多数学者都承认城市化至少在发展初期对经济发展有带动作用。

7. 关于城市化影响因素的其他研究

以上理论是对城市化发展动力的一些经典解释，对城市化影响因素的研究随着时代的变化也不断有新的进展。一些学者关注到全球化对城市化的影响，道格拉斯认为太平洋亚洲地区一些巨大城市

---

① M. Herrmann and H. Khan, "Rapid Urbanization, Employment Crisis and Poverty in African LDCs: A New Development Strategy and Aid Policy", *Munich Personal RePEc Archive Paper*, 2008, No. 9499.

② S. Poelhekke, "Urban Growth, Uninsured Risk and the Rural Origins of Aggregate Volatility", *EUI Working Paper ECO*, 2008, No. 26.

③ Fay and M. C. Opal, "Urbanization without Growth: A Not-so-uncommon Phenomenon", *World Bank Policy Research Working Paper*, 2000, No. 2412.

④ 丁祖昱:《中国城市化进程中住房市场发展研究》，博士学位论文，华东师范大学，2013年。

受到各个领域的全球化推动加快了转型，这些城市之间的竞争越来越激烈①。李少星、顾朝林等构建了一个“全球化—新地域分工—城市区域新格局”的研究框架，认为城市化将促使国家城市区域空间的重构②。全球化的重要结果就是全球化城市的大量出现。亨德森（Henderson）的研究认为，制度、投资与资本流动、全球化等因素都对城市化有显著影响，其中城市数量、规模受民主化程度和科技进步影响明显，不同规模的城市两者效应不同，技术进步对大城市敏感，民主化则相反③。也有学者指出，非正式部门在发展中国家大城市演变中扮演积极角色，而且农村镶嵌着城市形态的生产、基础设施，表现出的分散型特征和西方工业化促进城市化的模式有很大差异，这为社会经济发展、空间变化提供新的契机④。

国外制度与城市化相关的研究关注的是不同制度环境背后不同的资源配置方式。使经济体中的一部分人不能享受到基础教育、基础健康帮助、足够的卫生设施和水源等服务的制度性障碍会影响物品、服务和知识在不同部门和地区间流动，减弱国内市场一体化程度和贸易对经济的贡献，不利于城市增长。杜兰顿（Duranton）研究发现人口流动限制、贸易保护、政治因素、二元劳动力和住房市场制约了城市体系效率的提高，从理论上探讨了发展中国家特有的制度性因素对城市增长和城市体系的影响⑤。Ades 等人利用多个国家的城市数据研究政治和城市集聚经济的关

① Mike Douglass, “Mega-urban Regions and World City Formation: Globalizationthe Economic Crisis and Urban Policy Issues in Pacific Asian”, *Urban Studies*, Vol. 37, No. 12, 2000, pp. 2315 - 2335.

② 李少星、顾朝林：《全球化与国家城市区域空间重构》，东南大学出版社 2011 年版。

③ J. V. Henderson and Hyoung Gun Wang, “Urbanization and City Growth: The Role of Institution”, *Regional Science and Urban Economics*, Vol. 37, No. 3, 2007, pp. 283 - 313.

④ R. A. Hackenber, “New Patterns of Urbanization in Southeast Asia: An Assessment”, *Population and Development Review*, Vol. 6, No. 3, 1980, pp. 391 - 419.

⑤ 吴建峰、周伟林：《经济增长视角下的中国城镇化：理论、现实挑战和政策选择》，《城乡规划》2011 年第 1 期，第 6 页。

系，其结果验证了发展中国家城市集中度高的重要原因就是政治集权[①]。亨德森对印度尼西亚的实证研究佐证了这种观点，他们发现1993年印度尼西亚经济自由化后，该国私有企业有向政府机构较为集中的地方聚拢的趋势[②]。这些研究都共同说明，发展中国家的城市化要想促进经济运行效率的提高，推动经济增长，必须要破除制度障碍，允许劳动力、资本等生产要素在市场中自由流动，否则会限制城市集聚作用的发挥。

还有一些新的研究开始侧重于微观层面上的城市化动力机制探讨，研究视角也更为分散，各个学科都有涉及。有的研究者指出，治理、机构、公共政策、土地产权等各项制度影响城市的发展和规模，城市化反过来也影响经济发展；人口迁移政策和交通基础设施投资等国家政府政策影响城市系统的构成，城市需要巨大的公共基础设施投资，而这些公共基础设施影响城市生活的质量，特别是健康、安全和通勤、拥堵成本[③]；也有强调创意产业、人力资本、人口移动便利性、生活质量等因素影响城市发展[④]。创意产业的研究衍生出了城市便利论，认为高素质劳动力偏好流向包容性好、有多样化选择的城市，对生活品质的要求开始超越一直以来对高工资的追求，高便利性的城市更有竞争力，所以城市发展要通过城市生活质量的提高、舒适自然环境和营商环境的营造，来吸引高层次人才和劳动力的流入，从而不断增强城市竞争力[⑤]。但无论是哪一类学

① A. F. Ades and E. L. Glaeser, "Trade and Circuses: Explaining Urban Giants", *Quarterly Journal of Economics*, Vol. 110, No. 1, 1995, pp. 195 – 227.

② J. V. Henderson and A. Kuncoro, "Industrial Centralization in Indonesia", *World Bank Economic Review*, Vol. 10, No. 3, 1996, pp. 513 – 540.

③ J. V. Henderson, "Urbanization and Growth", *Handbook of Economic Growth*, Vol. 1, Part B, 2005, pp. 1543 – 1591.

④ E. L. Glaeser and J. E. Kohlhase, "Cities, Regions and the Decline of Transport Costs", *Papers in Regional Science*, Vol. 83, No. 1, 2004, pp. 197 – 228.

⑤ E. L. Glaeser, J. Kolko and A. Saiz, "Consumer City", *Journal of Economic Geography*, Vol. 1, No. 1, 2001, pp. 27 – 50.

科观点，西方学者研究的出发点都建立在自由市场经济的基础上，承认市场经济体制是城市化的根本动力保障①。

8. 城市化发展阶段论

城市化发展阶段分法虽然很多，但以诺瑟姆（Ray. M. Northam）提出的S形曲线②最为经典，他以城镇化率高低为标准把不同国家、地区城市化进程概括为三个阶段：（1）城市化水平低的初期阶段，城市化速度低缓，曲线的斜率较小；（2）加速城市化时期，人口进入城市速度较快，即为曲线的中间段，斜率较大；（3）高度城市化时期，城市人口比例提高速度缓慢直至停止，曲线斜率较小，即图的右上段。具体曲线描绘见图2.1③。

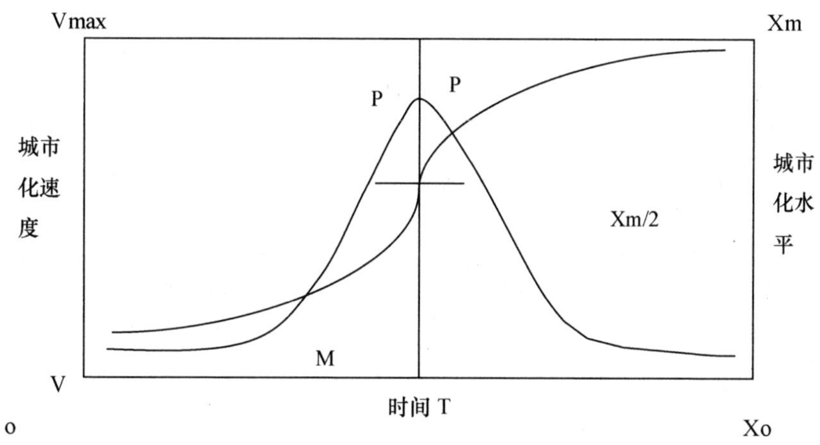

图2.1　城市化阶段与速度合图

① 吴文钰：《政府行为视角下的中国城市化动力机制研究》，博士学位论文，华东师范大学，2014年。

② 有学者对该曲线的首创提出异议，认为是联合国在《城乡人口预测方法》中首次提出的，在此仍沿用通常称呼。该曲线实际上提出了两个拐点：城市化率到30%开始进入快速发展阶段，到70%开始进入趋缓阶段，具体参见周一星《城市地理学》，商务印书馆1995年版，第88—89页。

③ 陈明星、叶超、周义：《城市化速度曲线及其政策启示——对诺瑟姆曲线的讨论与发展》，《地理研究》2011年第8期，第1503页。

陈彦光、罗静提出了分阶段的另外一个标准，即城市化速度。他们从城市化水平的 Logistic 方程出发，在理论上给出城市化水平与速度的关系，并以若干国家为例进行了验证①。陈明星等人在他们的研究基础上进行数学推导，绘制了城市化速度变化的倒“U”形轨迹曲线，并把上述两个曲线绘制在同一幅图中，得出了城市化变化的两个特征：第一，一个国家的城市化速度的最高值 P 点和 S 形曲线的加速最大值并不重合，落在城市化水平理论最大值的 Xm/2处，这意味着城市化水平提高和其速度并不同步，把诺瑟姆曲线的加速阶段说法调整为快速阶段更为适宜；第二，按照速度曲线，城市化阶段应该分为孕育、加速、减速、趋零四个阶段②。

（二）城市化过程中的政府行为

世界城市化进程伴随着资本主义的产生而发展，因此城市化在很多人眼里是一个社会经济自然发展的结果，与市场经济的发展特性拥有共同基础。城市化过程中的政府行为实际上就是市场与政府关系在城市场域的表现。所以，研究城市化过程中的政府行为就绕不开市场与政府之间的关系处理。自从亚当·斯密在《国富论》中赋予“看不见的手”王者地位后，市场至上的理念在资本主义的初期发展阶段根深蒂固，政府只是一个“守夜人”，只需履行好国家防卫、司法、行政以及公共服务提供等责任。直到资本主义实践出现严重危机，西方经济理论才开始出现革命性修正。凯恩斯革命的出现，主张政府加强宏观调控，干预市场经济，弥补市场的不足或缺陷。但是市场经济的自由派并没有束手就擒，米尔顿·弗里德曼倡导的货币主义理论后来使自由派的影响重新恢复，而且对美国以

---

① 陈彦光、罗静：《城市化水平与城市化速度的关系探讨——中国城市化速度和城市化水平饱和值的初步推断》，《地理研究》2006 年第 6 期，第 1063—1072 页。

② 陈明星、叶超、周义：《城市化速度曲线及其政策启示——对诺瑟姆曲线的讨论与发展》，《地理研究》2011 年第 8 期，第 1499—1506 页。

及其他许多国家的经济政策产生了很大影响。而主张政府干预市场的理论在公共选择学派的努力下也得到了发展，公共选择学派对腐败、财政预算、官员行为、政府失灵等方面的研究极大地丰富了市场经济的政府理论，但是他们多数依然是怀疑政府作用的，公共选择理论“思想的主要推论是政府不一定能纠正问题，事实上反倒可能是使之恶化”①。随着新制度主义在经济学中的盛行，主张制度成为经济发展的内生变量，制度的好坏直接关系到经济发展效率，而政府恰恰是制度供给最重要的主体，这就重新赋予政府在市场经济中的特殊地位。有的学者在公共选择理论的基础上结合制度理论提出“掠夺之手”的概念，既不抨击政府也不提倡纯粹的放任自流式市场经济，而是进行更为务实的分析，在肯定政治利益的前提下研究利益如何转化为政策与制度，在承认改革必须迎合政治利益和约束的条件下，探讨制度变革战略②。

本书无意介入市场与政府哪个更具备优势这一争论，无论是市场经济自由论，还是政府干预论都有大量的经验支持，但是西方发达国家历来都认为城市化是自然过程，所以学术界对政府行为与城市化的关系研究总体比较少。但是一个不可否认的事实是，即使在西方发达国家，很多城市的发展要归功于政府的政策③。徐和平等人通过对美国郊区化过程中公共政策作用的研究发现，政府发展公路交通政策、政府税收和企业选址政策、城市分散政策、非政府组织管理政策都对美国郊区化发展影响重大，而且不同国家的不同的城市化政策也产生了不同的影响，比如美国住房政策以市场为主，

---

① 转引自［美］詹姆斯·M. 布坎南《自由、市场和国家》，吴良健、桑伍、曾获译，北京经济学院出版社 1988 年版，第 280 页。

② ［美］安德烈·施莱弗、罗伯特·维什尼：《掠夺之手——政府病及其治疗》，赵红军译，中信出版社 2004 年版，第 7—13 页。

③ ［美］阿瑟·奥沙利文：《城市经济学》（第四版），苏晓燕等译，中信出版社 2003 年版，第 72 页。

即使提供公共租房也只提供给市中心的贫穷人口群体居住，而欧洲则深度介入公共住房，租房是很多城市公民的第一选择而不是某个特殊群体，不同政策的推行导致欧美郊区化程度的差别①。研究美国郊区化历史过程对我国的城市化良性发展具有重大的借鉴意义。政府因素在城市全球化竞争中的作用也有较多研究，比如新加坡在政府政策推动下参与全球经济竞争的历程，上海参与全球化过程中国家层面政策的影响等。

在发现经济增长与城市化之间的正相关性规律后，为了保持经济增长而持续推进城市化成了很多发展中国家的选择，这时城市化成为经济发展的一种工具。在这样的情况下，一种更为务实的态度也许是必要的。城市化过程中提高公共政策水平是当前非常迫切的任务。有研究指出，欠发达国家城市贫民窟的扩大相当一部分原因要归咎于欠发达国家的政府，他们误导性的城市规划政策和过时的建筑规范导致了 80% 到 90% 的新建城市房屋不符合法律规定。例如殖民时期肯尼亚的奈落比，在当时的建筑规范下，少于 3500 美元就根本不可能建成一所正式的房屋，法律规定每一所住房都可停车，结果奈落比 2/3 人的土地被 10% 的人口占用，20 万平民的住所并没有得到合理的改善。菲律宾的马尼亚也有类似的情况，88% 的人口因为太贫穷买不起或租不起一所正式合法的房屋。由于农村移民占城市人口增长比例的 35% 到 60%，因此 126 个发展中国家中有 90 个国家在回复联合国的调查中暗示他们将采取政策放缓和阻滞农村向城市移民的加速趋势②。可见，发展中国家城市化政策的演变对城市化进程的影响非常明显。

---

① 徐和平、李明秀、李庆余：《公共政策与当代发达国家城市化模式——美国郊区化的经验与教训研究》，人民出版社 2006 年版，第 213 页。

② 转引自［美］迈克尔·P. 托达罗、斯蒂芬·C. 史密斯《发展经济学》，余向华、陈雪娟译，机械工业出版社 2009 年版，第 205 页。

（三）城市化资源的集聚与利用

城市是人类社会发展到一定阶段的产物，人口、产业在城市的集中必然产生城市与资源环境关系处理的问题，如何妥善处理各种资源的关系、更有效利用资源、筹集更多资源，为城市发展服务是城市化过程中非常重要的命题。

一些学者运用生态理论研究城市化，如英国学者盖迪斯的研究，美国“芝加哥学派”形成的同心圆、扇形、多核心三大经典分析模式等①。生态学派突出“以人为本”的城市化思想，注重“人和自然”“人与环境”和谐相处的可持续发展。霍华德在《明日的田园城市》中提出的“田园城市”理论正是这种思想的起点，书中提出的一系列设想包括城市规模和布局合理化、减少人口密度、增扩城市绿地面积等，这些都对后来城市的规划布局等方面产生了重要的影响。更重要的是，霍华德还把他的思想付诸实践，按照他的模型建设了两个花园城市，他建立了一个能处理复杂情况、平衡和自治的组合体，即使发展过程千差万别，也能保持整体协调，这是他的一大创新②，深刻体现了生态平衡思想在城市发展中的运用。

在城市化与生态环境发展关系上，生态经济学家认为大多数污染物与国民经济人均产值的变化趋势呈倒U形分布，这是基于库兹涅茨曲线的应用，说明随着区域城市化发展，人口规模不断增加，经济结构向污染较重的工业转变，环境状况开始恶化，等到经济发展到一定水平，城市化开始平稳，城市经济结构中污染较低的第三

---

① 李晶、谭少华：《国内外城市化研究进展综述》，《山西建筑》2007年第31期，第21页。

② ［美］刘易斯·芒福德：《城市发展史》，宋俊岭、倪文彦译，中国建筑工业出版社2005年版，第531页。

产业不断提高，环保意识与控制力度加强，环境质量不断得到改善[①]。国内学者陈明星、叶超提出了健康城市化概念，明确提出资源环境是城市化的基础，城乡协调和互动是城市化的关键环节，"人的发展"是城市化的出发点与最终目标[②]。

城市化的过程在地理上就是城市区域不断扩大的过程，居住、工商业的郊区化扩展不断侵蚀周边农田、森林，严重影响了生态环境。20世纪新城市主义思潮的出现开始对这种城市不断蔓延的现象进行反思。多数研究都集中在城市蔓延的影响因素上，住房需求增加主要是因为人口的增长，城市周边住宅建造的飞速增长则是由于城市中心住宅供应不够；城市用地规模深受人口规模和收入水平影响；欧洲的城市蔓延虽和人们收入提高相关，但偏好郊区的主要原因则是住房独立，能给子女较好的生长环境，保护隐私等因素。市场需求影响城市扩张是市场的内在机制，多数研究者肯定市场作用的同时也同意对市场保持合理干预，利用规划功能控制城市蔓延，影响变量主要是规划目标、政策及其工具的效率等，而且需要根据不同的社会发展阶段进行调整，关键是要在市场与规划之间找到平衡[③]。精明增长理论关注城市增长的成本和投资，增长对自然和文化资源等的威胁；主张重新开发和利用已开发的地区，注重开发的可持续性，以实现规划和投资的一体化；在紧凑的步行或自行车骑行范围内，采用集中增长的规划和交通理论，以避免城市的蔓延；在美国的一些州，鼓励地方政府修改规划和区划法，划定增长区域和限制增长区域，对于限定增长区域内的开发项目不能享受任何基础设施的城市援助，必须全额支付所有开发需要承担的基础设

① 王曙光：《中国城市化发展模式研究》，博士学位论文，吉林大学，2011年。

② 陈明星、叶超：《健康城市化：新的发展理念及其政策含义》，《人文地理》2011年第2期，第56—61页。

③ 贝涵璐：《建设用地利用效率时空差异及其与城镇化质量的耦合关系》，博士学位论文，浙江大学，2016年。

施费用。划定城市增长边界目的是制止城市蔓延，要求边界内的地区采取高密度发展，边界外的地区低密度发展与可持续发展理论相适应[①]。这种发展模式对于减轻现在较多的“城市病”，包括较少拥堵程度、优化城市生态水平有正面作用，实质上是一种主张节约资源、紧凑发展的“生态型”城镇化发展模式。也有学者提出“扩展大都市区”的观点，并根据20世纪50—80年代亚洲某些大城市周边的农业与工业杂合、非城非乡现象，提出了“农村聚落转型”的概念[②]，这有点像国内倡导的城乡一体化模式。

城市化带来的人口流动，会产生市民本地化的成本收益问题。国外的研究主要关注移民问题，不单单是农业人口的转移，这些移民迁入后都会对当地（或国家）产生社会保障方面的影响。近藤大生（Hiroki Kondo）认为，不论是自上而下还是自下而上的城市化，人口转移成本都有较大影响，会影响经济聚集和经济增长[③]。

（四）城市化过程中人口的迁移与流动

城市化过程中，人口的迁移与流动是城市化的灵魂，城市化毫无疑问最终都应该体现为人的城市化，应该为人类的福祉服务，毫无疑问城市化过程中的人口流动问题应该是城市化理论的关注焦点。几乎所有的人口迁移理论都是围绕着为什么会发生劳动力流动这个问题展开，对于这个问题的回答，杨传开从宏观、中观、微观这个不同层面对相关理论进行了全面总结，并提出从多层次的视角进行分析，但这个分法似乎太过细致，比如像家庭成员集体决策是

---

① ［美］艾本·佛多：《更好，不是更大：城市发展控制和社区环境改善》，吴唯佳译，清华大学出版社2012年版，第7页。

② N. S. Ginsburg, B. Koppel and T. G. MeGee, “The Extended Metropolis: Settlement Transition in Asia”, *The Journal of Asian Studies*, Vol. 51, No. 4, 1992, p. 866.

③ Hiroki Kondo, “Multiple Growth and Urbanization Patterns in an Endogenous Growth Model with Spatial Agglomeration”, *Journal of Development Economics*, Vol. 75, No. 1, 2004, pp. 167 – 199.

否应归入中观层面是值得商榷的。我认为把相关理论分为侧重宏观、侧重微观的简单分法反而更清晰。

1. 侧重宏观的人口迁移理论

马克思主义经典著作虽然没有专门针对人口迁移的研究，但研究资本主义发展绕不开劳动力转移这一社会现象，马克思笔下的“圈地运动”就是最典型的例子。恩格斯也描述了城市人口流动的形成，庄园的小租佃者和自耕农在与大租佃者的竞争中落败，变成雇农或者进入城市成为靠工资生活的工人，导致城市人口急剧膨胀[①]，同时工业飞速发展，劳动力需求大量增加，工资提升，刺激更多的人不断来到城市[②]；工业对农业的革命就是消灭农民，创制工人，资本主义社会化大生产为劳动力大规模转移制造条件[③]，这鲜明指出了资本主义工业化大生产及其统治对人口迁移的影响。

而最早对人口迁移影响具体因素的研究可以追溯到雷文斯坦（E. G. Ravenstein）关于移民的研究。他认为，促进劳动力流动的主要原因是经济因素。博格提出的人口迁移推拉理论把影响劳动力迁移的要素分为两大类：人口迁出地的推力和人口迁入地的拉力，他列出了农业生产成本增加、劳动力过剩导致失业、较低经济收入等十二种推力因素，以及更好的就业机会、收入、教育水平、更合适的宗教或政治环境、技能发展等六种拉力因素。同时，博格也不否认流入地也存在着一些推力，如家庭的分离、陌生的环境、激烈竞争等，但是拉力比推力大，占据主导地位[④]。这些因素都比较宏观，很难解释为何同一环境下不同的人做出不同的选择。1966 年，埃菲雷特·李（Everett Lee）在上述推拉力两种因素的基础上，又

① 《马克思恩格斯选集》第 1 卷，人民出版社 1995 年版，第 26 页。

② 《马克思恩格斯选集》第 1 卷，人民出版社 2012 年版，第 101 页。

③ ［德］马克思：《资本论》第 1 卷，人民出版社 1975 年版，第 391 页。

④ 李丽辉：《技术进步对劳动力流动的效应研究》，经济科学出版社 2007 年版，第 99 页。

增加了中间障碍因素和个人因素，并提出了关于国家或地区迁移规模的规律性认识：迁移规模与人口、地区的异质性，迁移障碍易克服性，迁移经验，时间等成正比，另外还和国家或地区所处发展阶段、经济波动相关①。虽然他增加了个人因素的解释，但是他的理论整体上仍侧重于宏观。

推拉理论并没有解决人口流动的内在机理，第一次在宏观层面科学地揭示城市化过程中人口流动规律的是刘易斯的二元经济结构模型，他认为在发展中国家或地区存在着两个部门：以农业为代表的传统经济部门与以工业为代表的现代经济部门，两部门劳动生产率不同导致收入高低不同，剩余劳动力从农业部门流向工业部门，促进工业化与城市化的发生。反过来，理论的一个理想结果是随着农村过剩劳动力的减少促进农村农业的改造，进而缩小城乡差别。费景汉和拉尼斯对二元结构模型做了进一步修正和完善，提出了劳动力转移的三阶段说，形成了刘易斯—费景汉—拉尼斯模型②。

塞林斯克（Zelinsky）基于西方国家的发展过程，提出了人类迁移五阶段说：宗教、贸易等循环迁移为主的传统社会期；农村劳动力开始转移到城市或未开发区，循环流动增长的社会转型初期；乡—城流动速度减慢，但数量仍有增加，去未开发区的开拓式迁移趋缓，循环迁移仍不断增加的社会转型后期；乡—城迁移让位于城市间和内部人口流动，开拓式迁移基本消失，循环迁移多样化的发达社会时期；城市间及其内部的人口流动为主，流动量可能下降的未来超发达社会时期。该理论描述的是人口流动的阶段性变化，对研究中国城市化过程中的人口迁移或流动有一定启发意义③。

---

① 佟新：《人口社会学》，北京大学出版社 2000 年版，第 105 页。

② 姚洋：《发展经济学》，北京大学出版社 2013 年版，第 99—103 页。

③ 段成荣：《人口迁移研究：原理与方法》，重庆出版社 1998 年版，第 78—81 页。

2. 侧重微观的人口迁移理论

虽然社会外在条件与环境对人口迁移有着重要影响，但最终还是取决于个人决策。所以从微观角度解释社会的细胞个体为什么选择迁移也是人口迁移理论的重要方面。

实际上，人口迁移除了收入差距带来的理性选择，还有别的主观动机。托达罗指出，是收入预期而非现实差异影响农村人口向城市的转移，在城市里获得较高收入的概率预期和对可能成为城市失业者风险的权衡，比较好的解释了发展中国家城市失业高企但农村人口却不断涌入城市的现象[①]。类似的还有斯达克（Stark）的观点，他认为乡—城人口迁移主要为了提高个人、家庭的比较收入预期，而非绝对收入。即使个人或家庭绝对收入增加，但如果仍有“相对剥夺”（也有人使用“相对贫困”）感，那么依然会产生迁移倾向[②]。而人力资本理论的创立者舒尔茨先生开创了用人力资本投资理论解释人口迁移动因的新视角，认为劳动力通常对流动的成本与收益进行衡量后做出流动决策，一些学者在这一基础上提出了以知识和人力资本的外部性规模经济为基础的外部性城市增长模型，基于人力资本积累的城市化及增长模型，研究不断深化[③]。但是不可能所有的迁移都是经过理性计算之后作出的决策，所以一些学者开始关注非理性因素在迁移中的作用。琼（Jong）和佛赛特（Fawcett）借鉴心理学理论构建了人口迁移的“价值—期望”模型，认为迁移目标包含经济因素和地位、舒适、归属、道德等非经济目标，这些目标以及对目标的期望值的乘积决

---

① M. P. Todaro，“A Model of Labor Migration and Urban Unemployment in Less Developed Countries”，*American Economic Review*，Vol. 59，No. 1，1969，pp. 138 – 148.

② O. Stark，“Rural-to-urban Migration in LDCs：A Relative Deprivation Approach”，*Economic Development and Cultural Change*，Vol. 32，No. 3，1984，pp. 475 – 486.

③ 详细论述可参见陈春林《人力资本驱动与中国城镇化发展研究》，博士学位论文，复旦大学，2014 年。

定了迁移意愿[①]。

显然人口迁移在人的一生中是一个比较重大的决策，在决策过程中个人利益的考量肯定不会是唯一重要的因素。有的学者挖掘了家庭与社会网络这两大要素对人口迁移的影响，并形成了新迁移经济学理论。新迁移经济学理论认为家庭基于风险转移、经济约束、相对剥夺感这三个效应做出迁移决策，仍然以家庭单位的预期收入最大化和风险最小化的理性思考为原则做出最终决定。中国社会以家庭为重，迁移决策更多地从家庭利益出发，新迁移经济学理论相对比较契合对中国农民工的迁移活动的分析。而社会网络理论则更多强调社会网络在人口迁移中的作用，也称之为社会资本理论，关注与迁移人相关的重要人际关联，包括亲属、朋友、老乡等社会关系，已迁移者对未迁移者的帮助能减少盲目性，降低迁移成本，从而有助于迁移行为的发生。迁移网络一旦形成，网络会随着时间不断扩大，产生移民乘数效应，促进人口迁移的大规模发生。中国的熟人社会搭建起基于乡缘和亲缘的社会网络，为农民工外出提供了条件，社会网络理论对于中国劳动力迁移同样有很好的解释力。

（五）城市化形态的物理呈现

城镇化的成果最终以空间形式得以展现，所有要素全都体现在城市物理面貌上。首先是对城市规模的讨论，早在“大城市病”开始出现的 19 世纪中期，许多学者就提出了城市规模适度的理论设想，但是还缺少合宜的技巧与方法，如法国空想社会主义思想家傅立叶的“法郎吉”社会，英国欧文的“新协和村”等。而后霍华德提出“田园城市”规划设想，开启了现代城市规划之路。吉布森提出了城市适当规模理论，认为人口不超过 5 万为最优自然规模，

① 转引自杨传开《中国多尺度城镇化的人口集聚与动力机制——基于人口流动的视角》，博士学位论文，华东师范大学，2016 年。

如果考虑经济社会发展，80 万—120 万人是城市最佳人口规模[①]。最佳城市规模也并不是一成不变，应随着经济发展、城市管理水平的提高而不断提高，所以最佳城市规模没有绝对答案。经济学给出了最优城市规模的理论解释，即城市每多一个居民增加的包括基础设施、社保等各项成本应等于居民新增后城市产生的收益，而经济快速发展城市的实际规模会超过最优规模[②]。埃兹（Ades）等人认为城市体系属于首都首位模式的一般是集权专制国家[③]，而联系首位城市和其他地区的基础设施建设、加大分权、民主都能提升城市的分散化水平[④]。

其次，城市的空间结构。增长极理论的进一步延伸就产生了点轴开发理论，最早由波兰经济学家萨伦巴和马利士提出，“点”代表的就是城市增长极，“轴”代表交通干线，轴线可以把发达地区与欠发达地区的增长极联通，并可以通过轴线贯通发达和欠发达地区的商品、信息等各类资源的流动，构成点轴系统，形成以点轴线为基础的产业密集带，整个国民经济就是点轴共同构成的空间结构，有利于建立统一的市场经济体系，所以，可以选择基础条件好、具有较大发展潜力的区域，以某些中心城市为发展支点，通过轴线开发，解决区域发展问题[⑤]。点轴理论的另外一种理论表现形式就是著名的“城市群”理论。格迪斯在对英国城市研究中发现，城市在不断扩展的同时，在铁路、公路、运河节点上形成空间上的

---

① 田莉：《探究最优城市规模的“斯芬克司之谜”——论城市规模的经济学解释》，《城市规划学刊》2009 年第 2 期，第 63—68 页。

② 赵永平：《中国新型城镇化的经济效应：理论、实证与对策》，博士学位论文，东南大学，2015 年。

③ A. F. Ades and E. L. Glaeser, “Trade and Circuses: Explaining Urban Giants”, *The Quarterly Journal of Economics*, Vol. 110, No. 1, 1995, pp. 195 – 227.

④ J. C. Davis and J. V. Henderson, “Evidence on The Political Economy of The Urbanization Process”, *Journal of Urban Economics*,, Vol. 53, No. 1, 2003, pp. 98 – 125.

⑤ 孙振华：《新型城镇化发展的动力机制及其空间效应》，博士学位论文，东北财经大学，2014 年。

交织，工业趋向集聚，导致经济规模进一步扩大，城市在特定区域出现明显集中，他称这些地区为集合城市或城市群。此后不同的研究对象产生了不同的研究路数，发达国家主要经历了大都市区研究、大都市带研究、城市场研究这三个阶段，而发展中国家主要是城乡混合区研究和扩张型都市区研究，在全球化时代则聚焦于巨型城市区域研究、巨型区域研究[①]。各个国家越来越重视城市群在国家经济社会发展中的重要作用，国与国之间的竞争在某种程度上就是城市群之间的竞争。

二　中国城市化政策述评

在中国知网中，篇名[②]中含有城市化的文献总共有 41525 篇，最早出现在 1959 年，1979 年后的核心期刊论文 8435 篇，篇名中含有城镇化的文献总共有 66805 个，最早出现在 1981 年。假设两种情况的文献没有重合，那么有关城市化或城镇化的期刊文献总量在十万以上，这里还没有计算各类研究城市化的专著，恐怕很难再有对另外一种社会现象的研究能有如此惊人的文献量，并如此广泛受到人们的关注。20 世纪 80 年代开始，海外学者开始关注中国城市化的研究，随着中国城市化的深度推进，相关研究成果也越来越多。在英文文献中[③]，以“Urbanization”和“China”为关键词搜索篇名中含有这两个词的文献，共检索到文献 1231 篇，其中，会议论文 301 篇，占 25%，期刊正式发表的论文 852 篇，占 69%，其

---

① 顾朝林：《城市群研究进展与展望》，《地理研究》2011 年第 5 期，第 771 页。

② 为了缩小文献检索范围，包括英文文献在内的所有文献检索都以篇名或标题为关键词进行搜索，以主题词为关键词的检索范围太大，不够精确。检索文献时间截至 2019 年 11 月 11 日。

③ 英文文献主要以 Web of Science 数据库为分析对象，这一美国的大型综合性、多学科、核心期刊引文索引数据库，已经包括大家常用的三大引文数据库：科学引文索引（SCI）、社会科学引文索引（SSCI）和艺术与人文科学引文索引（A&HCI），重要的文献基本都在内。检索文献时间截至 2019 年 11 月 11 日。

中88%来自中国，来自美国的文献居第二位，只有15%。如果按照学科方向来分，第一位的是生态环境学，其次是公共管理学。按国别分，来自美国的文献从2011年开始出现爆发性增长，相比2010年翻番，并从2012年开始突破两位数，每年十篇以上（除2013年），第一位的环境生态环境学，占37%，第二位的经济学比较均衡，占14%左右，城市研究占11%，区域研究占9%，公共管理学占9%。从2007年开始来自中国的文献爆发性增长，突破二十篇，2012年同样是一个爆发期，相对于2011年几近翻番，2015年达到顶峰是112篇，并且基本以每年17%的速度在增长。就学科分类而言，第一位是生态环境学，占了40%，第二位的公共管理学、城市研究都比较均衡，占13%左右。

中国城市化研究越来越成为研究热点，也吸引了一些著名学者的关注，如罗根（Logan）、弗里德曼（Friedmann）、汉德森（Henderson）等人，他们都对中国城市化问题进行过研究，或许是因为中国城市化日新月异的变化吸引了学者的注意，想弄清楚为什么会有如此大的变化，具体实践的生动性造就了许多理论与经验的研究，海内外许多华人学者为此作出不少努力，其中来自中国的研究是主力。从众多研究中可以看出，不同国家学者的研究偏好不同，来自中国的研究更多地关注城市化的变化，而国外的研究者则喜欢聚焦于城市化发展带来的资源环境压力，关注点有很大差异，但是都注意到了中国独具特色的政治经济制度对城市化的影响。

由于城市化研究文献实在太多，所以文献评述主要围绕城市化政策展开，兼顾其他相关研究主题。

（一）新型城镇化理论

国内学界在研究新型城镇化时，并没有从类型学入手进行分析，而是习惯性地从新型城镇化概念出发，简单地认为存在一个与之形成鲜明对比的城镇化，即传统城镇化，并把两者放在一起进行简单对照分析。一些作者通常把现在城镇化过程中存在的问题都归结为传统城镇化，比如城镇化的不平衡发展，东中西城镇化水平差距较大，城镇化与工业化不协调发展，城镇结构体系不合理，大城市与中小城市缺乏协调，核心规模城市辐射带动能力不强，龙头地位不够突出，城乡一体化建设滞后，农民工难以真正融入城市，粗放的城镇化发展方式导致资源消耗大而利用效益低、环境污染严重等问题。而新型城镇化定义则强调对传统城镇化存在问题的修正，把所有对未来城镇化的美好想象加诸其上，比如张占斌把新型城镇化的内涵概括为四个方面，即“四化”：协调互动、产城融合、实现城乡统筹发展的城镇化，人口经济资源和环境协调的集约、智能、绿色、低碳的城镇化，以城市群为主体形态、大中小城市与小城镇协调发展、展现中国文化、文明自信的城镇化，实现人的全面发展、体现农业转移人口有序市民化和公共服务协调发展的包容性城镇化[①]。仇保兴认为，新型城镇化与传统城镇化相对，是从城市优先发展转向城乡互补协调发展，从高能耗到低能耗，从数量增长型转向质量提高型，从放任转向集约，从少数人先富转向社会和谐，环境冲击从高转低的城镇化[②]。类似的定义不胜枚举，在新型城镇化概念界定中占了主流。这样的定义简单地把中国城镇化割裂为传统与新型两部分，把改革开放以来中国城镇化存在的问题作为传统城镇化的特征，而对新型城镇化进行无限制的溢美与功能放大，这实际上已经进入一个认识误区：新型城镇化就是好的城镇化，主观判断预设其中，在中国文化语境中，凡是带有“新型”字样的，潜意识中就被认为这是好的，而旧的就是不好的，难道新型

---

① 张占斌：《新型城镇化的战略意义和改革难题》，《国家行政学院学报》2013 年第 1 期，第 48—54 页。

② 仇保兴：《新型城镇化：从概念到行动》，《行政管理改革》2012 年第 11 期，第 11—18 页。

城镇化就没有任何瑕疵吗？其实，盲目美化新型城镇化等于给它戴上了道德枷锁。实际上，新型应该是一个中性词，仅指一种新的类型而已。上述这些定义只是把城镇化本身动态的结果、现象而不是其本质特性作为定义，那些特征并不足以说明这是一种典型的城镇化，因为描述的那些现象在其他类型城镇化中也会出现，只是城镇化带来的好的结果而已。所以，与其说它们是新型城镇化的定义，还不如说是新型城镇化的画像，描绘的都是新型城镇化未来的发展方向，虽然比较全面但不是严格意义上的定义，牵强之处自然不少。这些定义与其说是新型城镇化，还不如说只是指出了以前与未来、现实与理想城镇化的差别，没有从根本上反映城镇化的新的类型特征。从分类思维角度，分类标准也不够明晰与科学，即使是阶段性特征的把握也不够充分。

也有学者主要从政府与市场关系入手区分传统、新型城镇化，认为传统模式主要由政府主导，而新型城镇化是在市场经济条件下，以全面满足人的需求为目标推进城乡统筹发展，其核心是人的城镇化，通过深入改革推动农村劳动力的市民化进程、基本公共服务的平等化①。把计划经济与市场经济的区别作为新型城镇化的分类标准是可行的，但如果说市场经济起决定性作用就是新型城镇化，那西方发达国家、拉美等国不都可称为新型城镇化了吗？如果说新型城镇化是人的城镇化，同样难以和别的类型城镇化进行有效区分，这毕竟不是新型城镇化的根本属性，把它作为新型城镇化定义理解有一定偏差，或许说这是城镇化面临的新任务更为合理。

从以上文献评述中，我们可以获得一些启发：

第一，新型城镇化的概念界定必须放到世界城市化的历史坐标

---

① 张红利：《我国传统城镇化的反思和新型城镇化的内涵要求》，《生态经济》2013 年第 11 期，第 83—86 页。

中寻找定位。前面对于新型城镇化的定义都主要从中国自身城市化角度单向度地理解新型与传统，忽略了它也是世界城市化过程的重要组成部分。新型城镇化这个概念需要放到世界城市化历史中进行考察，在世界历史实践演变以及知识理论发展中找到概念的来龙去脉，才能准确把握这一概念的内涵与本质。对于中国新型城镇化来说，相对于世界城市化历史上的各种类型，它究竟是否属于一种新类型的城镇化，或者这种新型城镇化相对于以前出现过的城镇化究竟新在哪里？在将来的世界城市化历史中有着怎么样的地位与特点？这是问题的关键所在。毕竟中国的历史也是人类文明历史的重要组成部分。

第二，新型城镇化与以前的城镇化更多是阶段之分，而非完全割裂的两部分。假设中国城镇化是一种新类型城镇化，毫无疑问，以前的城镇化无论怎么糟糕都构成新型城镇化的一部分与基础，任何抛弃、否定我国城镇化以往历史功绩的做法都不符合实事求是原则。不能把新型城镇化与以前的城镇化完全对立起来，只有很好地总结以往的经验教训，厘清城镇化变化脉络，才能顺利开启新型城镇化的第二阶段，也就是质量提升，关键是人的城镇化，所以不能简单地说新型城镇化就是人的城镇化，后者只是前者的阶段性任务。

第三，新型城镇化的实质是中国特色城镇化。国家规划中并没有对新型城镇化做出具体明晰的定义，只是提出了一个努力方向，即“通过改革释放城镇化发展潜力，走以人为本、四化同步、优化布局、生态文明、文化传承的中国特色新型城镇化道路”①。或许规划没有进行明确界定是为了回避准确定义的理论难题，但是也基本点出了新型城镇化的努力方向，就是要走中国特色的城镇化，也只

① 《国家新型城镇化规划（2014—2020年）》，人民出版社2014年版，第16页。

有中国城镇化具有中国特色，新型城镇化概念的假设才能成立。新型城镇化成为中国特色社会主义建设的重要组成部分与重要抓手，这与走中国特色社会主义道路是一脉相承的。

第四，既然新型城镇化是一个概念，对其定义就应运用概念界定的基本方法。通常概念的建构有两种原型结构：一个是由亚里士多德开创的必要与充分条件结构，这是标准路径；一个是发端于维特根斯坦以及后来的认知心理学家们的家族相似性结构。前者注重现象的本质，后者主要基于相似性，而非必定要具备本质。不管是哪一种结构，概念界定更需要关注有因果力量和在因果解释和机制中使用的属性，就像对铜金属的界定，红色是铜的属性之一，但是铜的原子结构属性应该更有因果解释力，能解释其在诸多情景中的表现[①]。因此，需要在新型城镇化的众多属性中找出位于多层次属性金字塔顶端的最具有因果解释力的属性。所以，新型城镇化的定义就不能仅限于特征的一些描述。

（二）城市化的中国政策

以“城镇化”与“政策”为关键词在中国知网进行检索，共得796篇，开始出现大幅增长的年份是2010年，爆发性增长从2013—2015年开始，其中核心期刊论文共203篇，博士学位论文两篇，硕士学位论文75篇。搜索篇名中有“城市化”与“政策”两个关键词的文献为444篇，文献的年度分布相对于带有“城镇化与政策”的文献更均衡，核心期刊论文总共135篇。在英文数据库中搜索篇名中含有“urbanization”“China”“policy”这三个关键词的研究文献，共检得14篇，其中会议论文5篇，期刊论文9篇，只占所有研究中国城市化英文文献总量的2%。这与中国文献的特点

---

① ［美］加里·戈茨：《概念界定：关于测量、个案和理论的讨论》，尹继武译，重庆大学出版社2014年版，第19—20页。

基本相当：在城市化研究中一定程度上忽视了关于城市化政策的研究。这在理论上已经非常清楚地明确了政府在城市化过程中具有重要作用的情况下发生是不应该的，虽然文献标题中没有出现“政策”两个字，但并不意味着没有进行政策研究，以下评述都是在此搜索文献范围内查得。

1. 中国城市化阶段与政策的关系研究

在城市化和政策的关系上，多数的研究都肯定了政策对城市化的积极作用。户籍制度是影响我国城市化发展最突出的例子，王红扬认为，新中国成立以来户籍制度每次新变化都会造成城市化的波动①，这方面的研究非常多。在区域发展上，投资政策的改变会带动新的城市出现，中国建设史上著名的巨型项目如“大三线建设”、三峡工程等在很大程度上催动了当地城市化②。中国的土地政策也对城市化有着重要影响，土地的所有权、征收制度、土地收入的分配等都是影响城市化的重要变量③。

冯云廷结合诺瑟姆曲线与刘易斯转折点进行分析，认为农村剩余劳动力转移步伐开始减缓，城市化的转折点随之到来。2008 年次贷危机导致这个转折点提前到来，并表现在城市化增长速度的边际递减，新增农民工和劳动年龄人口同时减少，这与发达国家城市化转折点通常发生于人均收入达到较高水平时期的表现不同，在中国目前的发展阶段，原先劳动力成本较低的比较优势和产业竞争力受到影响，经济增长面临考验。这就需要我们在充分考虑城市化发展新阶段的现实基础上，逐步建立起科学的产业转移机制，同时，城市化应与区域规模、资源禀赋和产业结构特征相适应，城市化的推

---

① 王红扬：《我国户籍制度改革与城市化进程》，《城市规划》2000 年第 5 期，第 20—24 页。

② 冯雁军：《论城市化模式与途径》，《城市研究》1998 年第 4 期，第 11—14 页。

③ 房庆方、马向明、宋劲松：《城中村：我国城市化进程中遇到的政策问题》，《城市发展研究》1999 年第 4 期，第 19—21 页。

进应尊重现实，适应多样化，不能整齐划一[①]。

根据前述陈明星的研究，城市化速度进入理论饱和值的1/2处即开始减速，而中国现在已然达到这个理论值，进入第三阶段，和以前有显著不同，加速城市化不应长期成为我国城市化主旋律，城市化政策的价值理念与投向重点需要转型，从关注速度、规模的数量型向重视融入、环境的质量型转变。同时由于存在巨大的地域差异，主张从实际出发设置城市化目标以及过程的差异化，稳步实现城市化[②]。从以上学者的研究可以看出，大家都倾向于城市化发展政策要与城市化发展阶段相适应，实行分类规划。

2. 城市化政策的整体性研究

系统性的研究最应该体现在论著当中，但真正以城市化政策研究为名的论著只有谷荣的《中国城市化公共政策研究》[③]。他从中国是政府主导城市化这个论断出发讨论了农村劳动力转移政策、城市增长政策政府职能的定位以及政策过程的重构，其中农村劳动力转移政策重点研究了户籍政策、就业政策、公共住房政策、社会保障政策，城市增长政策主要研究行政区划政策、城市规划政策、城市建设、投融资政策、城市环境政策，内容具体而庞杂，但这些内容只是城市化过程中具体政策的一个集合，没有深刻分析这些政策背后的问题。把政策过程作为一个研究的组成，论述城市化政策的价值取向、制定、执行、评估等，就论著逻辑架构来说该部分与别的部分并不融洽，城市化公共政策及其过程研究事实上成了逻辑相对独立的两个部分。而且整个研究主

---

① 冯云廷：《城市化转折点及其政策含义》，《财经问题研究》2010年第2期，第122—117页。

② 陈明星、叶超、周义：《城市化速度曲线及其政策启示——对诺瑟姆曲线的讨论与发展》，《地理研究》2011年第8期，第1504—1505页。

③ 谷荣：《中国城市化公共政策研究》，东南大学出版社2007年版。

要是介绍，而不是问题性研究。所以我们可以看到，该研究没有找到合适的理论工具分析城市化公共政策存在的问题。宋明爽认为，需要重视经济、户籍政策、社会保障与城市化政策的配合，同时国家有一定措施改变促进人口过分向东部集中的情况，通过城市合理布局促进各省区和谐发展[①]。王雅莉认为城市化政策由城市国土管理体制和土地利用政策、农村剩余劳动力转移和城市人口政策、城市基础部门和产业集群政策、城市基础设施和市政经济政策、城市合作与城市区域化、城市化发展的公共环境政策等构成[②]。韩艳丽认为相较于西方发达国家市场主导的自然演进城市化而言，中国城市化过程中政府往往起着决定性的作用，政策调整需要加强深化资源和要素自由流动的基础性政策、城市公共产品的投融资政策、城市区域化协调政策等方面的改革[③]。亨德森认为应该通过改革激励城市政府，提高城市化政策的决策水平，而不是依赖上级行政指挥，由此给出了非常具体的十三条政策建议，比如消除农村流动人口进入城市的障碍、加大对流动人口家庭的投资、改进移民的生存条件、避免过度拥挤的超大城市、鼓励有效的土地利用和减小城市蔓延、通过土地利用规划和市场运作建设宜居城市，重新界定市长职责、加强城市管理、重构城市融资渠道、改革城市的行政层级城市等等[④]。虽然这些观点在2007年就发表了，在今天仍然具有非常强的建设性意义，他提出的某些建议有的已经在实施，但是还有许多建议仍然无法实

---

① 宋明爽：《城市化战略与政策取向分析》，《山东社会科学》2004年第11期，第110—113页。

② 王雅莉：《我国城市化战略的演变及政策趋势分析》，《城市》2008年第11期，第54—58页。

③ 韩艳丽、王雅莉：《中国城市化与公共政策互动关系研究》，《河南社会科学》2010年第4期，第108—111页。

④ J. Vernon Henderson：《中国的城市化：面临的政策问题与选择》，《城市发展研究》2007年第4期，第32—41页。

现或者推进艰难。虽然这些研究相比具体领域政策研究还比较笼统，但是有利于我们整体上把握城市化政策应该重点推进的着力点。

陈易的研究更进一步，不是简单罗列城市化政策的重点内容，而是引入了分类方法，从政策对城市化的推动机制和效果角度，把各类政策分为短期效应政策、长期效应政策和约束型政策①。这种分类思维值得肯定，但是三类政策分类的标准不够周延，即使是长期和短期效应政策之间的分类也太过笼统，比如社会经济政策一定就是长期效应，难道就没有短期效应的经济政策？行政区划政策的效应一定是短期的吗？整个逻辑比较混乱。

也有学者提出城市化政策应关注政策根本价值导向，如发展中的公平问题，城市化积极成果应让大家共同分享②。

3. 城市化与城市公共服务供给政策

城市化意味着由于城市人口的聚集需要增加大量城市公共服务，其服务提供能力的提升非常关键。在城市所有公共服务中最受人关注的就是教育与住房。刘善槐针对广州市天河区的研究表明，2013 年农民工随迁子女 59276 人，如果全部进入公办学校，按每校 1000 人测算，至少需新建学校 59 所，用于预征地、基本建设和教师工资等费用高达 380 亿元左右，而全区每年可支配财政收入仅有 56 亿元，因此，城市只能根据自身的承载能力设立门槛，适当控制学龄人口的规模，在保证当地孩子就学需求的同时兼顾流动人口孩子上学，避免现有教育秩序受到冲击。但光靠限制不能解决根本问题，所以应当支持规范民办教育的发展，扩大新增学龄人口就学的选择空间，教育部门也应建立农民工子弟学校的淘汰机制，不断

① 陈易：《政策调控与城市化进程研究——以无锡城市化发展为例》，《经济地理》2002 年第 1 期，第 41—45 页。

② 宋明爽：《城市化战略与政策取向分析》，《山东社会科学》2004 年第 11 期，第 108—112 页。

促使民办学校办学水平的提高[①]。

劳动力流动不是目的，城市化的目标就是要让部分流动的人口能够长期居住在城市，这通常有两种办法：一是租房，二是购买自己的住房。陈蓉、陈清波从流动人口拥有自己住房的思路出发，根据大多数农民工收入有限买不起市场供应的商品房的现实，提出应该建设“农民工经济适用房”的政策设想，让农民工能基本以建房成本价买房，但人口流入地用地都十分紧张，所以必须有土地政策的配套，突破建设用地指标占补平衡不得跨省域这一政策限制，农民工户口落地的同时带有用地复垦指标，同时在全国范围内建立复垦指标交易管理系统来规范复垦指标的登记转移等整个过程[②]。但是现在还没有把城市新进入者纳入住房政策的整体规划，绝大多数城市新进入者只能自力更生解决住房问题，随着租住房价格不断走高，他们在城市长期居住越来越困难。目前，农民工廉租房政策效果不理想，住房公积金政策受到了冷遇，更多的农民工被排除在中国城镇公共住房体系以外。正是由于长期居住城市的无望，所以农民工仍然选择在农村建造房子，这些房子多半被闲置，由于只能在集体内流通，农村房产市场是封闭的独立王国，资源浪费严重。因此，应建立城市、农村统一的住房市场，解决两者分割的问题[③]。

由于城市公共服务只能依靠公共财政提供，所以城镇化的成本问题逐渐凸显，人口的快速增加不仅要求大量的城市基础设施投资，还包括公共住房建设、社会保障等公共服务的支出。对人

---

① 刘善槐：《新城镇化、“单独二孩”政策与学校布局调整新走向》，《东北师大学报》（哲学社会科学版）2015 年第 4 期，第 187—191 页。

② 陈蓉：《创新用地政策推进城镇化——关于如何使进城农民工在城镇落户长居的探索》，《小城镇建设》2010 年第 1 期，第 40—42 页。

③ 吕萍：《快速城镇化过程中我国的住房政策》，《中国软科学》2010 年第 8 期，第 25—60 页。

口流入地城市的公共财政压力尤其明显，其中根本原因在于地方政府财权与事权不匹配。土地增值收益没有合理制度规定，农民在农地转换的巨额收入分配中受益较少，城乡二元结构又把这种格局凝结，所以需要推进土地制度、城乡管理体制的深入改革[①]。为了解决地方财政财力的不足，财政转移支付制度建立非常重要，但是目前财政转移支付主要按行政层级进行，而且省级以下财政转移支付制度还不完善，行政等级高的城市相对行政级别低的城市更容易吸附资源，但这与大中小城市协调发展的政策目标相矛盾[②]。

虽然城市财政收入和财政支出都对促进城镇化水平具有长期的积极效应，但贡献程度却是不同的，财政收入大于财政支出，具有明显的不对称性[③]。目前大家最关注的是城市公共财政最大的不稳定因素——土地财政。对“土地财政”的研究是中国城市化问题研究的重要热点之一。对土地财政的利弊争论较多，通常持批评意见的占主导，比如周飞舟认为：“城市扩张、土地开发和土地财政……从长远来看，这三者之间的过密关系是我国经济社会长期可持续发展的障碍”[④]，陈志勇、陈莉莉认为，建立在土地资本化和房地产业基础上的经济增长不可持续，需要积极完善财税制度，减弱土地及相关产业的财政收入激励，切断土地财政的循环链条，促进地方政府财政行为的转型[⑤]。但是也有较为中立的看法，既肯定土

① 城镇化进程中农村劳动力转移问题研究课题组：《城镇化进程中农村劳动力转移：战略抉择和政策思路》，《中国农村经济》2011 年第 6 期，第 13—14 页。

② 李兰、蒙婷怡：《促进城镇化发展的转移支付政策研究》，《哈尔滨商业大学学报》（社会科学版）2012 年第 5 期，第 91—122 页。

③ 刘昊：《城镇化发展与财政政策相关性的实证分析》，《地方财政研究》2013 年第 4 期，第 54 页。

④ 周飞舟：《大兴土木：土地财政与地方政府行为》，《经济社会体制比较》2010 年第 3 期，第 77—89 页。

⑤ 陈志勇、陈莉莉：《财税体制变迁、“土地财政”与经济增长》，《财贸经济》2011 年第 12 期，第 29 页。

地财政的积极作用，也看到土地财政的负面效应，比较有代表性的是赵燕菁的观点，他认为现在很多中国经济问题缘于土地财政，但没有它，也不会有中国城市化的高速发展，其成功的秘密就是创造出一套将土地作为信用基础的制度——“土地财政”，没有这一制度创新，中国特色的城市化道路就是一句空话……这一模式虽然引发了许多问题，但是也很难找到合适的替代，如果解决不好，很可能会给国民经济带来巨大的系统风险，然而，十全十美的方案也并不存在①。通常，土地转让中地方政府的净收益保持在25%上下②，这个净收益水平确实比较高，远超一般的企业，很难不让地方政府没有征地的冲动。由于对土地出让收入的支出不像政府一般预算收入管理那么严格，政府将这部分收益主要投入城市基础设施建设，所提升的土地价值能够有效转化为未来的土地出让收入，并带动未来财政收入的上升，从而形成了规模报酬递增的机制，激励得到持续性的增强，刺激地方政府尽最大可能征用农用地为国有土地，从而产生过度征收土地的可能，城市地租也被过度推高，影响城市产业转型、创新成本和城市未来发展，这需要从改变收益机制和降低交易费用入手进行改进：“开拓新来源”就是在完善风险监控的情况下，创新地方政府融资方式，改进地方债务管理，通过公私资本合作模式，公共不动产证券化，房地产税替代土地出让金收入等方式，建立城市建设多元化资金来源，从而降低对土地财政收入的依赖；更长远的制度安排就是转变城乡土地二元体制，消除土地政策对城镇倾向的路径依赖，建立公平交易的城乡土地流转统一市场是

---

① 赵燕菁：《土地财政：历史、逻辑与抉择》，《城市发展研究》2014年第1期，第2—14页。

② 贾康、刘微：《“土地财政”：分析及出路——在深化财税改革中构建合理、规范、可持续的地方“土地生财”机制》，《财政研究》2012年第1期，第2—9页。

发展方向[①]。

4. 中国城市化过程中的户籍政策与人口流动研究

在中国城市化过程中户籍政策的不断推进中，一直存在选择性限制与彻底放开的争论。吴敬琏的观点在选择性限制派中很有代表性，他认为，户籍放开的基础是农民工能在城市就业并有较可靠的经济来源，否则就会变成城市无业游民，不但给社会治安加大难度，而且他们自身也有巨大压力，如果大量回流农村，社会稳定也受影响[②]。其实不管保守还是激进，大家对于放开小城镇户口都没有任何争议，矛盾的焦点集中于大城市和特大城市的户籍政策。

目前不同城市对户籍改革态度不同，缘于地方政府对户籍改革影响人均 GDP 和财政收支效应的关注。陆万军的实证分析较有说服力，他发现户籍门槛对城市经济水平存在显著的负面影响，只有当常住人口规模超过 1133 万时，城市提高户籍门槛才可以提升城市人均 GDP 水平，显然多数城市要提高人均 GDP 都应降低落户条件，但如果降低要求导致流动人口大量涌入，反而会对本地经济增长产生负面影响。这容易导致谁先放开谁吃亏的问题，现实中人口愿意流入的城市多半不愿降低门槛；假设户籍人数不变，流动人口会对人口超过 200 万之间的城市的人均产出有明显的负面作用，在控制流动人口变量后，户籍人数的增加对该地经济有明显正面影响，户籍人数在 100 万—200 万的城市也支持以上结论；在户籍改革对地方财政收支影响的研究中，他发现流动人口对规模在 100 万—200 万的城市财政收支影响不显著，但户籍人口的影响非常明显，对人口 200 万以上的城市来说，人口流入所产生的财政收入大于支出，而户籍人口对财政收入和支出的影响大致相等，户籍门槛

---

① 孟繁瑜：《中国城镇化与新农村建设协调统一发展研究——国家土地政策的负外部性路径依赖分析与破解》，《中国软科学》2015 年第 5 期，第 7—11 页。

② 吴敬琏：《农村剩余劳动力转移与"三农"问题》，《宏观经济研究》2002 年第 6 期，第 6—9 页。

对地方财政收支均存在负面影响，既减少了财政收入，也降低了财政支出；因此，对地方政府来说，户籍政策要能帮助其获得财政净收入，必然选择设置门槛将所谓较高能力的就业群体纳入本地户籍，这与中央政府的城市化户籍改革激励不相容，这种诱致性制度变迁只能通过外部力量打破制度均衡，一种可能的方式是中央政府限制地方政府设置户籍门槛，另一种则需要中央政府加强转移支付降低人口流入城市的户籍化成本，降低户口之间的公共服务含金量差别①。

虽然城乡统一登记制度已在超过半数的省开始实施，但是户籍背后的公共服务制度仍然有待遇差别问题，尤其是非辖区流动人口。当前最受人诟病的是购房落户政策，住宅成为影响人口市民化的主要障碍，因此，迫切需要建立城市住房保障体系②。体制壁垒的现实存在还直接影响了代际公平，身份的固化循环是经济社会稳定发展的巨大隐患③。2016 年 10 月 11 日国务院办公厅发布了《关于印发推动 1 亿非户籍人口在城市落户方案的通知》，力度更大的户籍改革政策开始推行。但是说放开容易，真正难的是实现户籍背后功能的解除或者差别统一。李文椿、何炽以 2010 年取消农业和城镇户口划分的沈阳市为例，深入研究了统一登记后城镇和农村低保待遇衔接与整合的问题，其中比较刚性的就是财政负担，按当时标准，“农村低保如按城市低保标准实行，农村低保户将增到 6 倍，年发低保金将是 7872 万元”④。仅此一项就增加如此多负担，如果

① 陆万军：《户籍门槛、发展型政府与人口城镇化——基于大中城市面板数据的经验研究》，《南方经济》2016 年第 2 期，第 28—41 页。

② 王海光：《2000 年以来户籍制度改革的基本评估与政策分析》，《理论学刊》2009 年第 5 期，第 95—100 页。

③ 赵峥、倪鹏飞：《当前我国城镇化发展的特征、问题及政策建议》，《中国国情国力》2012 年第 2 期，第 10—12 页。

④ 李文椿、何炽：《城镇化带来的相关城市和农村低保政策衔接和整合问题探析》，《中国名镇》2011 年第 9 期，第 42—43 页。

把所有增加开支全部按照政策兑现，那么地方财政在短时间内将不堪重负。可见，弥补户籍差别带来的社会待遇差别，将是我国政府面临的巨大挑战。

所以，接栋正提出了针对流动人口的另外一种思路，他采用李强提出的“三元社会结构”概念①，认为城市人、农村人、农民工的三元结构是对原先城乡二元结构的弱化，这种社会结构将在长时间内持续，提出应该学习美国、欧盟、印度等国家的移民政策，面向这些利益主体，建立清晰的福利目录和有差别、分层次、可调控的待遇指标体系②。这种做法在中国目前阶段不失为一种比较灵活、务实的政策理念，但是这样做的一个隐忧是：对农民工群体的管理固化，反而不利于长期的社会稳定与社会正义，毕竟城市化的主要目标之一就是要消除第三类群体，完成农民、农民工市民化的伟大历史任务。

5. 农民市民化成本问题

城市化的最终目的就是要实现农民的市民化。这里涉及两个概念，首先是市民化的对象。由于农民群体的日益分化，学术界对该问题的研究也由于聚焦对象的不同，有着不同认识。比如对农民的分类，有的认为农业转移人口可以分为三类：外出农民工、本地农民工和失地农民③；有的学者把农民市民化的主体分为农民工（进城农民）、城郊失地农民和留守农民。前者很明显，主要针对农民工，是对农民工的细分，后者才是真正针对农民的完整分类，但是后者认为“留守农民市民化是指长期居住在农村地区的人员成为城镇居民的过程”④，并没有把务农的农民与离土不离乡的务工农民区

① 李强：《农民工与中国社会分层》，社会科学文献出版社 2004 年版，第 387—388 页。

② 接栋正：《从社会结构变迁看中国人口城镇化政策》，《浙江社会科学》2013 年第 6 期，第 16—19 页。

③ 根据国家统计局的解释，本地农民工指在户籍所在乡镇地域以内从业的农民工，外来农民工指在户籍所在乡镇地域外从业的农民工。详细见国务院发展研究中心课题组《中国新型城镇化道路、模式和政策》，中国发展出版社 2014 年版，第 220 页。

④ 何玲玲：《农民市民化的成本解构》，《重庆社会科学》2016 年第 3 期，第 44 页。

分开，两者显然有很大不同。何玲玲的研究中既包括本地农民工，也包括外出农民工，而国务院发展研究中心的报告主要针对的只是外出农民工，他们的研究结论有很大的差别。其次是市民化的内涵，每个学者的界定也各不相同。郭庆松认为市民化不仅是居住地、户籍的迁移，同时也是生活习惯、理念的变化。① 而申兵认为市民化是农民工与城镇户籍人口平等享有公共福利的过程②，强调了与城镇户籍居民的平等性。王敬尧等学者也都强调“农民市民化的关键就是基本公共服务的均等化”③，“农民工市民化核心是农民工能与城镇居民同等地享受公共服务”④。可见，多数学者都采用了后者，前者比较宽泛，同时贯穿整个城镇化的漫长过程，投入资金无法估算。总的来说，农民市民化成本研究主要研究农民工的市民化成本，其中又主要从提供公共服务均等化角度切入。

农民工市民化成本按承担主体分一般可以分成三块：个人、企业、政府成本。有学者认为，个人成本并不存在，因为“农民工市民化享受公共服务后，个人负担成本不增反降”，“个人成本理论上是负数，……降低的这一部分成本转嫁给了当地政府”⑤。如果从成本收益角度分析，的确如此，但是，支出是刚性的，而收益很难衡量，所以研究市民化成本仍然有很大意义，个人成本仍然应该计

---

① 郭庆松：《农民工市民化：破局体制的“顶层设计”》，《学术月刊》2011 年第 6 期，第 72—78 页。

② 申兵：《“十二五”时期农民工市民化成本测算及其分担机制构建——以跨省农民工集中流入地区宁波市为案例》，《城市发展研究》2012 年第 6 期，第 86—92 页。

③ 王敬尧、叶成的文章中对基本公共服务财政支出的估算以地方财政一般预算内支出项目为准，主要包括教育支出、医疗卫生支出、一般性公共服务支出、社会保障和就业支出、文化体育与传媒支出和住房保障支出六项。这个标准没有把由于人口增加的基础设施建设项目支出纳入分析，所以地方政府财政支出显得较少，不足以说明农民市民化完全成本。具体见王敬尧、叶成《地方财政视角下的农民市民化成本》，《华中师范大学学报》（人文社会科学版）2015 年第 5 期，第 12—20 页。

④ 张继良、马洪福：《江苏外来农民工市民化成本测算及分摊》，《中国农村观察》2015 年第 2 期，第 44—96 页。

⑤ 胡桂兰：《农民工市民化成本效益分析》，《农业经济问题》2013 年第 5 期，第 84 页。

算，但不是我们关注的重点。有学者将企业与政府成本统称为公共成本，包括“需要政府承担的基础设施、公共管理、随迁子女教育等方面的成本以及政府与企业共同承担的社会保障支出”[①]，实际上这个称谓并不合适，因为企业承担的社会保障成本本身属于企业经营成本。陈一非认为公共成本不应包括企业应承担部分，仅指政府所增加的投入，[②] 把企业承担的部分纳入社会成本似更为恰当。多数学者都认同把政府承担的农民工市民化成本纳入公共成本（具体构成可见表2.1），本书从政策分析的角度也主要关注这部分成本。刘斯斯从政府层级角度进行进一步细分，认为中央政府负担义务教育、社会保障成本，地方政府主要负担公共住房、管理成本等支出[③]。同时，中央政府还需要对人口流入集中的城市增加财政转移支付，触发它们推进市民化的积极性[④]。

学者普遍关注农民市民化的政府责任，由于研究的统计口径不同，导致得出的结论也有天壤之别。先看近些年各种估算数据，官方相对比较正式的数据只有2014年4月4日安徽省财政厅刊登在财政部网站上的数据，他们认为合肥市人均市民化成本约15.49万元，包括义务教育、公共住房、医疗和养老、各种民政救助和社会管理、基础设施等方面[⑤]。与此比较接近的数据是2013年中国社科院发布的《城市蓝皮书》，他们的估算考虑了地区差异：市民化人均公共成本在东、中、西部地区分别为17.6万元、10.4万元和

---

① 张国胜、杨先明：《中国农民工市民化的社会成本研究》，《经济界》2008年第5期，第61—68页。

② 陈一非：《广东新型城镇化的成本测算及金融支持》，《广东科技》2013年第18期，第3—4页。

③ 刘斯斯：《多元分担农民工市民化成本》，《中国投资》2012年第13期，第58—60页。

④ 高拓、王玲杰：《构建农民工市民化成本分担机制的思考》，《中州学刊》2013年第5期，第45—48页。

⑤ 该文没有具体的核算方法，只有大致的统计口径，详细见安徽省财政厅撰写的《关于支持安徽省农民市民化基本公共服务的财政政策建议》，国家财政部网站（http：//www.mof.gov.cn/xinwenlianbo/anhuicaizhengxinxilianbo/201404/t20140404_ 1064243.html）。

10.6 万元，全国平均为 13.1 万元/人[①]。陈家泽和其团队进行的“四川省农民工市民化配套政策研究”表明，四川省农民工市民化的平均成本费用大概在 5.25 万元/人，资金的长期压力很大[②]。一些媒体的数字比较随意，有认为山东农民市民化的成本中仅基础设施建设和维护就需 10 多万元[③]。可以看到大家的估算五花八门，数据悬殊也非常大，真正的成本究竟几何，需要好好梳理真实负担有哪些，再计算具体成本。表 2.1 是有代表性的具体数据估算。

表 2.1　　市民化成本构成与估算的典型观点

<table>
<tr><th>提出者</th><th>计算项目</th><th>具体构成</th><th>估算数额（元/人）</th><th>总计（元）</th></tr>
<tr><td rowspan="5">张继良等④（以江苏省 2010 年人口普查数据为基础）</td><td rowspan="4">社会成本</td><td>社保成本</td><td>50880.6</td><td rowspan="4">123000</td></tr>
<tr><td>生活成本</td><td>6056</td></tr>
<tr><td>子女教育成本</td><td>4596.5</td></tr>
<tr><td>住房成本</td><td>61004.8</td></tr>
<tr><td>基础建设及其他成本</td><td></td><td></td><td></td></tr>
<tr><td rowspan="8">徐红芬⑤（以郑州市 2012 年数据为例）</td><td rowspan="5">公共成本</td><td>基础设施建设成本</td><td>12899</td><td rowspan="5">40809</td></tr>
<tr><td>城镇公共管理成本</td><td>3424</td></tr>
<tr><td>社会保障成本</td><td>21648</td></tr>
<tr><td>随迁子女义务教育成本</td><td>354</td></tr>
<tr><td>保障性住房成本</td><td>2484</td></tr>
<tr><td rowspan="3">个人成本</td><td>个人住房成本</td><td>7862</td><td rowspan="3">22641</td></tr>
<tr><td>个人保险支出</td><td>7136</td></tr>
<tr><td>城市生活成本</td><td>7643</td></tr>
</table>

① 邵海鹏：《农民市民化财政成本平均每人 13 万元》，《第一财经日报》2014 年 7 月 31 日。

② 杨登峰：《没实惠何必农转非》，《工人日报》2014 年 12 月 2 日。

③ 这种数据明显比较随意，但是影响会比较大。潘俊强：《农民变市民成本有多高》，《人民日报》2013 年 12 月 1 日。

④ 详细参见张继良、马洪福《江苏外来农民工市民化成本测算及分摊》，《中国农村观察》2015 年第 2 期，第 44—96 页。

⑤ 徐红芬：《城镇化建设中农民工市民化成本测算及金融支持研究》，《金融理论与实践》2013 年第 11 期，第 69—72 页。

续表

提出者	计算项目	具体构成	估算数额（元/人）	总计（元）
王敬尧等①	地方财政成本（基本公共服务）	基础教育、医疗卫生、社保和就业、住房保障、文化体育与传媒、一般服务	东部大、中城市分别为7589元、6774元；中部大、中城市分别为7380元、4986元；西部大、中城市分别为2892元、2089元	
	企业成本	养老保险等社保金		
	个人成本	社保、住房等费用		
王家永等②（以大连城郊农民为例）	公共成本	医疗卫生、社保等	7359	64959
		教育成本	1844	
		基础设施建设成本	55756	
	个人成本	城市生活成本	3889	112118
		居民住房的成本	82620	
		转行的机会成本等	25609	
丁萌萌、徐滇庆③（2011年数据）	公共成本（城市与农村折抵之后的支出）	保障性住房成本	0	4024.77
		城镇公共管理成本	400	
		社会保障成本	2400.92	
		医疗保障成本	22.23	
		随迁子女教育成本	1201.62	
国务院发展研究中心课题组④（针对外出农民工）	政府承担的增量资本（不包括企业个人）	养老保险	310.71	16606
		低保	10.98	
		医疗保险	0	
		随迁子女教育成本	16284	

① 详细请参见王敬尧、叶成《地方财政视角下的农民市民化成本》，《华中师范大学学报》（人文社会科学版）2015年第5期，第12—20页。

② 王家永：《农民市民化转型成本测算与分担机制考察——以大连市甘井子区为例》，《地方财政研究》2014年第5期，第65—75页。

③ 丁萌萌、徐滇庆：《城镇化进程中农民工市民化的成本测算》，《经济学动态》2014年第2期，第36—43页。

④ 详细请参见国务院发展研究中心课题组《中国新型城镇化道路、模式和政策》，中国发展出版社2014年版，第220—228页。

从表中可以看到，张继良、马洪福的测算从承担主体入手，把农民工市民化成本列为社保等六项。但是核算并没有按照这六项进行，而只是算了所谓的社会成本，主要项目包括社保等四项，这只是农民工市民化的部分成本。比较有特点的是有些地方抵扣了农民工在农村享受公共服务支出，这种考虑对省内流动部分的农民工是合适的，但是对于跨省流动的农民工却没有太多意义，因为农民工在农村享受公共服务缴纳的资金并不在江苏省，对于江苏省财政预算跨省流动农民工的已缴纳部分没法抵扣。但是，在计算成本总额时并没有区分跨省流动还是省内流动，只是剔除了没有意愿留在城镇的24.5%农民工。而且抵扣的计算方法并没有贯彻始终，比如随迁子女教育成本就没有抵扣在农村的教育开支，存在比较大的逻辑漏洞。文中对社会保障成本的认定比较细，包括养老、医疗、工伤、生育、失业等保险，住房公积金和最低生活保障七项内容，这七项内容即使现在的城市居民也不一定能完全享受，这是从高的计算方法，因此该文的结论不太可靠。在徐红芬的研究中公共成本包括了企业负担部分，在社会保障成本没有区分政府、企业负担金额。有些数字统计口径偏小，比如随迁子女义务教育以外成本并没有计算。王敬尧等人的研究选取2012年山东、河南、广西三省中最具代表性的九个市为分析对象，直接使用国家、地方统计数据中的基本公共服务财政支出，主要包括教育等六项支出。使用这个数据虽然简单明了，但是存在代表性不足的问题，以中国目前状况看，市辖区公共服务财政开支并不意味着只是针对城市户籍，有的城区城乡接合部仍然有大量农村户口存在，更别说这些年因城市扩张形成所谓的新的市辖区，这些区域存在的农村户籍人口更多。以青岛为例，真正的老市区只有四个，新设立的市辖区三个，因此文中的人均数据实际上是被摊薄了，也就是城市化成本实际上是被低估了。而且青岛市还有市属高校，高校教育经费开支与市民化成本无关，成本核算中并未剔除这部分开支，所以结论有值得商榷之处。文章主要是从地方财政的角度进行论析，没有进行经费的抵扣。机构的性质决定考虑问题的角度，国务院发展研究中心课题组的研究解决了这个问题，主要从整个国家政府支出增加角度，剔除了农民工市民化以前支出的财政成本，即新农保补贴，比如医疗保险成本差额就是零，但是在具体项目中，仍然存在与前文中徐红芬一样的逻辑漏洞，例如随迁子女教育成本虽然对财政经费拨款差额进行抵扣，但是校舍建设成本、教师工资等增加额并没有抵扣，前后逻辑不一致，这对估算整个政府应该支出的硬负担有意义，但对讨论解决农民工市民化问题中的地方政府行为参考意义不大。该研究的另外一个优点是把数据的估算分为动态与静态，人均支出增加的动态就是假设政府支出增速与GDP名义增速相同。表中的数据是报告中2013年的静态数据或是以此为基础的重新计算，这相当于估算值的最低线。丁萌萌、徐滇庆和国务院发展研究中心课题组的框架基本一致，都对城市和农村的差额进行抵扣，但是在具体项目核算中存在错误，比如该研究中民政部门的社会保障支出比例最高，而且人均低保开支最大，实际上并不是所有外出农民工都属于低保对象，这部分开支不能简单地算到每个人头上，需要进行折算。从数据看，都进行折抵的两种算法数据差别也非常大，需要进一步甄别。王家永的研究主要针对城郊农民，只有参考意义，没有普适性。

三 政策网络理论

政策网络理论是从20世纪30年代萌芽，历经五六十年代的酝酿，70年代开始正式形成[①]，并在80年代成为欧美等西方发达国

① 关于政策网络的理论发展分段参见闫文仙、尹广义《政策网络理论回顾与评述》，《云南行政学院学报》2014年第2期，第125页。

家政治学、政策科学领域的主流分析范式与框架，是从事公共政策研究学者们运用较多的重要理论工具之一①。国内学者的研究也经历了一个从介绍性研究到应用性研究的过程。早期理论梳理较有代表性的主要有《中共浙江省委党校学报》2004 年第 1 期刊发的四篇政策网络研究专栏论文，陈庆云、鄞益奋的《西方公共政策研究的新进展》等，近期较系统性的研究文献有李玫的《西方政策网络理论研究》、谭羚雁的《政策网络对政策结果的解释力研究》、杜兴洋的《国外政策网络理论研究的最新进展(2010—2015)》、杨代福的专著《政策工具选择研究：基于理性与政策网络的视角》等，主要的研究内容不外乎两种：基础理论与理论应用的案例，在基础理论方面主要还停留在引入吸收阶段，还没有形成自己的原创性理论观点。倒是对理论的运用方面形成一系列的成果，比如娄成武、张建伟的《房地产宏观调控之政策网络研究》、朱亚鹏的《中国住房领域的问题与出路：政策网络的视角》、唐皇凤的《政策网络与政策后果：中国的运用》、朱春奎的专著《政策网络与政策工具：理论基础与中国实践》，还有食品安全、社区建设等领域的理论运用分析。应该说，通过国内学者的研究，大家基本形成一个共识：政策网络理论能够适用于中国性，如朱亚鹏认为，在当前我国各种利益冲突凸显的宏观环境下，政策网络理论的应用对接纳多元的网络行动者、促进更广泛的公众参与、冲击固有的利益链条、打破封闭的政策网络、化解各种社会矛盾与紧张关系具有重要意义②，孙柏瑛、李卓青也认为政策网络作为一种新的探索有待进一步规范，但是其独特的治理结构和机制有助于梳理市场和政府关系，促进对政府

① David Marsh, *Comparing Policy Networks*, Buckingham and Philadelphia: Open University Press, 1998, pp. 7 - 21.

② 朱亚鹏：《政策网络分析：发展脉络与理论构建》，《中山大学学报》2008 年第 5 期，第 198 页。

改革[①]。公共政策的实践者与研究者不仅要关心如何制定一个好政策，更重要的是如何有效执行这个好政策，政策网络拥有的独特视角有助于解释政策执行过程，比如政策网络参与主体及其地位、角色功能、互动关系、行动策略，政策网络结构类型及其特征，政策网络主体行为都在塑造、影响网络结构，并进而影响政策效果，关注网络而不仅仅是政策内容本身是政策网络理论创立的重大理论贡献。中国问题的解决不仅需要关注能出台什么具体的政策，更要关注这个政策过程中的网络结构，实现中国公共政策过程的内容治理向网络治理转变，从而进一步提升中国公共政策科学水平。新型城镇化同样如此。

（一）政策网络理论发展源流

随着国家社会发展的日益复杂，人们对政策科学性的要求也越来越高。各学科的知识精英都努力为国家的政策制定贡献自己的智慧，这些知识都以各学科政策研究方向的形式分布于各门学科中。政策科学的创立者——拉斯韦尔提出了一个雄心勃勃的设想，试着把分布在各学科中，"碎片化"的理论、思想、方法用政策科学的统一范式整合成为全新的社会科学[②]。他认为政策科学提供"关于政策过程的知识"和"政策过程中的知识"[③]，"政策过程中的知识"可以囊括自然科学和社会科学所有门类的学科知识，这些知识之间争奇斗艳，通常又是诸如系统分析、运筹学等量化模型与技术为主导的逻辑实证主义占据潮流，有意去除价

---

① 孙柏瑛、李卓青：《政策网络治理：公共治理的新途径》，《中国行政管理》2008年第5期，第109页。

② 陈振明：《是政策科学，还是政策分析？——政策研究领域的两种基本范式》，《政治学研究》1996年第4期，第79页。

③ H. D. Lasswell, "The Emerging Conception of the Policy Sciences", *Policy Sciences*, Vol. 1, No. 1, 1970, pp. 3 - 14.

值主观因素以及具体的复杂社会情境，想用自然科学方法解决社会问题。显然这样的研究忽略了社会科学的复杂性，实践中也很快遇到很多问题，一些学者开始反思原来的研究方向是否正确。德洛尔认为建立在科学哲学基础上的实证主义方法政策分析倾向不恰当[①]。20 世纪 70 年代，公共政策分析的后实证主义开始出现，重新开始重视拉斯韦尔他们倡导的问题导向与历史情境，把政策分析置于主体互动与特定社会背景下探讨。但是无论是哪一种研究方向，现实中都没有出现“政策过程中的知识”大融合，各门学科中号称“政策研究”的研究依然沿着原有路径前进。或许可以把握的政策科学发展方向只剩下了“政策过程的知识”。迄今为止，该领域的研究形成了两条主线：第一条主线认定政策是一个政策生命周期过程，是基于时间过程维度的纵向研究，也是一种对政策现象的理想化抽象，基本分为政策制定、执行、评价和终结等若干阶段，这种过程论的研究框架出现最早也最有影响力，大学教材普遍都采用这个分析框架，这个简化模型搭建了相对独立的研究框架，使政策科学与政治学、行政学形成较鲜明的对比；第二条主线则是重点关注政策过程中各种政策主体互动形成的网络结构关系，政策网络理论范式成为继过程论后政策科学研究的新核心[②]。虽然政策网络实际上是对过程论的批判与发展，但是并没有完全取代过程论，是并行关系。

如此看来，政策网络理论产生的时间似乎要比过程论晚，但实际上政策网络理论的渊源最早可以追溯到 1939 年美国学者格里菲斯（E. S. Griffith）论述的“漩涡”概念，政策通过这些非正式的“漩涡或活动中心”得以制定，参与者基于对某一议题的兴趣而非

---

① 丁煌：《德洛尔的宏观政策分析思想》，《中国软科学》1997 年第 1 期，第 11 页。

② 关于两条主线的具体论述请参见黄璜《政策科学再思考：学科使命、政策过程与分析方法》，《中国行政管理》2015 年第 1 期，第 113 页。

其宪法地位，漩涡（网络）是统治工作真正开始与完成的地方[①]。但该理论并没有引起研究者们足够的持续关注，直到利益集团理论开始在政治学中产生与流行，其开创性人物杜鲁门（Truman）在其代表性经典著作《政府过程》中为利益集团在美国政治生活中的作用正名，关注到行政管理过程中的关系网络，这些关系往往处于稳定的均衡状态[②]。在他的启发下，1955 年费里曼（Leiper. Freeman）明确提出了“次级系统”的概念[③]，注重行政机构、议会委员会和利益群体等行动者的互动研究。1964 年凯特（Cater）提出“次级政府”概念，认为很多但不是所有政策领域都是由专家、利益集团和政策制定者组成的联盟——次级政府体系主导，这与宪法中关于三权分立原则规定不同[④]。很明显，凯特的次级政府联盟主体与前面学者论述的次级系统等内容有所不同，但不管哪种说法都承认了美国政治具体运作机制与宪法结构的不同，存在另外一套潜在的权力结构体系。这些学者的努力已然形成政策网络理论的重要来源之一——多元主义的重要基础，多元主义是这一时期占据主导的政治思潮。多元主义认为，利益集团在政策过程中进行充分竞争并表达集团的意愿，它们代表来自不同行业、层级的社会力量在政策过程中发挥同等的作用，避免单一的国家权威作用，关注次级系统、次级政府在政策过程中的作用。例如瑞普立（Ripley R. B.）和富兰克林（Franklin. G）在《国会、行政机关和公共政策》中的相关研究，还有 80 年代的约翰·楚布和盖伊·彼得斯等人对次级政府的进一步研究，他把行政机构、议会委员会和利益集团的“铁三角”关系描

① 对政策网络产生的渊源，一些学者追溯到 20 世纪 50 年代的“次级系统”“亚政府”体系的研究。这是回溯较早的一种说法，见闫文仙，尹广义《政策网络理论回顾与评述》，《云南行政学院学报》2014 年第 2 期，第 122 页。

② ［美］D. B. 杜鲁门：《政治过程》，陈尧译，天津人民出版社 2005 年版，第 506 页。

③ J. L. Freeman, *The Political Process*, New York: Random House, 1965, p. 22.

④ 也有人译作“亚政府”，具体参见 Douglass Cater, *Power in Washington: A Critical Look at Today's Struggle to Govern in the Nation's Capital*, New York: Random House, 1964, p. 42。

绘为交换关系，要想政策制定成功，任何一个行动者都需要另两个行动者的支持[①]。

但是由于多元主义在一些重要问题上的解释不够有力，从而受到众多的质疑，比如利益集团在政策过程中的作用究竟是否均衡等。所以，在20世纪60年代后期就有了对多元主义的修正，即多元精英主义的出现。这以1969年洛伊（Theodore M. Lowi）《自由主义的终结》的出版为标志。他强调政府部门、国会委员会和利益集团的三角关系存在着互动。达尔、林德布洛姆和谢茨施耐德（E. E. Schattschneider）[②] 也都是多元精英主义的代表，他们认为每一个利益集团代表的多是特殊集团利益而不是公众利益，他们对政策过程的影响不尽相同，更不同于一般公众，承认权力掌握在少数人手中。在这个阶段，西方国家一系列的社会骚乱、反战运动、学生运动此起彼伏，经济方面也遭遇“二战”繁荣以来的最大危机。社会环境的变化促使人们对政策等问题进行了反思。

此时在欧洲出现了另外一种有别于多元主义的社会思潮。进入20世纪70年代后，欧洲发生的经济危机导致各种社会冲突频发，各国劳资矛盾的进一步深化，国家内部原有均衡受到破坏。为了维护国家各个系统的平稳运行，需要有一种力量能提供平抑各种冲突，重整秩序的制度安排。基于这一现实，国家理论重新受到重视[③]，重视国家作用的法团主义开始形成。法团主义强调各个利益集团不再是自由竞争的，而是要受到国家规制，由国家协调不同利益集团的作用，吸纳不同的各方政治力量进入现有的政治体系内，重建政治秩序。

---

① 相关内容详见李玫《西方政策网络理论研究》，博士学位论文，云南大学，2013年。

② 洛伊（也有译为罗威）等学者的主要观点可以参见张康之、向玉琼《从“多元主义”向“政策网络”的转变》，《江海学刊》2014年第5期，第122页。

③ 张康之、向玉琼：《从“多元主义”向“政策网络”的转变》，《江海学刊》2014年第5期，第115页。

至此，西方政治理论中的多元主义和法团主义皆然形成，为政策网络理论的产生奠定了重要理论基础。政策网络理论建立在多元主义和社团主义理论整合基础之上，除此之外还有很重要的一个理论来源——网络分析[①]。网络分析的起源至少能追溯到三种学科，心理学、人类学和社会学，所以一开始就是一种跨学科的研究方法。林顿·费里曼于1979年创办的社会网络分析领域的旗舰杂志——《社会网络：一本结构分析的国际杂志》标志着社会网络分析开始成为社会学领域研究关注的重点。网络分析需要测定、再现连接从个体到国家一系列实体的关系模式，这种结构影响他们的认知、行动，并需解释其中的原因和结果。它有三个基本假设：第一，结构性关系，比年龄、性别价值和意识形态等个体特征更为重要，并随着社会情境的改变而变化；第二，实体间关系形成的社会网络结构，影响实体的观念、信仰和行动；第三，结构关系是一个动态过程，是实体内部互动改变了实体利用网络获取知识的优势，以及他们所处的关系结构。网络分析包含实体和结构，所以为微观的变化和宏观结构变迁之间的连接提供了有效的分析方法[②]。

后来，网络分析方法开始在政治学研究领域渗透，政策网络研究的雏形开始出现。1978年赫克洛（Heclo）在《议题网络与行政建制》中提出了“议题网络”概念，认为在对相关政策领域感兴趣的官僚、议员、利益集团、学者专家和记者等主体之间存在一个相对松散的沟通网络，这与原来组织化的利益集团活动表现不同，打破了铁三角关系讨论的封闭圈[③]。正式使用“政策网络”这个概

---

① 对于政策网络的产生理论背景，有的认为是由社会学的网络分析与政策研究两种传统研究组成，也有认为是政策科学、组织科学和政治科学三个领域交叉而成。具体可见杨代福《政策工具选择：基于理性与政策网络的视角》，中国社会科学出版社2016年版，第124页。

② 详细学科渊源介绍可见［美］戴维·诺克、杨松《社会网络分析》（第二版），李兰译，上海人民出版社2012年版，第9—12页。

③ H. Heclo (ed.), “Issue Networks and the Executive Establishment”. In A. King (Ed.), *The New American Political System*, Washington, D. C: American Enterprise Institute, 1978, p. 100.

念的是彼得·J. 卡岑斯坦（Peter J. Katzenstein）[①]，他在《权力与财富之间》一书中研究不同国家的对外经济政策战略中提出：“每个发达工业国家占统治地位的社会力量联盟，都在不同的政策网络中找到自己的制度表达，正是这些政策网络在对外经济政策的实施中连接着公共部门和私营部门。联盟和政策网络对国内结构的界定和政策实施来说是重要的。”[②] 很明显他对政策网络概念的使用深受社会网络理论的影响，同一个政策行动主体在不同的网络中表达不同，把政策过程的网络概念与组织社会学的组织间关系融合在一起，政策网络是连接公共部门和私营部门、基本中观的结构关联。这说明政策过程越来越复杂，模糊了公共部门与私营部门的界限。但是他只是使用了政策网络这个概念，并没有对其进行明确定义。

政策网络概念一产生就受到了众多研究者的追随，在欧美国家很快形成研究热点。《政治研究》《治理》《国际组织》等政治学领域的重要期刊刊登了一系列政策网络理论研究成果。厘清政策网络理论来源的历史脉络可以有效地帮助理解政策网络研究的展开。正是由于政策网络理论来源比较复杂，所以多数学者赞同把政策网络的研究按地域粗略地分为三个流派：美国学派、荷德法为代表的欧洲大陆学派和英国学派，其具体观点见表 2.2[③]。按国别分类的问题是在同一问题上同一流派内部也有着不同的观点，所以与其说是流派，不如说是三种不同治学传统。也有在国别基础上加入观点进

---

① 有一种说法认为最早提出政策网络概念的是 Heclo，见朱亚鹏《政策网络分析：发展脉络与理论构建》，《中山大学学报》2008 年第 5 期，第 193 页。但从论文发表的时间看，朱亚鹏的说法值得商榷。

② ［美］彼得·J. 卡岑斯坦编：《权力与财富之间》，陈刚译，吉林出版集团有限责任公司 2007 年版，第 21 页。

③ 多数学者采用三个流派的分法，表格内容改编自石凯、胡伟《政策网络理论：政策过程的新范式》，《国外社会科学》2006 年第 3 期，第 30—31 页；朱亚鹏《政策网络分析：发展脉络与理论构建》，《中山大学学报》2008 年第 5 期，第 193 页；李玫《西方政策网络理论研究》，博士学位论文，云南大学，2013 年；David Marsh，*Comparing Policy Networks*，Buckingham and Philadephia：Open University Press，1998，p. 7.

行分类的，对以上分类进行了稍许改变。也有分成两大类：以英国、美国为代表的盎格鲁－撒克逊的利益协调学派（把政策网络看作利益协调的类型），和德国、荷兰为代表的欧洲大陆治理学派（把政策网络看作市场和科层制之外的第三种治理或治理结构形式）[①]。其实从表中可以看出英美对政策网络的研究存在不小差别。美国学派主要的渊源就是如前所述的关于次级政府、议题网络的研究，罗茨为代表的英国学派则起源于中央与地方关系的分析。欧洲大陆学派的最大特点就是把政策网络建立在对国家和市民社会关系的分析基础上，看作一种宏观层面的治理结构，强调公共、私营部门之间相互依赖与合作，公共治理需要国家机构主体和社会组织主体的共同参与，所以也被称为治理学派[②]。欧洲学派实际上模糊了政府与社会的界限，在政策网络的频繁互动中具有自主性的行动者逐步形成共同利益，并具有自我协调与自我整合的特性。对此，德国学者波泽尔总结得相当好，在复杂多变的环境中，层级制的协调比较困难，市场因为有失败的可能，也受到一定限制，而在网络中，公私部门行动者以非层级的方式连接、交换相互依赖的资源，协调利益和行动，共同推动治理[③]。

表2.2　政策网络研究主要流派及其主要观点

	美国	英国	荷德为代表的欧洲大陆国家
适用层次	微观	中观	宏观
理论渊源	多元主义、利益集团	法团主义	治理理论
主要研究内容	次级政府或系统的正式与非正式关系	政府间关系、利益集团与政府之间的关系	治理结构

① Tanja A. Börzel, "Organizing Babylon-on the Different Conceptions of Policy Network", *Public Administration*, Vol. 76, No. 2, 1998, p. 265.

② 李玫：《西方政策网络理论研究》，博士学位论文，云南大学，2013年。

③ 同上。

续表

	美国	英国	荷德为代表的欧洲大陆国家
主要观点	组织、结构的资源互赖结成网络，以满足共同政策利益，同时阻止其他组织进入政策议程	政策网络的关键是政治机构间结构关系，强调利益集团间协调和政府机构的关系延续	政策网络是公私各部门行动者通过交换彼此依赖的资源，协调共同利益和行动，完成资源动员的治理机制
主要代表人物	赫克洛（Heclo）、本森（J. k. Benson）、麦克法兰（A. McFarland）等	罗茨等	德国有迈因茨（Mayntz）等“马克斯普朗克学派”、荷兰学者科林（klijn）、科克特（kickert）等

荷兰学者强调网络治理与网络管理，科克特认为，有效的网络治理是治理成功的关键，有工具主义、互动和制度主义三种研究视角。工具主义视角强调有掌控力的行动者或者核心组织及其影响网络以改变目标群体实现期望行为或达到既定目标的能力，侧重行动者关系的调整，网络管理者扮演领导者角色，引入新的行动者进入网络或者把已有的行动者排除出既有网络结构，主要是导引作用，而非科层制下的上下命令或强制的作用。互动视角的网络管理主要包括促进合作、形成行动主体之间的共识，网络管理者主要是一个调解者和促进者，例如协作规则的修改以增加有效合作。制度主义视角的网络管理者试图通过行动策略、资源配置、道德规范等手段影响政策网络的结构和文化，为解决问题和决策创造更好的条件，例如提高劣势地位行动者在资源配置中的地位与能力，实现资源配置的平衡，通过价值规范的认同增强网络凝聚力进而提升效率等①。荷兰学者科林把政策网络中的行为活动视作博弈，网络管理就是运用或改变网络规则和资源新启博弈或影响当前博弈的活动，有助于

① Walter J. M. Kickert, “Public Governance in the Netherlands: An Alternative to Anglo-American ‘Managerialis-m’”, *Public Administration*, Vol. 75, No. 4, 1997, pp. 739 – 742.

提高公共服务水平，所以，某种程度上治理就是网络管理[①]。

（二）政策网络类型及其管理等研究

正是不同的研究传统导致了欧美国家政策网络研究者的不同进路，在不同的研究议题中，形成了许多精彩的观点，围绕同一问题的解释展开知识竞争。本文选取与论著主题联系相对紧密的问题进行重点介绍与评述，如政策网络的类型划分及其管理与变迁等。

1. 政策网络类型的划分

政策网络类型划分是后续研究的基础，可以说政策网络研究的展开就从政策网络类型划分开始，其中集大成者是英国学者罗茨（R. A. W. Rhodes），他在对英国中央与地方关系的研究中形成了政府间关系理论，提出了 Rhodes 模型，具体见表 2. 3[②]。他认为英国的政策网络是一个表现不一的光谱连续体，按网络成员资格、依赖的紧密程度等特征把政策网络间的关系分成五种网络类型，其两端分别是政策社群（地方共同体）与议题网络（表 2. 3）。他的这一创见，启发、影响了一大批学者开始政策网络分类研究，为政策网络理论研究的蓬勃发展奠定了基础。

表 2. 3　　政策社群与政策网络：Rhodes 模型

网络类型	网络特征
政策社群/地方共同体（Policy community/Territorial community）	稳定，高要求的成员资格，垂直互赖，有限的水平连接
专业网络（Professional network）	稳定，高要求的成员资格，垂直互赖，受限的水平连接，为专业人员利益服务

① 谭羚雁：《政策网络对政策结果的解释力研究》，博士学位论文，东北大学，2012 年。

② R. A. W. Rhodes and David Marsh, *Policy Networks inBritish Government*, 1992, Oxford: Clarendon Press, p. 14.

续表

网络类型	网络特征
府际网络（Intergovernmental network）	有限的成员资格，有限的垂直依赖关系，广泛的水平连接
生产者网络（Producer network）	动态的成员资格，有限的垂直依赖，为生产者利益服务
议题网络（Issue network）	不稳定，大量的成员，有限的垂直互赖关系

罗茨的研究既有欧洲研究传统又与美国研究传统存在关联。比如，Rhodes 模型中把网络关系的稳定性作为区分政策网络类型的标志性特征，与美国对“铁三角”等次级系统研究反映出的网络稳定性有很多相似之处。不可否认的是 Rhodes 模型存在一定缺陷，没有说清楚上述的五种政策网络类型为什么以这样的连续方式排列，尤其是中间的三种，这些类型似乎只是标签，不同类型之间的本质差异究竟何在也不够清晰，当然受指责最多的是五种类型与外在环境之间的关系没有深入分析，政策网络内部如何演变及其变化原因更是研究空白。韦克斯和莱特受到 Rhodes 模型的启发，在对政府与产业之间关系的分析上引入了政策网络分类模型，但他们与罗茨强调政府间关系不同的是，他们是从社会中心角度出发，关注政策网络个体互动关系，而非制度性关系，而且提出了三个专门术语：政策体系、政策社群和政策网络。政策体系的参与者拥有共同身份或兴趣，价值观念、利益需求都比较相近，而政策社群主要针对特定行业为了共同利益最大化交换资源，几个政策社群的连接与交换形成政策网络。他们与罗茨很大不同就是对政策网络与政策社群进行了区分，不把政策社群作为政策网络的一种类型[①]。

Rhodes 模型之后，学者们仍然非常热衷于对政策网络的分类研

① Maurice Wright, “Policy Community, Policy Network and Comparative Industrial Policies”, *Political Studies*, Vol. 36, No. 4, December 1988, pp. 593 –612.

究，荷兰学者范瓦登认为，政策网络形成的目的就是减少交易成本，相互依赖、稳定关系都有利于减少交易成本，基于此，他提出了行动者、网络功能、结构、制度化、行为规则、权力关系、行动者战略七个分类角度，同时在这一基础上再进行细分，比如行动者分别从数量、类别、地位、专业化程度、利益等角度进行研究，最终把政策网络分为11种类型。毫无疑问，七个标准11种类型把问题复杂化了，所以他又进行简化，提出11种类型由其中最重要的即行动者、权力关系、网络功能三个标准进行区分①。范瓦登的模型不失具体细致，但是又显得庞杂，反而失去理论的解释力。乔丹、舒伯特在参与者数量、讨论政策议题范围、网络稳定性三个分类标准基础上把政策网络分为11种类型②。相对比较简单的分类有加拿大的爱特肯森与科乐曼在区分强、弱国家时提出的国家行政自主性、权威集中性、动员利益集团的能力这三种标准，根据这一标准把政策网络分为国家机构主导网络、协力网络、压力多元、客户多元、社团主义、父权多元网络六种类型③。

罗茨和马什在吸收众多学者的批评讨论意见的基础上对早先的Rhodes模型做了进一步拓展，认为政策社群中的行动者是由于权威或专业性知识的需求而参与，议题网络则更多是为了利益。他们肯定了范瓦登一些标准的合理性，比如网络行动者身份、数量、特征，政策资源（权力等）都是政策网络分类的标志性特征。在此基础上，他们提出了四个标准：成员资格（数量、利益类型）、整合程度（互动频率、关系连续性与一致性）、资源（网络内资源分

① 括号内属于次级变量。Frans Van Waarden，“Dimensions and typesof policy networks”，*European Journal of Political Research*，Vol. 21，No. 1 - 2，February 1992，pp. 29 - 52.

② 转引自李玫《西方政策网络理论研究》，博士学位论文，云南大学，2013年。

③ M. M. Atkinson. and W. D. Coleman，“Strong States and Weak States：Sectoral Policy Networks in Advanced Capitalist Economies”，*British Journal of Political Science*，Vol. 19，No. 1，1989，p. 54.

布，参与组织间资源分布）、权力（平等性、权力制衡性）[①]。国内学者也进行较多分类研究，多数研究与西方学者大同小异、不再赘述，也有比较典型的如刘海燕、李勇军的研究，以互动频率和开放度为标准划分政策网络，并用行动者的数量和多元性衡量开放程度，用网络密度衡量互动频率，将中国政策网络划分为离散型、聚合型、发散型和断裂型四种[②]。但是这样的分法有为了分类而分类的嫌疑，难以体现分类研究的理论价值，即这些类型与政策结果的关系如何，不得而知。

政策网络的分类纷繁复杂，究竟如何分类一直争论不休。所有的分类研究都与政策网络定义基本共识有关，即政策网络中的行动者存在权力依赖，资源在网络中交换[③]。同时，研究者都接受一个假设，政策网络会影响政策结果[④]。但是分歧点也显而易见，首先，“政策网络”或者“政策社群”能否成为所有类型网络的统称名词有较大争议。有时同一名词对应的内容并不相同，“政策网络”的定义比较松散，内涵被自由扩展，即使研究者本人也经常修正定义，比如罗茨的前后改变。概念的不一致导致政策网络的研究越来越复杂，政策网络成为一个难以捉摸的概念，有了模棱两可的名声。其次，政策网络分类的研究很难应用于现实[⑤]，正如爱特肯森与科乐曼所说，他们提出的网络分类只是理想类型，现实中很难找

---

① 括号内都是次级变量，具体见 R. A. W Rhodes and D. Marsh：“New Directions in the Study of Policy Networks”, *European Journal of Political Research*, Vol. 21, No. 1 – 2, February 1992, pp. 181 – 205。

② 刘海燕、李勇军：《政策网络影响政策产出的模式分析》，《经济问题》2015 年第 2 期，第 46 页。

③ Tanja A. Börzel, “Organizing Babylon-on the Different Conceptions of Policy Network”, *Public Administration*, Vol. 76, No. 2, 1998, p. 263.

④ David Marsh, *Comparing Policy Networks*, Buckingham and Philadelphia: Open University Press, 1998, p. 35.

⑤ M. Thatcher, “The development of policy network analyses”, *Journal of Theoretical Politics*, Vol. 10, No. 4, 1998, pp. 391 – 393.

到同样的类型[①]。尤其是那些构成复杂的分类，比如范瓦登的分类更是难以运用。但是太简单的分类则又会影响分类的价值，这也符合分类研究的特点，分类本身就是为了便于认识而进行的主观分析，总是只有相对价值。最后，政策网络分类都是静态描述，而实际上政策网络并不是一成不变的，比如，政策领域的政策目标、政策工具出现变化，政策网络或许就会发生改变，对此却缺乏深入的研究。但是即便如此也不能完全抹杀政策网络分类研究的理论贡献，马什在《比较政策网络》中认为，如果政策网络是影响政策结果的关键自变量，那么两者之间必须建立并描述某种关联，需要对网络进行分类[②]。政策网络分类的研究正是后续研究展开的前提，分类研究为政策网络研究范式的建立奠定了重要基础，同时帮助我们从全新的角度，更深入地理解政策过程。

2. 政策网络与政策结果的关系

如果政策网络理论只是停留在分类研究上，政策实践的意义何在呢？如果政策网络理论对政策后果的解释和预测力有限，就失去了最重要的知识价值。所以，无论是哪一流派的政策网络理论必须关注政策网络与政策后果的关系。国内学者蒋硕亮[③]、朱亚鹏[④]等人对此有过一些文献整理，本文在他们的研究基础上进一步拓宽梳理有代表性的观点。

首先，不同类型的政策网络会影响政策过程及其结果，不同政策网络对政策结果影响程度不同。这是一种稍早的看法，罗茨是这

---

① M. M. Atkinson. and W. D. Coleman, "Strong States and Weak States: Sectoral Policy Networks in Advanced Capitalist Economies", *British Journal of Political Science*, Vol. 19, No. 1, 1989, p. 54.

② David Marsh, *Comparing Policy Networks*, Buckingham and Philadelphia: Open University Press, 1998, p. 13.

③ 蒋硕亮：《政策网络：政策科学的理论创新》，《江汉论坛》2011 年第 4 期，第 80—84 页。

④ 朱亚鹏：《政策网络分析：发展脉络与理论构建》，《中山大学学报》2008 年第 5 期，第 192—199 页。

种观点的代表。罗茨和马什指出，政策网络结构类型及性质决定了其对政策结果的自然作用，强连接、高度整合的政策社群往往产生可预测的政策结果，处于相反一端的议题网络则容易产生不可预测的政策结果①。而且大多数学者都认为，成员较少、结构紧密、制度化程度高的政策社群往往为了既得利益排斥新成员而不利于政策创新；而人数多、结构较松散的议题网络则倾向于政策变化或采纳新政策②。而这种不同特性的政策网络产生的政策结果自然不同。荷兰学者克尼斯（Kenis）和普罗文（Provan）除了类型以外加入了别的因素，他们认为影响政策网络绩效评估的主要是三个所谓的外生因素：网络的形态、网络初始的类型——无论网络最初是由自愿或强制而形成、网络的发展阶段③，这些因素都对政策结果产生重要影响。正是由于这种观念，所以，早期研究的重点都集中在政策的类型模型研究中，忽略了政策网络内在的动态研究，政策网络变成一个“黑箱”。

其次，政策网络结构直接、间接影响政策结果。这具体表现在以下三个方面。第一，政策网络通过影响政策主体及其行为影响政策结果。政策网络的结构决定了网络主体位置④，谁是决策者地位，谁是参与者，同时也决定了资源主要由谁掌握，讨论哪些问题，并在互动中形成一系列规则，这些规定直接影响了政策结果。第二，政策网络中行动者之间关系紧密性影响政策结果。

---

① R. A. W Rhodes and D. Marsh：“New Directions in the Study of Policy Networks”，*European Journal of Political Research*，Vol. 21，No. 1－2，February 1992，p. 197.

② 蒋硕亮：《政策网络路径：西方公共政策分析的新范式》，《政治学研究》2010 年第 6 期，第 103 页。

③ Patrick Kenis and Keith G. Provan，“Towards an Exogenous Theory of Public Network Performance”，*Public Administration*，Vol. 87，No. 3，2009，pp. 440－456.

④ Ronald K. Mitchell，Bradley R. Agle and Donna J. Wood，“Towards a Theory of Stakeholder Identification and Sa-lience：Defining the Principle of Who and What Really Counts”，*Academy of Management Review*，Vol. 22，No. 4，1997，pp. 853－885.

弗莱斯特提出网络成员之间互信基础上建立的凝聚力和行动组织资源的协调度关系到政策网络的稳定，也影响政策结果①。第三，政策网络通过影响政策工具的选择作用于政策后果，通常倾向于选择保护原有网络共同利益、特征稳定的政策工具。具体在政策工具部分阐述。

再次，政策网络的变化影响政策结果。马什与罗茨认为政策网络内在特征影响网络变化，很多研究表明，政策网络本身不鼓励创新而是倾向于强化其持续性和惰性，尤其是那些经济利益占主导以及有特定利益的网络更是抵制变化，是政策问题暴露的显著性决定了政策变化幅度，具有渐进性特征，当然也有例外②。而网络变化主要由经济、意识形态、组织机构因素组成的网络环境引起，并进一步影响政策后果的存在形态，它实际上是网络环境自变量和政策结果因变量的中间变量③。

最后，政策网络影响政策结果是一种辩证的复杂关系。马什与史密斯构建了一个辩证模型观察政策网络与政策结果之间的关系，把网络环境、结构、主体、政策后果纳入一个体系中，具体见图 2. 2④。在这个模型中，所有双向箭头都表示两个变量的互动关系，从图中可以看到几对辩证关系：广泛的结构环境影响网络结构与行动者运用网络内资源；网络互动和博弈反映行动者资源、技能、网络结构与政策的互动的综合；网络结构是对结构环境、资源、互动等因素的反映；政策结果反映了结构、互动的相互作用；并且认为这些变量之间互动关系不断持续反复，过度强调网

① J. B. Forrest, "Networks in Policy Process: An International Perspective", *International Journal of Public Administration*, Vol. 26, No. 6, 2003, pp. 591 – 600.

② R. A. W Rhodes and D. Marsh: "New Directions in the Study of Policy Networks", *European Journal of Political Research*, Vol. 21, No. 1 – 2, February 1992, pp. 181 – 205.

③ 谭羚雁：《政策网络对政策结果的解释力研究》，博士学位论文，东北大学，2012 年。

④ David Marsh and Martin Smith, "Understanding Policy Networks: Towards a Dialectical Approach", *Political Studies*, Vol. 48, No. 1, March 2000, p. 10.

络中的结构或者个人都有缺陷[①]。

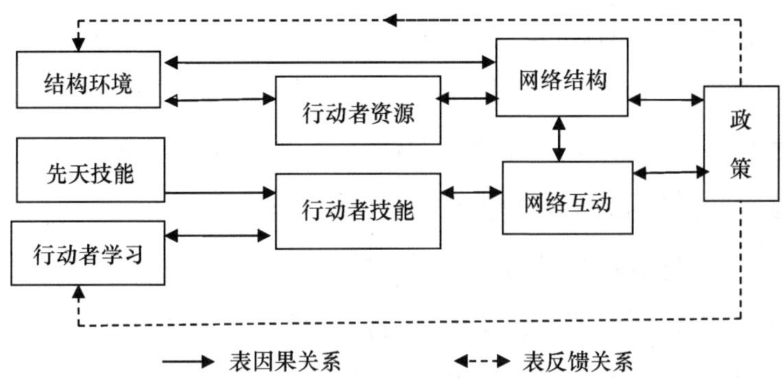

图 2.2　政策网络与政策结果：一个辩证方法

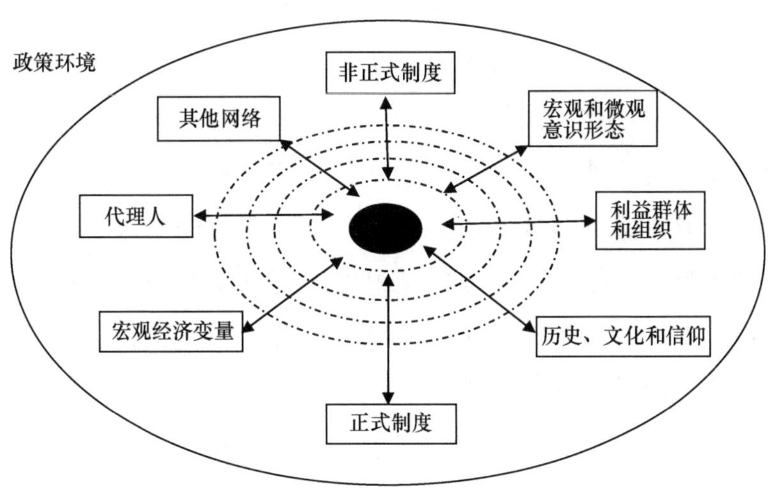

图 2.3　Marsh **和** Smith **政策网络的辩证模型**

① David Marsh and Martin Smith, "Understanding Policy Networks: Towards a Dialectical Approach", *Political Studies*, Vol. 48, No. 1, March 2000, pp. 4 – 21.

在网络与环境关系问题上，马什与史密斯进行了进一步简化，具体见图 2.3[①]。网络的改变主要是由经济、意识形态、政治和知识基础等外生变量决定，这些变量的变化最终会影响行动者内在的文化价值观。宏观的变量由行动者和网络两者的关系来解释，不是被看作和网络的差别，同时，宏观变量也影响行动者和网络关系，这构成了政策网络的辩证模型[②]。

3. 政策网络对政策变迁的影响

政策变迁本身属于政策结果的一种形式，但两者还是存在不同，所以把政策变迁单独列出。比较有代表性的是萨巴蒂尔的倡导联盟框架，分析了网络行动者理念、外部环境与政策变化之间互相影响的关系，对政策变迁的原因做出了解释[③]。加拿大学者拉米什和豪威特更侧重研究政策网络对政策变迁的影响，他们以理念和利益为基础对政策次系统进行分类，以参与者理念为基础的构成政治共同体，以行动者利益为基础的构成政策网络，同时以政策变迁的模式和速度把政治变迁分成四种类型，政策网络中行动者及其利益的改变，或者政策共同体中思想的改变影响政策变迁的类型[④]（表 2.4）。然后又根据政策网络与政治共同体的隔离程度、对称程度把政策次级系统进行分类，由此构建政策刺激系统类型与政策变迁关系模型[⑤]（表 2.5）。

---

① Mark Evans, "Understanding Dialectics in Policy Network Analysis", *Political Studies*, Vol. 49, No. 3, August 2001, p. 544.

② Ibid., pp. 542 – 550.

③ P. A. Sabatier, "An Advocacy Coalition Framework of Policy Change and the Role of Policy Oriented Learning Therein", *Policy Sciences*, Vol. 21, No. 2, 1988, pp. 129 – 168.

④ M. Howlett and M. Ramesh, "Policy Subsystem Configurations and Policy Change: Operationalizing the Postpositivist Analysis of the Policy Process", *Policy Studies Journal*, Vol. 26, No. 3, 1998, p. 473.

⑤ Ibid., p. 474.

表 2.4　　理念和利益的改变对政策变迁的影响

理念变化	行动者或利益的改变	
	有	无
有	快速的、范式的	慢速的、范式的
无	快速的、渐进的	慢速的、渐进的

表 2.5　　政策刺激系统结构对政策变迁的意义

网络与共同体的对称	网络与共同体的隔离度	
	高度	低度
高度	封闭的次系统（平缓的渐进性变革）	抵制的系统（平缓的范式性变革）
低度	竞争的次系统（快速的范式性变革）	开放的次系统（快速的范式性变革）

总结以上理论可以看到，理论争论的焦点始终在于究竟是政策网络的结构还是政策网络内的行动者影响政策结果。谭羚雁把这两种观点总结为“结构观”与“行为观”的区别，有的学者则是在两者基础上作出修正，如上文中的辩证模型。不管是哪一种研究途径，最终都要回答政策网络理论的解释力问题。她对国内外的学者关于政策网络解释力问题的争论进行了总结，归纳为三种观点：“肯定政策网络结构或网络内主体行为的影响作用”；“质疑政策网络作为一种独立分析变量的解释力”；“为走出政策网络现有理论困境提供思路”。她认为政策网络理论研究应重点关注具体政策领域或案例中特定的政策网络与后果的因果关联，或者是网络行动者的互动策略以及对政策过程的影响，或者是对网络节点、资源、行动者互动频率、关系强度等指标的测量，同时她提出了自己的看法，把结构观和行为观进行有效的结合构建了一个整合的解释力模型①。

① 谭羚雁：《政策网络对政策结果的解释力研究》，博士学位论文，东北大学，2012 年。

四 政策工具理论

在政府管理过程当中，政府机构在面临一定公共管理问题时一定会运用某些方法和手段解决这些政策问题，这些方法与手段称之为政府治理工具，由于政府治理采用某种工具必然也是一个政策过程，所以政府治理工具与政策工具实际上没有根本的区别。虽然有学者使用政府工具的概念，不过主流还是使用政策工具[①]。在社会科学研究领域中关于工具的研究由来已久，这与社会科学特点有很大关系，社会科学的一大使命就是通过对社会发展规律的研究为人类发展服务，解决社会发展过程中的问题，而解决问题的方法就是工具。社会需求越多、现实要求越迫切的领域关于工具的研究也就越多，比如经济学、货币、财政税收、工资价格等经济调控工具，一般都与特定的学科领域相联系。

实际上，政策工具等研究一直都是行政管理学研究的核心命题。行政学的开创者威尔逊指出，行政学研究首先要了解政府适合做什么和能做成什么工作，其次是政府怎样才能以尽可能高的效率及尽可能少的成本完成这些适当的工作[②]。可以说，这是贯穿公共行政学学科发展的两条主线：政府该做什么，如何做；怎么做必然产生政府该采取怎么样的手段实现目标这一问题，亦即选择合适政策工具以实现政策目标。但是行政管理学的发展前期都把精力放在该做什么的问题上，怎么做的问题主要都是关于行政管理手段，如行政、经济、法律、思想教育等手段，相对忽略了如何做的执行问

① 通过知网检索，可以知道使用政府治理工具的概念主要是毛寿龙和张成福，陈振明等学者多用政府工具，对这几个概念无论是西方文献还是国内文献，并没有根本区别，实际应用中没有清晰的界限。

② ［美］伍德罗·威尔逊：《行政学研究》，载［美］杰伊·M. 沙夫里茨、艾伯特·C. 海德编《公共行政学经典》（英文版），中国人民大学出版社2004年版，第15页。

题。直到20世纪50年代以来政策科学理论的发展，尤其是70年代开始关注政策执行的研究，才为政策工具理论的研究提供了契机。当新兴的执行学派把研究的视角或者政策分析单位从政府机构转向独立的公共项目，强调项目管理的重要性，仍然无法解释执行过程中的诸多问题时，促使很多学者转向了对政策工具本身的研究，出现了“新治理”这种完全不同的方法，把分析单位从独立的项目或机构转向项目使用的独特工具①。政策工具理论日益受到关注并逐渐开始成为研究热点。从国外文献看，政策工具是随着2001年后公共管理理论研究的进一步深化而不断受到关注②。通过Ebsco、John Wiley等社会科学期刊网的检索可以发现，所有文献中对能源和环境领域的政策工具研究开发大幅度增加③。很明显，政策工具的研究倾向于对实践中政策执行等难题的解决。国内文献中同样相对集中于经济学、环保、教育等领域。截至2018年12月底，中国知网篇名带有“政策工具”的文献有2121篇之多，2010年从上一年度88篇突然跃升到120篇，一时成为研究热点，文献总量每年都保持在这个水平以上，其中最高的年份2014年达到164篇之多。以博士学位论文为例，总共13篇论文中，最早的是厦门大学陈粟的研究④，而关于政策工具理论的研究只有南京大学湛中林写的《交易成本视角下的政策工具研究》这一篇，其余博士学位论文都是结合一定的具体领域的政策工具研究，这12篇可以分为三类：第一，只是借用政策工具这个词汇，论文当中并没有太多与政策工具理论的有效结合，如武汉大学张翠微的《关于中国中央银

① ［美］莱斯特·M. 萨拉蒙主编：《政府工具——新治理指南》，肖娜等译，北京大学出版社2016年版，第8页。

② 黄红华：《政策工具理论的兴起及其在中国的发展》，《社会科学》2010年第4期，第15页。

③ 周英男：《工业企业节能政策工具选择研究》，博士学位论文，大连理工大学，2008年。

④ 陈粟：《企业孵化器与技术创新——作为一种政策工具的企业孵化器的研究》，博士学位论文，厦门大学，2006年。

行的货币政策工具研究》等6篇；第二，主要围绕具体领域中的政策工具研究，但是对政策工具理论涉及甚少，如天津大学高杨的《考虑成本效率的市场型碳减排政策工具与运行机制研究》等2篇；第三，借助政策工具理论对相关的具体领域进行深入分析的共4篇，如浙江大学黄红华的《统筹城乡就业中的政策工具选择与优化》、复旦大学杨洪刚的《中国环境政策工具的实施效果及其选择研究》等。如果联系作者的专业背景可以看到第一、第三种情况基本上都是行政管理专业，关于政策工具的研究主要结合具体领域进行。期刊论文与此基本类似，政策工具理论研究和具体问题中对政策工具的研究实际上是两张皮，具体领域中的政策工具研究更多的只是借用了政策工具这一个词，而没有很好顾及政策工具理论的发展，也就较少利用政策工具理论框架进行分析。

目前对政策工具理论的研究有三本代表性著作，其中胡德的《政府工具》[①] 代表了政策执行研究中工具途径的研究，1992年荷兰伊拉斯姆斯大学举行的政策工具学术研讨会论文集《公共政策工具——对公共管理工具评价》更像是一本集大成著作，是对政策工具全景式的一次研究，相对比较新的是美国学者莱斯特·M. 萨拉蒙主编的《政府工具——新治理指南》，这也是一个集体性成果，代表美国在政策工具研究领域的新进展。该书提出"新治理"的理念，在此基础上提出了三个理论，即工具理论、设计理论、操作理论，使政策工具理论具有更强的可操作性，更能为进一步改善公共部门的管理实践提供帮助。还有一些著作是涉及作为研究组成的部分，比如迈克尔·豪利特和M. 拉米什合著的《公共政策研究——政策循环与政策子系统》，对政策工具分类的研究很有代表性。从这些经典著作的论述内容来看，政策工具理论属于政策科学的次级

① Christopher C. hood, *The Tools of Government*, London: Macmillan, 1983.

研究领域，研究内容主要包括政策工具的概念与分类、选择及组合、绩效评价，其中工具选择是研究的核心。与本论著主题相关的最主要的是政策工具的分类及其选择，所以后面的文献评述也主要围绕以上主题。

（一）政策工具分类的研究

分门别类的研究很重要，虽然没有一种分类可以穷尽，并且类别之间相互排斥，但它可能在政策分析和政策设计时具有启发性的价值[①]。1964 年荷兰经济学家科臣（也有译作基尔申）识别 64 种常用政策工具是大家公认的分类研究的发端，但他并未对它们的背景、影响等因素进行深入的理论探讨，分类研究显得不够系统。此后，许多学者对政策工具进行了细致的分类，提出了多种分类方法，建立不同类型的政策“工具箱”。不管政策工具可以分为哪些类别，最重要的是把握好分类的标准。把握不同学者的分类标准，或许可以获得新的启发。

1. 最容易也是最广泛的分类标准必定是与政府属性相关的权力或者强制性，按照强制性强弱或者权力介入程度的差异进行分类。美国学者罗威、达尔和林德布洛姆等人的分类比较粗略，只是把工具分为强制性工具（coercive tools）和非强制性工具（non-coercive tools）两类。很多学者的分类是对这两类工具的进一步细分，或者是对上述两分法的混合和交叉。休斯认为，绝大多数的政府干预可以通过供应、补贴、生产、管制等手段实现[②]，前面三种实际上都属于非强制性工具。可以认为这是对前面分法的细化。虽

---

① ［荷］弗兰斯·冯尼斯潘、A. B. 林格林：《论工具与工具性：一种批判性的评价》，载［美］B. 盖伊·彼得斯、弗兰斯·K. M. 冯尼斯潘主编《公共政策工具——对公共管理工具的评价》，顾建光译，中国人民大学出版社 2007 年版，第 205 页。

② ［澳］欧文·E. 休斯：《公共管理导论》，彭和平等译，中国人民大学出版社 2001 年版，第 99 页。

然加拿大学者迈克尔·豪利特和M. 拉米什在《公共政策研究》中提出以政府提供物品和服务水平为分类标准将政府工具分为自愿性工具、强制性工具和混合型工具三类①，实际上还是以国家干预程度作为衡量标准，完全强制和绝对自愿分列为水平轴的两端，然后对各种工具按照国家干预程度大小进行强度区分，居于中间的都属于混合类政策工具。与此类似的分法还有艾兹奥尼、瓦当、路易斯、维迪克、冯德兰尔多兰、多尔恩与斐德等，例如艾兹奥尼根据政府权力的运用方式，把政策工具分为强制性、利益性、象征性政策工具，对应的是强制性权力、奖励与惩罚的权力以及规范权力。瓦当按照强制的程度差异，把政策工具分为管制工具、经济工具、信息工具等②。朱春奎教授在豪利特的分类基础上进一步细化，在强制性政策工具中增列了命令性和权威性工具，混合型政策工具中增加了契约和诱因型工具③。同时对次级政策工具还进一步分类，虽然显得非常翔实，但是过于庞杂，有些具体工具之间的界限并不清晰，如服务外包实际上就是市场化做法。黄红华在迈克尔·豪利特和M. 拉米什的基础上，依据政策工具的强制性程度，把统筹城乡就业过程中的政策工具分为强制性、财政激励、指导性、信息提供和服务性五种④，相对比较细化。

2. 依据政策工具功能及其功能实现的资源依赖进行分类。英国学者胡德认为政府的功能主要可以分为两种：一是试图从社会中获取信息，即政府探测器；二是试图影响社会，他称之为政府影响

---

① ［加］迈克尔·豪利特和M. 拉米什：《公共政策研究——政策循环与政策子系统》，庞诗等译，生活·读书·新知三联书店2006年版，第144页。

② 详细的相关论述可参见杨代福《政策工具选择研究：基于理性与政策网络的视角》，中国社会科学出版社2016年版，第24—27页。

③ 朱春奎：《政策网络与政策工具：理论基础与中国实践》，复旦大学出版社2011年版，第134—136页。

④ 黄红华：《统筹城乡就业中的政策工具——以浙江省湖州市为例》，《中国行政管理》2009年第2期，第117—122页。

器。而政府实现这两项功能依赖的资源主要有四种：信息、财政、权威、组织，所以胡德对政策工具的分类主要就是两大类八小类，然后在这一基础上再依据政府活动所针对的对象范围进行细分，比如信息类政策工具分为定制的信息、针对目标团体的信息、广而告之的信息[①]。迈克尔·豪利特在上述提供物品与服务的实质性工具基础上提出了另外一种工具，即程序性工具，指的是通过控制政策过程达到间接影响政策结果的工具，同样以政策工具依赖的资源进行分类，并从工具在肯定还是否定意义上的使用进行区分，比如通过资助研究者培养智库或者资助利益团体的方式来影响决策，反过来撤销这些资助也能影响政策结果[②]，这是对胡德这种分类标准的一种拓展，但是程序性工具与实质性工具之间的关系却比较模糊，比如信息工具在两种类型中都提到了，但如何区分作者没有交代清楚。国内也有把资源作为分类标准，将政策工具分为管制、经济性、资讯、动员及市场化政策工具，每类工具分别包含“次政策工具”，即具体的工具形式[③]。顾建光教授的分类基本与此类似，分为管制类、激励类和信息传递类政策工具[④]。此种分类的最大特点是特别突出了信息资源的作用，单列为一种政策工具，但是对社区、志愿组织等自愿性工具的重视不够。

3. 有的依据政府改革战略进行分类。奥斯本和彼得·普拉斯特里克提出了针对政府改革的“5C”战略，即核心、后果、顾客、控制、文化战略，在此基础上设计了70多种具体的治理工具，在

---

① 杨代福：《政策工具选择研究：基于理性与政策网络的视角》，中国社会科学出版社2016年版，第27页。

② Mickael Howlett, “Managing the ‘Hollow State’: Procedural Policy Instruments and Modern Governance”, *Canadian Public Administration*, Vol. 43, No. 4, 2000, pp. 412 - 431.

③ 徐媛媛、严强：《公共政策工具的类型、功能、选择与组合——以我国城市房屋拆迁政策为例》，《南京社会科学》2011年第12期，第74页。

④ 顾建光、吴明华：《公共政策工具论视角述论》，《科学学研究》2007年第1期，第48页。

战略与具体工具之间还有实现途径的区别（具体见表2.6）[①]。如此详尽的工具列举满足了作为案头备查的工具书（“手册”）性质的要求，但是缺乏清晰的分类思路。

表2.6 政府改革及其工具

战略类型	次级工具	具体工具
核心战略	改进目标	建立愿景、成果目标、掌舵组织等8项
	准备行动	项目评审、资产出售、准私有化等4项
后果战略	企业化管理	公司化、企业基金等3项
	有序竞争	竞争性投标、竞争性标杆等3项
	绩效管理	绩效奖励、精神补偿、增益分享等6项
顾客战略	竞争性顾客选择	竞争性公共选择制度、代金券等4项
	顾客质量保证	服务标准、质量保证等7项
控制战略	组织授权	改革行政体制、现场管理等6项
	雇员授权	减少管理层级、劳资伙伴关系等5项
	社区授权	授权协议、社区治理机构等4项
文化战略	改变习惯	知遇顾客、在顾客的位置上体验等9项
	撼动心灵	创造新符号与故事、庆祝成功等9项
	赢得心智	设定绩效标杆、学习型组织等8项

4. 依据政策工具出现的时代背景进行分类。奥斯本和盖布勒把政府工具称为“箭袋里的箭”，按照政策工具出现的时代分成传统类、创新类和先锋类三大类共36种治理工具[②]。这种分法太过模糊，比如被列为创新类政策工具的奖赏、奖励和赠予，难道没有传统的影子吗？而创新类和先锋类的根本界限在哪也并不清楚。

5. 依据政府机构参与施政行为的程度进行分类。美国学者萨

① ［美］戴维·奥斯本、彼得·普拉斯特里克：《政府改革手册：战略与工具》，谭功荣等译，中国人民大学出版社2004年版，第5—6页。

② 具体论述参见［美］戴维·奥斯本、特德·盖布勒《改革政府：企业家精神如何改革着公共部门》，周敦仁译，上海译文出版社2006年版，第251—259页。

拉蒙认为，任何给定的工具事实上都是一个包括了一系列不同元素的集合，主要包含四种元素：（1）一类物品或行为；（2）对这种物品或行为的传送媒介；（3）递送系统，即参与提供物品和服务的组织；（4）一系列正式或非正式的规则，规范各方参与单位的关系。政策工具可以依据某一特征进行分类，同时也意味着单一的分类方法是不现实的，政策工具的多维性天然地增加了分类的复杂程度以及达成共识的难度。虽然，如上所述的强制性程度是目前学术界进行政策工具分类最常见的依据，但是萨拉蒙认为“从 1970 年到 1980 年，关于政策执行的文献都提出了一个同等甚至更为重要的区分依据，他是从治理工具使用的政策执行体系的角度对其进行分类，称之为直接性”，这是“衡量一个具有授权资助或发起联合行动能力的政府机构参与施政行为的程度”①。所以他按照政府机构参与施政行为的程度把政府治理工具分为两大类 15 种，即直接工具，包括直接行政、政府企业、经济管制、直接贷款、信息宣传运动；间接工具，包括社会管制、外包合同、贷款担保、保险、税收支出、收费、侵权法、政府拨款、福利券、政府支持企业。国内学者张成福基本也是以政府介入的程度为分类标准，把政策工具分为政府部门直接提供财货与服务、政府部门委托其他部门提供、自我协助、志愿服务、签约外包和市场运作等 10 种②。

6. 有的以政府干预手段为分类标准。实际上这种分类近似于没有严格的分类标准，主要是一些工具的罗列。麦克唐纳尔与艾莫尔把政策工具分成命令、提供诱因、建立能力、系统变迁四种，提供诱因与建立能力实际上是上述分类中经济性工具的细分，系统变迁意指权威的转移，涉及组织的变化。施耐德与英格拉姆把政策工

---

① 详细论述参见莱斯特·M. 萨拉蒙主编《政府工具——新治理指南》，肖娜等译，北京大学出版社 2016 年版，第 16、22、32 页。

② 张成福、党秀云：《公共管理学》，中国人民大学出版社 2001 年版，第 62—63 页。

具分成权威、诱因、能力培养、象征性或劝说性、学习性五类，关注项目旨在修正的行为作为分类标准，前三个工具与前者分类一样，后两者有较强开放性，适用于目的并不明确的政策领域。实际上，能力培养、学习等工具和上述的迈克尔·豪利特提出的程序性工具意蕴很像，能力培养的重要形式之一就是资助某些团体或组织。德博拉·斯通认为存在五种政策工具，引导工具主要是指通过奖赏和惩罚激励人们的行为，规则工具就是命令，事实工具主要通过提供信息来改变人们的行为，权利工具是指激发政府权力来支持个体或组织的行为，权力工具主要是指通过权力转移寻求问题解决[①]。实际上，政府具体行政过程中远不止这五类行为或工具。厦门大学的陈振明教授是比较早把政策工具引入国内研究的学者，顺应现代化管理技术尤其是市场机制和工商管理技术在政府治理中运用的普遍化趋势，他认为有市场化、工商管理技术和社会化手段三类政策工具[②]，其优点是顺应了历史发展潮流，注意对最新理论与方法的吸收，但是忽略了分类的根本，市场化与工商管理技术界限同样不清晰，比如他主张的市场化工具中的合同外包、用者付费何尝又不是同时可以属于工商管理技术呢？其缺点是把政府管制列入市场化工具，而管制是政府的基本职能。上述几种分类类别之间的相互排斥性不强，并不是逻辑严密的一种分类，都属于列举式分类。

7. 以不同交易属性为标准的分类。这种分类主要从交易成本理论出发，认为“政策是解决公共问题的合同”，交易属性不同，合同治理结构即政策工具也就不同，政策合同根据交易双方的自主性分成三类，高度集中、等级制为主的交易在一端，交易对象互不关联的交易在另一端，其他的交易处于中间，与此相对应形成“离

---

① ［美］德博拉·斯通：《政策悖论：政治决定中的艺术》，顾建光译，中国人民大学出版社2006年版，第258—259页。

② 陈振明：《公共政策分析》，中国人民大学出版社2003年版，第147页。

散交易型”“公共交易型”（或称为集中交易型、管制交易型）和“混合交易型”三种政策工具，它们的区分是相对的，一定条件下可以相互转换①。这种分法突出了政策的交易性特征，和前述的主要从权力视角的分类在理念上有较大不同。在政策工具选择的问题上，强调交易成本，富有一定的启发意义。

国内外学者对政策工具分类的研究，不仅给我们提供了政策工具的“展览”和“工具箱”，还帮助我们加深对政策工具的认识。但由于分类方法本身存在的缺陷，政策工具的分类研究也或多或少存在一些问题，比如有的分类标准没有抓住关键要素，分类意义不大；有的分类近乎罗列，缺乏严密逻辑；有的分类过于庞杂，界限不明；还有的分类存在重大缺漏等。但是分类不是目的，而是通过分类为后面研究提供更多启发。

（二）政策工具选择的研究

工具选择是政策工具研究的核心，概念、分类、绩效等的讨论目的都在于在政策过程中更好地进行政策工具选择。国内学者丁煌、杨代福对国内外政策工具选择理论有一个较系统的整理，认为政策工具选择有经济学、政治学、规范与法律等视角，同时还认为政策工具选择的研究包括传统工具、修正工具、制度主义、公共选择、政策网络五大典型研究途径②。上述研究视角的四种分法界限并不清楚，如果经济学视角、政治学视角、法律视角都构成学科视角的话，规范视角则可以说属于任一学科，把规范视角单列有何实质性意义呢？他把一些学者提出的政治意识形态，作为观念、传统、规则、价值集合的“政策范式”，伦理道德准则等都归入工具

① 湛中林：《交易成本视角下政策工具的选择与创新》，《江苏行政学院学报》2015年第5期，第101页。

② 丁煌、杨代福：《政策工具选择的视角、研究途径与模型建构》，《行政论坛》2009年第3期，第21—24页。

选择研究的规范视角，这实际上就是修正工具途径的研究，改变了工具途径“纯工具”的看法。那么，研究视角和研究途径分开论述意义何在呢？因此，列举分清具有典型代表性的研究途径已经足够，而经济学、政治学、法律等学科性视角则从具体学科角度丰富了政策工具的研究，既可以作为研究例证，又可以从具体实践出发推进政策工具的研究，这样在结构逻辑上反而显得更为简单、清晰。另外，有的学者认为政治工具研究有四个思想流派：工具论者、过程论者、备用论者和构造论者。过程论者认为，任何政策工具都会受到复杂过程的形塑，他们关注的是政策工具所应用的背景，政治比工具更处于中心位置；备用论者则强调，政策问题与工具的匹配性，工具绩效在于工具应用环境之间的良好预期效果；构造论者认为，无论是政策工具还是政策问题的理解都是一个主观的过程，这个过程受到社会或者专业互动作用的塑造，同样也受到思辨的影响，这样就拒绝了所谓中性政策工具的神话，承认工具研究与实践中的专业人员都是有信仰与自己的价值观，工具理性可以从某种话语的共同体中寻找其根据①。除了以上学者的观点，还有学者认为研究政策工具的视角有三个：经典研究、工具环境研究、背景研究。经典的研究主张，工具的性质构造了政策过程的路径；工具环境研究则认为工具实施的效果由工具特征以及工具应用环境决定；背景研究的出发点在于政策工具只是决定政治过程轨迹的许多要素之一，工具在政策过程中作用非常有限②。后者论述的经典研究、工具环境研究、背景研究实质分别是前者提及的工具论者、备

① ［美］S. H. 林德尔、B. 盖伊·彼得斯：《政策工具研究：四个思想流派》，载［美］B. 盖伊·彼得斯、弗兰斯·K. M. 冯尼斯潘主编《公共政策工具——对公共管理工具的评价》，顾建光译，中国人民大学出版社 2007 年版，第 32—44 页。

② ［荷］H. A. 德·布鲁金、H. A. M. 霍芬：《研究政策工具的传统方法》，载［美］B. 盖伊·彼得斯、弗兰斯·K. M. 冯尼斯潘主编《公共政策工具——对公共管理工具的评价》，顾建光译，中国人民大学出版社 2007 年版，第 16—17 页。

用论者、过程论者，相对前者少了构造论者，不是很完整。四种研究途径的观点与我国学者归纳的五种研究途径并无不同，只是他显得更为抽象，而五种分法更为具体罢了。

1. 传统工具途径。该途径的研究在经济学领域最为盛行与久远，这或许与经济学学科的特性——对工具理性的特别强调有关。经济学领域的政策工具研究主要渊源于政府干预市场理论，政府如何干预经济运行、怎么干预、用什么进行干预是讨论的核心，宏观经济学讨论的也主要是这些议题。中国知网记载有关政策工具讨论最早的文献是1985 年关于中央银行货币政策工具的研究。货币政策工具可分为总量和结构性两大类。总量货币政策也称为一般性货币政策，又可细分为存款准备金率、公开市场操作、再贴现、公开市场业务等数量型货币政策工具以及利率和汇率等价格型货币政策工具。结构性货币政策则是产业结构政策的重要构成，有特定的资金流向和用途调节，亦称选择性货币政策，其传统工具主要有消费者、中小企业的信用调节、优惠利率等。最近出现了以英国央行的融资换贷款计划和欧洲央行的定向长期再融资操作以及美联储定期贷款拍卖为代表的工具创新，我国近些年也创设了新的货币调控政策工具，比较典型的有定向降准、定向再贷款、公开市场短期流动性调节工具、常备借贷便利和抵押补充贷款等[①]，所有这些工具的研究，基本都是一些数量关系的分析、模拟测试等的讨论[②]，这些“纯工具”研究，都可以归结为传统工具研究途径。这种研究途径的特点是，政策工具属于中性特征，政策工具与环境、背景之间没有关系，中央政府设置政策目标后再进行政策工具选择，政策工具

① 卢岚、邓雄：《结构性货币政策工具的国际比较和启示》，《世界经济研究》2015 年第 6 期，第 3—11 页。

② 类似的研究非常多，如朱波《不同货币政策工具对系统性金融风险的研究》，《数量经济技术经济研究》2016 年第 1 期，第 58—74 页；马鑫媛、赵天奕《非正规金融和正规金融双重结构下的货币政策工具比较研究》，《金融研究》2016 年第 2 期，第 137—144 页等。

选择的目的就是使政策目标实现。也就是，政策目标是政策工具选择最重要的影响变量。只要符合政策目标，政策工具的选择及其评估和结果有关，这些结果又与预定的政策目标相关，因此，政策工具选择的好坏由目标实现程度决定①。

2. 修正工具途径。该途径研究的焦点在政策工具本身而忽略了工具的应用背景，政策工具的使用成效可能会大打折扣，甚至南辕北辙。即使像上述的货币政策这种相对独立的政策工具，在不同的国家产生的结果差别也非常大。货币政策传导机制直接影响货币政策的绩效，工具选择的背景因素日益受到重视，例如广义信贷渠道在私人消费层面的传导机制在不同国家的消费者文化中差别很大，在美国由于消费者的低储蓄率对货币紧缩政策就比较敏感，消费者不容易从银行贷款进行耐用品消费，持续一定时间以后由于整体消费需求不足就会影响经济运行，而中国的私人消费者有着很高的私人储蓄率，一般的私人消费很少向银行贷款，似乎其潜在消费能力非常高，消费文化和习惯决定了中国消费者不可能出现美国人那样的消费行为。因此，广义信贷渠道在私人消费层面的传导有中国特殊性②。这是政策工具研究出现变化的例证，修正工具研究途径与工具论一样同样客观存在。因此，经修正的工具论在五方面出现了进化：第一，关注政策工具的价值和规范，分析不同政策工具之间的张力；第二，开始强调政策环境与政策工具之间的关系；第三，政策工具的选择方式实际上是有利益冲突的不同行为者之间的"推拉过程"；第四，行为者通过可能后果的估计对不同政策工具作出选择而不是仅仅对应于传统工具论的政策目标；第五，对工具的

---

① ［荷］R. 巴格丘斯：《在政策工具的恰当性与适配性之间权衡》，载［美］B. 盖伊·彼得斯、弗兰斯·K. M. 冯尼斯潘主编《公共政策工具——对公共管理工具的评价》，顾建光译，中国人民大学出版社2007年版，第47页。

② 张成思：《货币政策传导机制：理论发展与现实选择》，《金融评论》2011年第1期，第29页。

评估不仅与目标实现程度有关，还由政策工具的环境决定。因此，修正工具论开始凸显政策工具应用环境的重要性，R. 巴格丘斯提出了政策设计有效的四个条件：政策工具的特征、政策问题、环境和受众特征，只有在工具特征与政策环境、政策问题和目标受众相匹配的时候才有可能是有效的政策工具①。

3. 制度主义途径。持这种观点的学者认为，工具的出现是个制度性过程，对前述的即使是经修正后的工具论提出批评，认为它们忽视了政府、人、价值、伦理等内容，更关注制度化背景，这包括几组重要的概念：现在—过去、设计—演变、结果—过程。也就是，政策工具的选择有明显的路径依赖，过去作出的选择对人们未来的选择有着明显的影响甚至制约，具体的政策工具应作为历史发展的组成部分来理解。正是基于政策工具作为历史演变部分的理解，政策工具很难由选择者决定和控制，主观设计的政策工具有效性值得怀疑，政策工具的选择更应该是一种渐进过程，对渐进性过程的强调，就很难坚持两种工具论者强结果导向，制度途径最关切的是政策工具选择过程而非政策工具效果②。虽然，初看起来，制度论者与修正的工具论者存在某些相似或关联，但是制度论者引入了关键的时间或历史的观念，明确指出了修正的工具论者关心的政策环境实质上也是历史的产物，不存在凭空而生的环境，环境刺激导致政策工具选择的变化也应该在一定的历史结构中去理解，这是理解制度论者或者过程论者的关键钥匙。很明显这些观点都属于历史制度主义的范畴。虽然 R. 巴格丘斯没有对究竟什么是制度做出定义，但是不妨碍历史制度主义的解释力。因为历史制度主义所运用的制度的具体含义随着分析对象和研究主题的不同而有所差异。通常对制度

---

① ［荷］R. 巴格丘斯：《在政策工具的恰当性与适配性之间权衡》，载［美］B. 盖伊·彼得斯、弗兰斯·K. M. 冯尼斯潘主编《公共政策工具——对公共管理工具的评价》，顾建光译，中国人民大学出版社 2007 年版，第 48—49 页。

② 同上书，第 51—53 页。

的定义，采用彼得·霍尔较为细化的定义。他把制度分为宏观、中观、微观三种结构。宏观层次的制度是指一个国家或社会的基本制度和组织结构，制约、决定政策的方向。微观层次制度是指公共组织标准化的惯例、规则和日常程序等。中观层次的制度则是夹在宏观与微观之间的、带有体制特点以及各种国家机构或组织的具体形式等，包括正式和非正式规则，这是历史制度主义关注的重点①。因此，制度研究途径的政策工具选择研究最主要的也是关注中观层次的影响因素。例如资本主义制度的德国特色——德国社会市场经济体制给德国住房政策打上了极为鲜明的个性烙印，其采用的政策工具与基本制度保持一致，在政府的主导和规制之下对利益进行分配，并形成一种能够协调各方利益的投资秩序，住房政策的公共产品由政府从私人部门获得，政府也给予自建房一定资助。政策实施过程坚持直接补贴受益人，而不补贴地产、建筑等企业，保证市场机制的充分作用和社会体系的保障②。而德国社会市场经济体制的形成，就像凯恩斯主义与货币主义观念对经济政策影响那样，很大程度上深受李斯特经济学说的影响。所以，影响政策最根本的是历史制度主义强调的“观念的作用”，观念是定义制度的核心组成部分③。

4. 公共选择途径。经济学方法在工具选择问题上的运用主要涉及三个理论流派——福利经济学理论、公共选择理论、交易成本理论。福利经济学主要用量化指标分析通过补贴或管制手段是否实现政策目标，评价标准主要就是分配效率，但是政策制定者不一定完全基于社会整体效率改进角度，因为他们有自己的利益和相关标

---

① ［韩］河连燮：《制度分析：理论与争议》，李秀峰、柴宝勇译，中国人民大学出版社2014年版，第25页。

② 徐镭、朱宇方：《政策工具的制度属性——以德国住房投资模式为例》，《经济社会体制比较》2013年第4期，第83—93页。

③ ［美］盖伊·彼得斯：《政治科学中的制度理论：“新制度主义”》，王向民、段红伟译，上海世纪出版集团2011年版，第73页。

准，公共选择理论的假设或许更符合社会实际，即“经济人”追求个人利益最大化，D. J. 克拉安把调节税、税务支出、指定用途税与收费、补贴、管制等政策工具的使用进行对比，部门管理者更加偏好使用后者，因为官僚利益的考量远超过政治与效率。总的来看，福利经济学理论与公共选择理论在政策工具选择问题分析上各有所长，但在具体的政策工具选择上，对福利理论应持更多的批评态度①。公共选择理论的基础就是公职人员的理性与自私，即使在中国这样自上而下的行政命令体制，“零碎化的威权体制”②“地方政府官员之间晋升锦标赛导致的 GDP 锦标赛”③ 等现象中都可以看到官僚、部门或“系统”利益的存在与表现。但是这个理论基础本身十分有争议。格林和夏皮罗指出，公共选择实证理论的结论缺乏经验事实的支持。缪勒自己也承认，格林和夏皮罗的批评成立，公共选择理论虽然在规范理论上获得了很大成功，但在实证理论上却失败了，理论对于现实中的行为解释能力不够。许多研究表明公共选择模型只能解释少部分官僚行为，在许多情况下，官僚并不或不能成功追求预算最大化④。正是因为公共选择理论存在不足，政治学的理性选择理论作出了修正，把制度分析与理性选择模型有效结合，成为制度分析的另一分支——理性选择制度主义，也是公共选择理论的新发展。因此，除了以上公共选择理论对政策工具选择的分析以外，还有学者尝试引入交易成本理论进行分析，认为政策工

---

① ［美］D. J. 克拉安：《从公共选择的角度看政策工具选择》，载［美］B. 盖伊·彼得斯、弗兰斯·K. M. 冯尼斯潘主编《公共政策工具——对公共管理工具的评价》，顾建光译，中国人民大学出版社 2007 年版，第 105—119 页。

② 马骏认为，改革以来，各个部门或者“系统”不再像以前那样是严格执行领导人意志与政策的工具，它们都形成了自己部门或“系统”的利益。由于权力结构的零碎化，在政策制定过程中就会出现大量的讨价还价和政策协调，详细论述参见马骏、侯一麟《中国省级预算中的非正式制度：一个交易费用理论框架》，《经济研究》2004 年第 10 期，第 15—16 页。

③ 周黎安：《中国地方官员的晋升锦标赛模式研究》，《经济研究》2007 年第 7 期，第 36—50 页。

④ 马骏：《交易费用政治学：现状与前景》，《经济研究》2003 年第 1 期，第 84 页。

具选择和创新的核心在于节省交易成本[①]。

5. 政策网络途径。该研究视角实际上就是上文政策网络与政策后果关系研究的重要内容，一度是政策工具理论研究的热点。

（1）政策共同体与政策工具选择。巴格丘斯在其论著中使用的是政策共同体这一概念，他把一个政策共同体看作一种具体的政策网络。政策工具的选择不是真空中的选择，是在一个由传统、惯例和理念背景影响的政策共同体中进行。拥有大量一般知识，和广泛个人关系的行动者在共同体中形成具体的互动，促进经验价值伦理以及范式的交流，并且相互之间高度互赖，行动者的行为由常规、传统决定，理念在共同体中得到发展，并由此确定了政策问题、决定解决方案以及合适的政策工具。政策共同体的特征深刻体现了行为者之间的长期社会关系，行为者的行为都是植根于社会关系以及政策共同体的背景下，而且这些社会关系又在行动者的行为以及最终的政策工具选择中发挥作用，只有当政策工具维系、支持行动者之间的那种社会关系的时候，这种政策工具才会被认为是合适的，关系的连续性本身就成为目的本身，人们不会选择危及精心构造关系的政策工具。政策共同体中的观念框架和日常管理形成“格式塔”的共同心理构造，也被称之为政策工具范式，形成规则、价值、道德等的集合，不仅决定了政策目标，也决定了用于实现政策目标的政策工具。政策工具范式与政治共同体之间的关系称之为制度化关系，他使用广度和深度的概念来测量制度化程度。所谓深度，主要测量共同体成员的行为模式和规矩的程度，广度是指政策工具与政策背景纠结的程度，也包括其他的政策工具以及相关技术组织。在政策共同体中最重要的成员之一就是政府，相对于共同体其他成员在等级上更具重要性，但不是绝对的统治者，这种地位来

① 湛中林：《交易成本视角下政策工具的选择与创新》，《江苏行政学院学报》2015 年第 5 期，第 100—105 页。

自政府运作的网络结构，也来自适用这些网络结构的规则，政府组织的行为特征是趋向于精确合法的司法保护、民主公正以及合理，尤其是合理性，不仅与工具欲达到的目标程度有关，而且还与政策工具被创造出来的方式有关[①]。

（2）不同治理层面的政策工具选择。布鲁金和坦霍伊维尔霍夫通过区分治理的操作、战术、战略等几个不同层面研究政策工具选择问题，操作层面的政策工具的选择首要关注的是工具性质以及是否符合政策背景，此时政治网络结构是一个既定事实，绝大部分的干预都属于这一范畴。战术层面意味着采用聪明的方式运用工具，多少带有政策艺术的成分。战略层面实际上就是政策网络的管理，通过改变网络结构影响工具选择，为在操作层面和战术层面上政策工具的有效使用提供条件与机会。不同治理类型的具体政策工具选择见表 2.7[②]。

表 2.7　　　　治理的三个层面及其政策工具选择

治理类型	特征	工具选择
操作层面：利用政策工具	目标设定 结构与过程的偶发性 接受网络结构	沟通工具：交换知识和信息 多边政策工具：条约协议、公私合伙 激励：积极（补贴等）、消极（征税等）
战术层面：聪明地利用政策工具	目标设定 结构过程的偶发性 网络结构的探讨 政策工具的应用方式	尊重网络结构，多边治理，改直接治理为间接治理 适应多元一致，改一般治理为针对目标群体的微调 根据网络变化调整政策工具的节奏使用速度

① ［美］R. 巴格丘斯：《在政策工具的恰当性与适配性之间权衡》，载［美］B. 盖伊·彼得斯、弗兰斯·K. M. 冯尼斯潘主编《公共政策工具——对公共管理工具的评价》，顾建光译，中国人民大学出版社 2007 年版，第 54 页。

② 改编自 H. A. 德·布鲁金、E. F. 坦霍伊维尔霍夫《对政策工具的背景性探讨》，载［美］B. 盖伊·彼得斯、弗兰斯·K. M. 冯尼斯潘主编《公共政策工具——对公共管理工具的评价》，顾建光译，中国人民大学出版社 2007 年版，第 73—84 页。

续表

治理类型	特征	工具选择
战略层面：改变网络结构，进而影响工具选择	目标搜求与置换 典型的元治理 改变结构与过程 结构与过程之间的区别失去意义	降低多元性：改造目标群体、进入障碍、合作激励 改变独立性：有公开义务，改变价值与信任体系 增强互赖性：政策工具本身创造新的依赖也会引发离心力，需要压制某些类型合作

（3）不同特征、类型政策网络中的政策工具选择。正如上文中对政策网络理论研究中指出的那样，政策网络对政策结果具有重大影响，其实这中间应该有一个中介，也就是政策网络对政策结果的作用除了网络自身的作用外还需要依赖政策工具这个中介。布雷塞尔斯认为，政策网络具有四个特征：一是活动强度，也就是相互关联性，影响这种互动的要素是权力目标、信息以及资源在行为者中的分布方式，具有结构性特征；二是连贯性，即行为者之间的目标分配，指的是个体与群体以及组织对各自属于本政策领域的目标相互同情的程度，具有文化性的特征；三是信息在政策网络中的分配；四是政策网络中的行为者的权力分配。其中，前两个特征是核心特征，他把这两个核心特征作为核心变量与政策工具的选择特征相对应建立了一个分析框架，具体内容见表 2. 8[①]。

正是网络在政策信息过程和政策实施过程两个层面上发挥作用，在每一个层面上的网络并不相同，在获得性、目标、更多的信息和权力方面都有着很大的不同。人们很少基于政策的实施以及效果来选择政策工具，而倾向于偏好的政策工具，且会重复采用，不

① 改编自［荷］H. Th. A. 布雷塞尔斯《在政策网络中的政策工具选择》，载［美］B. 盖伊·彼得斯、弗兰斯·K. M. 冯尼斯潘主编《公共政策工具——对公共管理工具的评价》，顾建光译，中国人民大学出版社 2007 年版，第 98—104 页。

管是否有助于问题的解决，这减弱了政府的学习能力，尤其是面临重大挑战时，对原来的政策工具做些小的调整并不足以解决问题[①]。完全基于个别行为者的特征来预测政策过程的发展与结果是十分困难的，所有结构和文化的方面都可以影响政策工具的选择，因此，应将政策领域看作一个整体，集中关注传统倾向、国际要求以及为实施政策工具所要求的结果和经验的表达等方面。

表 2.8　　政策网络与政策工具关系简表

政策网络特征	政策工具制度特征						工具列举
	对于目标群体的规范诉求	目标群体行为与政府回应间比例	提供或抽取资源	目标群体支持或反对政策应用的自由	双边或多边安排	制定者在实施中的作用	
强连贯性、强关联性	缺乏，除非损害目标群体	满足比例要求、运用最频繁	提供额外资源	拥有自由	满足	由政策制定者或下属实施	适用所有政策工具
强连贯、弱关联性	缺乏，除非损害目标群体	更多由中介组织来满足	提供额外资源	高度自由	缺乏双边安排	由政策制定者自己或中介组织实施	投资、补贴、信息利用等
弱连贯性、弱关联性	有规范诉求	不存在比例关系	从目标群体抽取资源	低自由度	缺乏双边安排	政策制定者以外的政策实施	管制最典型
弱连贯性、强关联性	有规范诉求	满足比例要求	有限抽取资源	没有自由	许多的双或多边安排	由政策制定者自己或下属组织实施	协议、合作、增强责任感

① ［荷］H. Th. A. 布雷塞尔斯：《在政策网络中的政策工具选择》，载［美］B. 盖伊·彼得斯、弗兰斯·K. M. 冯尼斯潘主编《公共政策工具——对公共管理工具的评价》，顾建光译，中国人民大学出版社 2007 年版，第 85 页。

五 政策执行理论的研究进路

当一个公共社会问题进入政策议程后需要找到合适的解决办法，决策者通常从部门、智囊团提供的各种建议中进行选择完成政策制定，这在政策过程中完成了关键的一步，早期的政策分析或许到此就万事大吉了，因为那时学者关注的重点在政策形成，政策执行的实际细节交给行政官员①。但是普雷斯曼和韦达夫斯基的《执行》发现，联邦政府的职位扩增计划在加利福尼亚奥克兰市没按决策者设想的方式在执行，所以该文的副标题就是“华盛顿的殷切期望是如何在奥克兰市落空的”②。其他的研究也证实了相关结论，政府制定的政策不会自动实现，必须关注执行问题，由此开启了西方国家尤其是美国公共政策研究领域的“执行运动”。政策执行的研究进路主要有三种：一些研究成果把政策执行理解为一个“自上而下”的过程，主要是如何让执行官员更有效地工作；而从那些被政策的执行所影响和牵涉的人的观点出发的“自下而上”的方法则与此相反，更多强调基层行动主体在达成目标中的重要性，而第三种方法，不仅关注计划的实施且认为执行是各种政府工具应用到政策具体设计的过程，重点在政策工具选择的原因、原理以及在未来的环境中使用的潜力③。

“自上而下”的政策执行分析实际上是建立在政策制定与政策执行两者相对分开基础上，以政策制定为中心的分析，政策制定者

---

① ［英］米切尔·黑尧：《现代国家的政策过程》，赵成根译，中国青年出版社 2004 年版，第 110 页。

② Jeffrey L. Pressman and Aaron. Wildavsky, *Implementation*, Berkeley: University of California Press, 1973.

③ ［加］迈克尔·豪利特、M. 拉米什：《公共政策研究——政策循环与政策子系统》，庞诗等译，生活·读书·新知三联书店 2006 年版，第 267 页。

依靠官僚层级制对执行者进行制约与管理，实现政策目标，两者是命令与被命令的关系，即使执行人员的偏好或行为可能会影响政策执行，但也是在决策者掌控范围之内，关注的重点在于和管控执行单位以及各种资源在不同单位之间的分配与使用。比较有代表性的是萨巴蒂尔和马兹曼尼思的早期研究，他们认为执行就是将基本的政策决策付诸实施，通常以法令、行政命令或法院判决的方式呈现，并且把影响政策执行的因素分为三类：政策问题的可处理性、法令规制执行实施的能力、影响执行的非法律变量。其中法令的规制具有关键意义，在此基础上建立了十六个独立变量，执行的困难在于这些因素与规则执行实施的努力之间的相互作用，对执行过程会产生重要影响，英国的霍格伍德和冈恩等研究基本与此类似[①]。而法令规范明显是政策制定机构可以操控的因素，因此，政策的有效执行只需要政策制定者明晰政策目标，使执行参与者认同目标，简化执行结构，提供有效政策资源，赋予执行机构职责并进行有效的监控，使政策执行者不折不扣行使职权，最终达成政策目标。

但是这种研究与政策事实背离较大，现实中存在太多被基层人员修改而根本没有被有效执行的政策，所以很多学者对此提出了批评并建立了新的研究途径，即“自下而上”研究途径，其代表人物主要是爱尔莫尔（Elmore）、约恩（Hjern）与波特（Porter）等人，他们强调政策执行者与政策制定者共同协商政策目标的达成，两者形成平行互动的合作关系[②]。爱尔莫尔在《后向探索：执行研究和政策决定》中提出这些研究有“前向探索”（即“自上而下”研究路径）和“后向探索”两种途径，“后向探索”主张从个人行动出发，在各种可供选择的方案之间进行选择，充分利用基层官员的能

① ［英］迈克·希尔、［荷］彼特·休普：《执行公共政策》，黄健荣等译，商务印书馆2011年版，第68—72页。

② 陈庆云：《公共政策分析》，北京大学出版社2012年版，第155页。

动性推进政策执行①。约恩与波特倡导用多组织的分析角度来区分组织与执行结构，认为应该从多元行动者的互动入手分析执行问题，把私营机构及其市场机制都纳入政策执行的讨论范围，而不仅仅是中央政府之类的政策制定机构②。那么影响政策执行效果的无非是执行人员本身的特点以及执行主体的互动两个方面。但是对基层人员影响力的过分强调又忽略了政策制定者（上级）对基层人员行为、动机、策略的影响，对互动的关注也忽略了执行本身的研究。

可以看到，这两种研究途径都有各自的优点与局限性，所以学者们开始寻找对政策执行更有解释力的理论框架，对上述两种思路扬长避短进行整合。不同的学者整合思路不同，比较有代表性的是爱尔莫尔、萨巴蒂尔（Sabatier）、葛金（Goggin）、彼尔蒙（Berman）等人的研究，爱尔莫尔后期的研究侧重于对两种途径的综合，而非整合；萨巴蒂尔的著名“倡导联盟框架”则更侧重政策变迁的研究；葛金提出的“府际政策执行沟通模型”通过联邦政府、州政府、地方政府组织能力及其关系互动研究政策执行，形成了独特的整合思路；彼尔蒙等人则是一种权变的思路，不进行特定的整合，而是认为不同政策情况应该采用不同的执行策略，适合用不同的研究途径进行描述，需要关注哪些因素在哪些情况下对哪些政策执行比较重要③。但是无论是哪一种政策执行策略或者以哪一种途径来设计政策执行模式，有一点可以肯定，政策执行过程必然需要从政策工具箱中挑选一种或几种政策工具应用到政策问题解决中，以实现政策目标。安德森也指出，在确定某项公共政策是否有效时，政策分析

---

① Richard F. Elmore, “Backward Mapping: Implementation Research and Policy Decisions”, *Political Science Quarterly*, Vol. 94, No. 4, Winter 1979 - 1980, p. 601.

② Benny Hjern and David O. Porter, “Implementation Structures: A New Unit of Administrative Analysis”, *Organization Studies*, Vol. 2, No. 3, 1981, pp. 211 - 227.

③ 李翠萍：《社会福利政策执行网络探析》，秀威资讯科技2006年版，第111—120页。

家不仅要关切政策主要目的及其是否实现，而且还要关注可采取的政策实施技术，以及它们是否适合于政策的有效实施[①]。政策工具作为政策实施技术的重要组成，构成了整合政策执行两种途径的共同要素。

① ［美］詹姆斯·E. 安德森：《公共决策》，唐亮译，华夏出版社1990年版，第160页。

第三章

新型城镇化究竟新在哪[①]

一 当前中国城镇化究竟是否构成一种新的类型?

要弄明白中国城镇化究竟是否构成一种新类型，首先就要搞清世界城市化历史进程中出现过哪些城市化类型，然后再看中国城镇化应该归入哪一类，或者是否属于新创造的类型。

（一）世界城镇化历史发展过程中的城镇化类型

城镇化的分类某种程度上就是城镇化模式的分类[②]，分类的核心在于分类标准的确定。但对这些模式进行分类的时候一般都没有提出实质性的分类标准，有的只是按照地区分别进行描述[③]，把城镇化模式分为：欧美国家的城镇化模式、苏联的城市化模式、拉美

---

① 该章第一、二部分主体以题为《新型城镇化究竟“新”在何处？——基于类型学分析》发表于《社会主义研究》2016 年第 6 期，第 49—58 页。

② 也有学者认为“一种城市化模式往往包含几个方面的城市化类型，可以视作综合化的城市化类型”。《辞海》对模式的解释是：“一般指可以作为范本、模本、变本的式样，作为术语时，不同学科有不同含义。……社会学是研究自然现象或社会现象的理论图式和解释方案，同时也是一种思想体系和思维方式。”因此，作为理论概括的“模式”既可以等同于类型，也可以是上述的类型综合，甚至是各种类型下再细分为模式。上述说法把问题复杂化了，值得商榷。

③ 参见王金胜《世界城镇化发展模式与中国新型城镇化建设》，《湖南财政经济学院学报》2014 年第 4 期，第 119—123 页。

国家城镇化模式、亚洲新兴经济体的城镇化模式。也有的混杂了几种标准把各国城镇化类型分为四类：第一类是在第二次世界大战前已基本完成城镇化的先发国家，主要以美国、英国、德国、法国为代表；第二类是第二次世界大战后实现快速城镇化的发达国家，以日本、韩国、中国台湾为代表；第三类是经济社会发展水平相对较低，主要由贫困人口在城市过度聚集推动的城市化，以巴西、阿根廷等拉美国家为代表；第四类是依靠石油等资源驱动而达到较高城镇化与收入水平的国家，以沙特、伊朗为代表[①]。显然，我国不属于第三、第四类，作者也认为我国城镇化更接近东亚成功追赶型经济体，属于城市产业发展拉动为主的城镇化发展模式，也就是上述第二类。虽然把相似性作为分类基础并没有错，但没有注意标准的一致性，第一类和第二类按时间分，实际上也把后面几类也包括进去了。而且所述标准也不一定是该城市化的根本属性，因果解释力也不够。显然这样的分类只是完成了一些重要个体国家的考察，实质上应该以城市化发展结果来分类，没有确定严格的分类标准，就难以为研究事物提供基础[②]，也就难以从分类中获得启发，获得对中国城镇化独特性规律的认识与洞见。

郑芳在总结现有城镇化模式类型时提出了三种分类标准：一是根据经济和城市化发展的关系划分为经济发展同步的城市化、超越经济发展的城市化、滞后于经济发展的城市化；二是根据推动城市化发展的不同推动力量划分为以日本为代表的政府力量推动的城市化和以早期资本主义国家的工业化和城市化为代表的市场力量推动的城市化；三是按照城市化实现形式的不同划分为以卫星城市来缓解压力的城市化、以大都市区发展为主的城市化和以首位城市发展

① 国务院发展研究中心课题组：《中国新型城镇化道路、模式和政策》，中国发展出版社2014年版，第25页。

② ［法］迪尔凯姆：《社会学方法的规则》，胡伟译，华夏出版社1999年版，第64页。

为主的畸形城市化[①]。如果从郑芳等学者提出的第一种分类标准出发，中国城镇化必定属于以上三类模式的一种，争论的焦点就在于究竟是超前于经济发展还是滞后于经济发展，这个判定对于如何认识当前中国城镇化水平、应当保持怎样城市化速度等相关政策制定来说具有重要意义，但并没有指出城镇化的本质属性，对中国新型城镇化概念建构没有多大意义。如果以第三种标准——城市化实现形式来分，这几种新的类型都只是城市化的表面特征，无论是以卫星城市来缓解压力的城市化还是以大都市区、首位城市发展为主的城市化都是以大城市发展为主、卫星城市为辅的做法，只是对大城市突出发展的一种纠正、变种或者补充，几种类型实质上并无本质区别。因此，从分类标准出发，第二种以推动城市化发展的不同推动力量划分城镇化模式，着眼于城市化内在动力机制或许比其他几种标准更为科学，因为内在动力机制不仅是城市化实现形式多样的决定要素，更重要的是这种内在机制的形成是这种类型国家经济、社会、政治等诸要素的综合反映。但是，依据这个标准把城镇化类型分为以日本为代表的政府力量推动的城市化和以早期资本主义国家的工业化和城市化为代表的市场力量推动的城市化，显得较为粗糙，因为日本城市化的决定性因素依然是市场而不是政府，政府主要发挥的是引导作用。

陶力根据体制和经济制度的差别提出了把所有城市化类型分为三类：以发达资本主义国家为代表的市场经济模式、以苏联为代表的社会主义计划经济模式以及东欧剧变、苏联解体后由社会主义转为资本主义的转型经济模式[②]，她与以上学者分类的不同是把第三种类型单独列出，富有启发意义。她认为转型经济国家的城市化

---

① 郑芳：《世界城市化发展模式比较》，《世界农业》2014 年第 6 期，第 24—27 页。

② 陶力：《中国城市化的一般性和特殊性："中国城市化模式"的辨识》，博士学位论文，复旦大学，2014 年。

因处于转变中，一定程度上既保留了社会主义时期的计划经济特征，也开始出现资本主义市场经济的城市化特征，因此具有混合性的特征①。但是这个分类标准看上去非常缜密，却忽略了中国的转型与别的社会主义国家转轨有着根本不同：中国的政治制度没有改变，中国从计划经济到市场经济的转变是个渐进过程，与“休克疗法”式的转轨完全不同，需要经历较长时间周期等。这种城镇化制度环境的巨大差别决定了中国城市化有着强烈的中国特征，比如中国特色的土地制度对城镇化的影响。那么，中国的城镇化还能归类为以上的转型经济模式吗？奇怪的是作者并不认为中国的城市化特征具有自成一派的独特性，即使有也只是在中国特定条件下，对世界城市化规律的偏离②，在否认中国城镇化独特性的同时也没有明确中国究竟属于哪一类型。如果在以上分类中把中国单独列为一种类型，那么分类标准又是什么呢？作者没有对此进行任何分析。

学者提出的其他标准也多数都是以上基础标准的演化，比如根据城市化地区的经济发展水平将城市化模式划分为发达型和发展型、集中型城市化和分散型城市化等分法③，这与经济和城市化发展关系的标准有一定类似，与其说这是一种分类，还不如说这只是不同发展阶段的差别。例如目前发展中国家城市化主要是集中型，并不等于今后城市发展就不会和发达国家一样开始趋向分散。这种分法不是本质属性的不同，只是城市化发展阶段不同导致目前的差别。我们更需要关注的是每个阶段城市化内在机制的发展与变化。根据诺瑟姆曲线，不同国家、地区城市化进程分

① 陶力：《中国城市化的一般性和特殊性：“中国城市化模式”的辨识》，博士学位论文，复旦大学，2014 年。

② 同上。

③ 何志扬：《城市化道路国际比较研究》，博士学位论文，武汉大学，2009 年。

为三个阶段①，可以说，任何类型的城市化都会出现以上几个阶段的差别。所以，在研究城市化类型的同时也需要关注每个类型的阶段性变化，只有类型比较与阶段划分两者有效结合才能更好地认识城市化。不能简单地把不同类型不同发展阶段的城市化放在一起进行比较，在研究同样是市场经济主导的发展中国家的城市化时，不能与发达国家现在城市化的情况进行简单比照分析，而应与发达国家早期特征进行对照分析，这样或更有借鉴意义，标准混淆得出的结论反而容易南辕北辙。

（二）中国城镇化属于新的类型何以可能？

在某种意义上，每个国家城市化都是一种类型，但如此一来，就失去了分类建构的意义。分类的目的在于把庞杂的社会现象简化处理，从中概括发现事物发展规律。迪尔凯姆认为分类应选择重要特征作为标准②，不能仅仅为了分类而分类。只有把各个国家庞杂的城市化现象进行抽象总结、简单化才能梳理出城市化机理。因此，城镇化类型的划分还是需要从城镇化这个核心概念入手，也就是在人口、空间、社会三维变化以及相互作用过程中梳理究竟产生哪些值得探讨的特殊类型。从动态角度，城市化是内嵌入社会发展中的永续过程，如果城镇化分类没有时间边界，很难区分清楚各种类型，只有比较共同阶段的城市化才有分类意义。城市化最具典型性的关键时期就是快速城市化时期，即“S”曲线的中段，这个阶段奠定了今后城市化的基础，对城市化的分类应该主要依据各国城市化在这个阶段表现出来的巨大差别来进行。城市化的趋缓后期不过都是在快速城市化时期形成的社会结构框架中不断演变深化

① 本文探讨的新型城镇化主要指的是趋缓阶段开始前的城市化，趋缓阶段的开始我们通常称之为城市化任务基本完成。城市化的分类主要也是指这个时间阶段。需要注意的是学术界很多关于城市化或城镇化的讨论并不注意区分时段，虽然都在谈城市化，实际上论述对象并不一样。

② ［法］迪尔凯姆：《社会学方法的规则》，胡伟译，华夏出版社1999年版，第65页。

而已。

城镇化实际上就是人类有限的资源在城市与农村这两种人类聚居区及其群体之间的流动与分配比例的变化，而且变化中的聚居本身又影响着聚居中的人。所以，资源配置的不同方式深刻地决定了城市化具体的变化形式与社会发展。城市化过程中是采用计划经济还是市场经济的资源配置方式动员各种资源实现城市化目标，会对一个国家城市化过程中的人口流动方式、空间变化实现形式以及社会结构变化产生重大影响，并形成最具典型性区别。当然，城镇化的社会影响绝不仅仅限于生活方式的变化，就社会整体宏大结构而言，城镇化最重大的意义应是社会结构实现从农村为基础与主体的农村社会向以城市为基础与主体的城市社会的转变，城市社会的出现将极大地改变一个国家本来的社会面貌。以苏联为例，在计划经济体制下国家成为分配各种资源的主体，国家通过五年计划主动大规模推行工业化，兴建各类企业引导农村人口大量流入城市，推动城市化的大发展。从苏联一五计划实施以后，1939 年城市人口比重比 1928 年增加了 14 个百分点，城市人口数量增加了一倍多，年均增长率高达 6.2%，比资本主义国家最高年平均增长率高 50%—100%，西欧国家达到相应的城市化水平，花费了 30—50 年，而苏联仅仅用了十几年，这也是苏联城市化发展最迅猛时期[①]。在这一城市化过程中，国家掌握着资源配置的绝对权力，承担几乎所有社会功能，国家替代了社会，抑制了社会的生长，形成国家—工业—城市—国家的循环式逻辑链条，只有等到城市发展到了一定规模以后，在人口不断机械增加基础上，具有苏联社会主义特点的城市社会才慢慢形成。在西方市场经济国家中，工业不由国家来办，是私有产权者对创造财富的主动追求，各种资源的配置主要通过市场交

---

① 杨绍澄：《苏联城市化的进程与趋势》，《俄罗斯东欧中亚研究》1990 年第 1 期，第 43 页。

换进行，工业化逐步推进的同时伴随着私有产权者的不断壮大。在市场经济不断深化发展过程中，各种群体、力量之间频繁互动催生了多样化的社会结构，形成的是社会—工业—城市—社会—国家的逻辑链条，这样的发展过程没有导致苏联后来出现的国家结构与社会结构之间的不协调[①]。因此，计划经济与市场经济这两种资源配置方式都深刻引发了社会结构及其发展的不同。

可以确认的是，在解体前苏联已经基本完成快速城市化进入稳定发展阶段。苏联从建国到1985年，城市化整体水平为65%[②]，到解体前，已经基本达到70%，也就是解体后的政治经济制度变化与苏联快速城镇化不在同一个历史时期，苏联是典型的计划经济条件下的城市化。但是在中国，除了有着与苏联相似的一段在计划经济条件下的城镇化，还有目前正在进行计划经济体制向市场经济体制转变的伟大变革，意味着中国实际上代表着资源配置机制转型与新型城镇化同步进行的类型，在这个过程中就不是简单的国家—工业—城市—国家的封闭循环，也不是计划经济条件下形成的社会结构，而是随着计划经济向市场经济转变与发展孕育了复杂的社会结构变化，除了国家兴办企业发展经济以外，私营经济已经构成社会发展中的重要力量，资本的不断增长深刻改变了社会原有格局。市场经济的不断发展自然孕育着社会的新特性，农民工的流动实质上就是市场经济发展条件下对原有控制性制度的冲破。城市与市场经济的同步推进都在催生社会结构的改变，要求国家结构做出相应回应，最终形成国家（社会）—工业—城市—社会—国家的逻辑演

---

① 美国学者摩西·列文在其《戈尔巴乔夫现象：历史的阐释》一书中认为，苏联社会的城市化引起受益于城市化的具有一定自治性的多重社会结构与建立在农业社会基础上具有专制体制特征的国家结构之间的紧张，并孕育了戈尔巴乔夫的改变。具体见程映红《城市—社会—国家》，《读书》1996年第10期。

② 纪晓岚：《苏联城市化历史过程分析与评价》，《东欧中亚研究》2002年第3期，第63页。

进，这也不同于西方社会的社会—工业—城市—社会—国家的变化进路。

因此，如果粗略地分类，在快速城镇化时期只有如上所述的资本主义制度下市场经济主导模式和社会主义制度下计划经济主导模式，两种模式并不能单独有效反映中国在城市化过程中的独特性。城市化类型的分类应以快速城市化与资源配置方式的关系为标准，分为市场经济条件下的城市化、计划经济条件下的城市化、转型经济条件下的城市化。中国目前正在进行的快速城镇化无论从微观结构还是宏观整体社会结构角度分析都具有自己的特征。这种城镇化与单纯的计划经济条件或者市场经济条件下的城镇化都有着重大区别，体现出与上述两者很不一样的特性：新型城镇化本身属于中国体制转型的重要组成部分，中国体制转型的特点同时深深影响着新型城镇化进程，两者同步推进相互影响。而且即使到了市场经济完全成熟阶段，上述的路径依赖会导致中国的市场经济发展如同德国一样，呈现出完全不同于英美的市场经济体制特征，即社会主义市场经济体制，成为市场经济的一种新类型，与资源配置方式转变同步进行的中国新型城镇化也完全可以构成一种新类型，这种类型是由计划经济向市场经济转型的渐进性制度变迁及其与快速城镇化的同步性所决定。而同样属于转型经济条件下的苏联东欧一些国家，虽然由于“休克疗法”的作用导致其快速转型，城市化归类于市场经济条件下的城市化类型更为合理，只是这些国家的城市化类型和原生型市场经济国家城市化又有一些不同，有很深的计划经济印记，构成了市场经济条件下城市化的子类型。因此，转型经济条件下的城市化目前主要以中国为代表，可以说，这是人类历史上从未有过的巨大的社会变迁类型。

二 在城市化历史坐标中定位中国新型城镇化

纵观世界历史，英国工业革命开启世界城市化进程之后，每个民族国家在走向现代化过程的同时也伴随着城市化的不断深入。迄今为止，世界上所有国家的城镇化都有一些共同特征，但同时具有自己特点。中国城市化既是世界城市化历史的重要组成部分，又是伴随着中国不断发展城市化得到深入推进的过程。正确认识新型城镇化，尤其是概念的界定应置于中国自身的城市化历史和世界城市化历史构成的城市化坐标中准确理解，同时在形式上也必须符合概念界定的要求。这种与中国特殊时期面临的特殊时代背景与特殊国情结合的城镇化才能称之为是新型城镇化，才能认清在中国大地上正在展开的城镇化宏伟事业。那么与业已完成和正在进行的其他国家的城镇化相比，我们的新型城镇化究竟新在哪里呢？

（一）新型城镇化是体制渐进转型与快速城市化相融相合的城市化

新型城镇化是在计划经济向市场经济渐进性体制转型过程中完成快速城市化（S形曲线的中间段），是世界城市化历史中的新类型。世界城市化分类如果以城市发展资源配置方式来分，基本可以分为计划经济体制下的城市化与市场经济体制下的城市化。如前所述，中国经济体制改革的渐进性特征改变了分类结果，即中国城市化难以归类为以上两种类型，因为虽然经济体制改革目标就是建立社会主义市场经济体制，但其形成绝非一日之功，等到真正全面建立社会主义市场经济体制，表现在城市化率指标上的城市化快速阶段或许业已完成，显然不能把中国列入市场经济体制下的城市化类型，更不可能是计划经济体制下的城市化，只能是第三种类型，即体制转型与城市化重叠的城镇化。体制转型时期的这种“转”的特征赋予新型城镇化很多新特点，也使中国新型城镇化处于前所未有的复杂境地。

首先，新型城镇化是政府主导下的渐进性城镇化。中国体制转型是在政府主导下的渐进性转型，新型城镇化必然会体现这种渐进性特征。体制转型决不单单是计划经济向市场经济的经济体制转型，相应的政府治理机制都有转型需要，比如城市户籍制度。众所周知，要实现人的城镇化，户籍制度必须做出改革，虽然现有制度批评者众多，但是也很难一下子转变与放开，现有的城市服务能力与治理能力是否能负荷突然增加的大量人口、是否会给现有社会秩序带来巨大冲击，都难以预料。客观现实决定了户籍制度改革需要渐进。很多城市实行的积分制改革就是这种渐进性的表现。同时，转型并不是单向的从一个方向向另一个方向过渡，中间会有很多反复，有时候甚至会有倒退，新型城镇化同样会受到影响。金融危机发生后中国在经济领域的很多现象，有人总结为是“国进民退”，造成的后果是：政府所有、国有及其控股企业所支配资产在社会的总资产的比例越来越大，而个人家庭以及民营经济的比例则下降①，这与改革开放后的“国退民进”形成鲜明对比，制约了社会发展活力。在全国已经基本形成向市场经济转型的共识下依然发生“逆市场”行为，说明在转型过程中，各种力量的较量从未停止，并导致政策上的摇摆，新型城镇化的路径以及具体举措在不同时期同样会出现摇摆，影响改革的效果，比如“国进民退”将会直接导致社会资本参与城镇建设的顾虑、影响社会参与的积极性、中央政府极力

① 韦森：《什么是真正的国进民退?》，财经网（http：//www. caijing. com. cn/2010 -02 -09/110375152. html）。

倡导的 PPP 模式难以推广，最终影响城镇化顺利推进。经过几轮改革宣告初步形成的社会主义市场经济体制只是过渡形态，依然有着很多统制经济等旧体制印记，也有新的市场经济的因素，是“半市场、半统制”经济，政府机构和国有经济在资源配置中起着主导作用。如果改革出现停顿甚至倒退，就会使中国这种混合体制强化消极方面，寻租活动不断扩大，腐败加剧[①]。因此，面对反复唯有坚定不移地推行全面深化改革才能使渐进改革走向成功，新型城镇化才能实现。

其次，新型城镇化存在明显的路径依赖。中国转型特征决定新、老体制，各种力量共同作用的社会运行格局，转型的路径依赖决定了无论转型的最后结果是什么，都会带有原有体制的烙印，“土地财政”正是转型特征的典型代表。如果处理得好，兼容两者优点，不同配置资源方式能和谐共处，处理不好，也完全可能“劣币驱逐良币”，市场经济体制的优点反而被遗弃或者不能建立。以上面提到的“国进民退”为例，表面上看起来与计划经济条件下国有经济份额的增加一样，增强了国有企业在经济领域的作用，实际上有着本质区别。在计划经济条件下，比如中石油这类所谓的垄断企业不会产生垄断利润，因为所有生产、销售环节的定价都由政府规定，即使有垄断利润也多数上缴中央政府，而在转型条件下，这些垄断企业不仅享受了市场经济体制带来的垄断地位定价，同时还享受政府给予的巨额所谓亏损补贴，即使有上缴利润也与实际产生利润对比极不相称[②]，而且还给某些国有企业经营者利用手中掌控的资源配置权力在市场化的条件下进行高额寻租创造了巨大空间与机会。这种问题在城镇化领域同样存在，计划经济时代形成的土地

① 王欣芳：《吴敬琏济南谈转型》，《齐鲁周刊》第 33 期，第 38 页。

② 具体情况参见马涤明《最赚钱的中石油咋成了“补贴王”?》，新浪网（http://news.sina.com.cn/zl/zatan/blog/2015-12-03/09165042/1236357250/49b150820102vvv8.shtml）。

制度，由于计划经济条件下实行的是福利分房，原有的土地制度对房地产发展影响并不明显。但是随着福利分房制度废除，房地产走向市场化，房地产最重要的原材料——土地及其供应相关制度并没有实质性改变，政府成了房地产市场最重要也是唯一的原材料供应商，作为城镇化物质载体的房地产市场变成原材料供应的计划经济与产品生产的市场经济的结合，对没有替代品的原材料供应的计划垄断控制产生了中国独具特色而又广受批评的“土地财政”现象。城市土地市场产生的巨大差价收益成为地方政府财力的主要来源，并成为城市化所需庞大公共服务基础设施投入的资金来源。这种资金来源与积累方式简单直接，是中国快速城市化的最大推手与动力所在，在这方面，“土地财政”功不可没。但是土地市场化产生的高额利润诱使并强化了房地产最重要原材料的争夺与控制，表现在大量强制拆迁带来的民众与地方政府冲突，造成了很多尖锐社会矛盾与问题，这是另外一种形式的“国进民退”。政府事实上已经直接、深度介入市场经济活动的微观领域，这比国有企业源于政府的委托进行代理经营更为深入，政府成为城镇化中的重要利益群体而难以自拔。而且在现有土地制度环境下，地方政府深度介入土地消费者与房地产开发商之间关系具有法定合理性，这容易产生大量寻租机会，导致房地产开发领域的官员腐败高发。同时“土地财政”特别契合地方政府官员短时期内出政绩的需要，他们容易夸大自身调控市场能力，却不愿意相信市场本身的资源配置能力，更不愿意忍受市场通过供求关系变化实现配置效率的相对慢节奏，这表现在各地政府在各种情况下频繁出招调控房地产市场上，而不愿认真研究、执行基于更长远利益考量的政策安排，比如至今未建立统一的不动产登记制度与房地产联网查询系统。城市化过程中很多的弊病实际上都与政府不愿退出或削减诸多领域的政府资源配置权力有关。

“土地财政”也造成了地方财政严重的“土地依赖症”[①]，以苏州为例，2016年前8个月的土地依赖指数高达82.6%，而2015年为40.58%，杭州、合肥、南京等城市该指数也都超过50%[②]。土地依赖症的“高烧”严重影响了政府财政的可持续发展，一旦遇到经济不景气导致土地市场降温，地方财政收支平衡压力会骤然增加，容易引起财政危机并威胁社会经济正常运行。虽然大家都看到了问题所在，但政府的自利性特征导致实现自身的革命必定受制于既得利益，“土地财政”的转型非常艰难。当然房地产领域相关制度朝着市场化方向的探索必定会继续，但由于土地等相关制度的意识形态敏感性，在相当长时期内仍会延续原有制度环境下的关键特征。开启新型城镇化新阶段并不意味着是完全抛弃过去的全新开始，而是留有很深原有体制印记的新征程。也就是需要做好在现有宏观制度环境下探索城镇化道路的准备，而非只有等待改变根本的制度环境才能有所作为。

再次，体制成功转型的条件约束塑造了新型城镇化“求稳”的特征。没有稳定的整体社会格局，渐进转型绝不可能实现，新型城镇化同样需要以稳定为底线。苏联在动荡中进行的转型所付出的惨重代价是我们的前车之鉴，何况我们没有俄罗斯那么丰富的自然资源，同样情况在中国发生结果只能更为糟糕。在“稳定压倒一切”的原则下，中国的体制转型事实上只能走渐进改革之路。但是为了实现稳定很多时候就会因矫枉过正而付出很多不必要的代价，因为渐进同时意味着控制改革进程与方向。在城镇化过程中，渐进维稳的城市化思维非常浓重，比如利用户籍制度对大城市人口管控的做法与其说是为了减轻大城市压力，还不如说是为了避免潜在的可能

① 土地财政依赖度的通常计算方法：土地财政依赖度＝城市土地出让金/城市一般性财政收入×100%，这也是狭义土地财政含义，广义土地财政包括所有与土地相关的政府收入，不限于土地出让金。

② 李苑：《“滚烫”的土地财政》，《上海证券报》2016年9月21日。

威胁，在某种程度上也是吸取拉美国家放任人口向大城市盲目流动造成恶果的教训。同时，新型城镇化带来的大量人口迁移必定会影响中国社会几千年以来形成的超稳定结构[①]，最终会逐步改变中国长期以来以农村为统治基础的社会结构，形成以城市为治理基础的新社会结构。摒弃千年来形成的农业社会，这是我们这个民族从来没有面对过的，因此，稳定的考量在新型城镇化过程的政策安排中必定会贯彻始终。

从以上分析我们可以看到，这种受制于原有体制约束，同时向目标体制转型的发展过程并不是新型城镇化概念提出后才开始出现的，是从改革开放以来出现城市化过程中就已经开始，并在邓小平南行讲话后进一步明确。所以，从类型学上说，新型城镇化的实质是中国特色城镇化，是体制渐进转型与城镇化重叠的全新城镇化类型。认识新型城镇化的这一含义非常有助于理解中国城镇化过程中发生的各种问题。实现新型城镇化目标的所有重大举措，都将以新型城镇化与体制转型同步这一事实为基础。

（二）新型城镇化是注重城市化质量提升的“新”阶段

一个国家在不同城市化发展阶段会呈现出不同特征。目前城镇化正处在新旧阶段的转折点上，之所以转折实际上是因为人们已经意识到沿袭旧有模式没法持续，也就是城镇化处于怎样的“新”阶段是由当前面临的主要问题与以后的主要任务决定的。就此而言，新型城镇化也意味着提出了城镇化的新的工作目标。前面诸多的新型城镇化定义实际上都是在这个基础上论述的。

首先，新型城镇化应开始进入注重城市化质量提高的“新”阶段。《国家规划》中明确指出，随着环境的变化，城镇化必须进入

---

① 关于超稳定结构具体论述参见金观涛、刘青峰《兴盛与危机——论中国封建社会的超稳定结构》，法律出版社2011年版。

以提升质量为主的新阶段。中国城镇化率在1978—1995年的17年间年均增长只有0.7%左右，从1996年到2015年19年间城镇化率从30.4%提高到目前56.1%的水平，年均增长1.4%左右，开始进入快速城镇化阶段，基本符合美国学者诺瑟姆提出的城市化“S”曲线，即从30%进入快速发展阶段。这个“量”的发展速度成绩超过了日、韩等国在加速期的发展速度。但这相当于压缩了城镇化发展过程，必然容易产生问题：比如过分注重城市发展经济指标，忽视经济、社会、环境与城市发展的协调；过分注重城市地理空间的扩大，忽视城市功能的完善与发挥；过分注重流动人口市民化成本，忽视流动人口带来的贡献。这些问题不再是通过提高城市化速度能够解决，必须要在城市化速度与城市公共服务提供之间寻找平衡。资源配置的重点需要进一步向人倾斜，需要更注重城市化发展内涵与质量，需要明确城市发展是为人们提供更好的机会与服务，为人的发展服务，而不是为了城市化而城市化，而且如果只注重城市化短时期利益反过来会影响城市人口的流入，从而影响城市化速度的提高，以及社会公平感的建立。

其次，新型城镇化的“新阶段”需要逐步打造城市化可持续发展的财政“新”基础。虽然“土地”财政是中国快速城市化过程的一大特色，但是土地转让属于一次性收入，快速的城市化已经消耗掉大量的土地资源，进入城市化后期，即使不发生经济降速，随着政府转让土地使用权工作的大量完成导致掌控的土地资源存量必然日渐枯竭，而城市发展中的公共基础设施与各类公共服务产品随着城市规模的不断扩大需要源源不断的资金支持，“人”的城镇化的重点——农民工市民化如果没有财力支持同样会受到限制。因此，现有的“土地财政”模式就长期趋势而言，带有与生俱来的不可持续性和不稳定性。而且中国“土地财政”问题目前最大风险在于地方财政的“严重依赖”。随着依赖程度不断提高，如果不及时矫正，这种风险随着时间发展会不断累积，最终达到一个前所未有的高度。虽然美国历史上也曾经出现过以出卖联邦土地获取收益的土地财政，但1820年7月到1842年9月，联邦政府土地拍卖收入也仅占整个联邦总收入的11%[①]，而目前中国各级地方政府动辄超过50%的依赖水平，导致“去土地化”难度相当大，因此，我们不能在城市化临近结束才考虑“土地财政”的替代方案，而是要未雨绸缪，在城市化中后期就寻找建立稳定的税源，比如房产税体系，从而逐步替代“土地财政”，建立人的城镇化的稳定财政基础来源，实现城市化的可持续性发展。

再次，新型城镇化的“新阶段”需要契合经济新常态要求，实现城市化发展方式的转变。2014年11月10日，习近平主席在亚太经合组织工商领导人峰会上系统阐述了中国经济新常态问题，认为中国经济将“从高速增长转为中高速增长”“经济结构不断优化升级”“从要素驱动、投资驱动转向创新驱动”，经济的降速在某种意义上意味着城市化早期依靠工业化推动城市化的原始动力开始相对减小，比如就人口迁移而言，蔡昉认为，未来城镇化率提高主要依赖的两部分人都有减少趋势，一部分是农民，绝大部分是40岁、50岁以上的，他们不再转移了；另一部分是农村新毕业的初中和高中毕业生，这部分人从2015年开始进入了持续的负增长阶段，这使得原本乐观的城镇化率提高面临困境[②]。而且城镇化与经济发展互为因果，城镇化速度减慢又会构成中国经济新的挑战。这迫切需要城市以更开放的胸怀，提供更好更多的城市服务来吸引人口流入。而且人口的良性流动构成的移民社会是有利于创新不断涌现的社会基础，城市是创新的空间载体。在目前工业竞争力随着用工成

① B. H. Hibbard, *A history of the Public Land Policies*, The University of Wisconsin Press, 1965, pp. 102 – 103.

② 定军：《城镇化率呈放慢趋势十三五城镇化指标完成难度大》，凤凰网（http://finance.ifeng.com/a/20150908/13960461_0.shtml）。

本上升等因素影响不断被削弱的情况下，迫切通过创新驱动不断提升劳动生产率水平，不断增强中国工业竞争力，在发展中形成与环境更友好的关系，推动我国制造业从大变强，实现“制造大国”向“制造强国”的跃升。新型城镇化应服从创新战略，发挥城市作为各种资源整合、人力资本提高的重大平台作用，积极推动创新网络形成，放大创新集聚效应。在这一过程中，需要更多地发挥市场的决定性作用，相对减少政府直接干预。在世界科技创新史上，政府从来都不是一个关键的直接主体，政府投入更多精力到推动知识产权保护、维护公平竞争秩序形成等方面反而更有利于创新驱动的形成。如果经济新常态战略目标能够实现，那么新型城镇化新阶段的标志——中国的城市社会形成就具有更坚实的基础。因此，新型城镇化新阶段应当形成效率、绿色、和谐的城市化发展方式，切实发挥城市化在建设社会主义现代化强国中的作用。

对新型城镇化的理解需要跳出新就是好，旧就是不好的简单主观思维。新型城镇化首先只是一种新类型城镇化，无所谓好还是不好，只具有分类特征与意义。其次，如果要论“新”，只能是中国城镇化进入新的发展阶段，解决新的问题，完成新的任务，实现新目标，而不是众人讨论的全优型的城镇化。毫无疑问，新型城镇化必定深刻体现体制转型时期转型的总体特征的方向明确性与过程曲折性的结合，唯有进一步深化改革，才能完成新型城镇化的历史使命。

三　经济新常态下的新型城镇化[①]

城镇化是一个综合概念，影响城镇化的因素很多，但是经济发

① 这部分的主体以题为《论经济新常态与新型城镇化的“共振”》发表于《社会主义研究》2017 年第 1 期，第 72—79 页。

展的影响是最直接和紧密的。经济的发展水平与产业结构状况直接影响劳动力就业水平，而劳动力的就业好坏直接影响人口流动及其城镇化意愿，经济发展的好坏也直接影响政府财政收入，而这直接关系到城镇化的财政基础。而目前中国经济特征的最简约概括就是经济新常态，经济新常态对新型城镇化的实现有重要约束，它是新型城镇化政策环境的最重要特征。

（一）经济新常态要求新型城镇化的常态化

经济新常态下，国家经济发展呈现出许多新特征，新型城镇化受其影响，也会出现新特点。

1. 经济新常态意味着经济发展回到"平常状态"，城镇化速率同样面临降速。1978 年以前，我国的 GDP 一直在较低的水平上徘徊，中国改革开放后的 30 年则创造了世界经济奇迹，国家统计数字表明，这 30 年我国 GDP 的平均增长达到 9.88%，这不仅在我国的历史上绝无仅有，在同期世界经济史上也非常罕见！显然，既然是奇迹就不可能是一种常态，从统计学上看，任何波动变化都有均值回归的发展趋势，国家经济发展速度也是如此，世界历史上没有一个国家经济发展能永远保持在高速状态下运行，都经历了一个高速发展然后逐步回归低速发展的过程，即使是曾经的经济奇迹代表——日本等国家也概莫能外，新常态是经历多年非同寻常增长时期之后的一个必然结果。2013 年诺贝尔经济学奖得主罗伯特·席勒教授曾经表示：中国金融最大风险在于中国金融体系的大多数参与者没有对于经济衰退、萧条和市场崩盘的任何觊觎。过去 30 年的成功和奇迹使得很多投资者认为这种快速的发展和高额的投资回报会一直持续下去①。因此，提出适应新常态的降速判断非常必要而

① 朱宁：《谁制造了中国的泡沫？它会破灭吗?》，搜狐网（http：//mt. sohu. com/20160502/n447297769. shtml）。

且清醒。如果硬要维持经济发展的高速度，则必然以透支未来作为代价。体现在城镇化上，城镇化率增长速度相较于以往也会有一个回落。国家发展和改革委员会组织编写的《国家新型城镇化报告2015》中指出，2015 年我国城镇化率已经达到 56.1%，从 1978 年到 2014 年，城镇化率年均提高约 1 个百分点，中国城镇常住人口由 1.7 亿人增加到 7.5 亿人[①]，这个速度与中国经济发展速度基本同步。2015 年我国城镇化率已经达到 56.1%，要完成国家规划中提出的，到 2020 年城市常住人口城镇化率达到 60% 的目标，按以往每年约提高 1 个百分点的速度实现目标并不难。而且随着近年来经济增长速度的变化，各大城市经济发展面临调整，人口就业吸附能力下降，城镇化率速度同样会面临变化。比如一直是人口净流入的上海市已经出现微小变化，2015 年年末，全市常住人口总数为 2415.27 万人，其中，外来常住人口 981.65 万人，而 2014 年，上海外来常住人口为 996.42 万人，上海市首次出现 15 万人口的净流出[②]。我们需要认真防范新型城镇化与经济发展速度的“破坏性共振”，急剧失速对国民经济的冲击太大会影响社会整体稳定。充分利用新型城镇化人口规模集聚产生基础设施建设增多、服务业扩张等客观效应，为新常态下经济降速提供基础支撑。新常态下经济降速不可怕，令人们担心的是断崖式降速带来的冲击，为了避免这种情况，城镇化的主动投资拉动仍然必要。据有关方面估算，我国 2020 年城镇化率达到 60%，由此带来的投资需求约为 42 万亿元[③]。而且近年来以交通拥堵、城市水患、大气污染、生态环境恶化等为

---

① 新华社：《2015 年我国城镇化率达到 56.1%》，财新网（http://www.caixin.com/2016-04-19/100934183.html）。

② 上海统计局：《2015 年上海市国民经济和社会发展统计公报》，上海统计局网站（http://www.stats-sh.gov.cn/column/tjgb.html）。

③ 王保安：《王保安副部长在政府和社会资本合作（PPP）培训班上的讲话》，国家财政部网站（http://www.mof.gov.cn/zhengwuxinxi/caizhengxinwen/201403/t20140319_1057275.htm）。

主要特征的“城市病”的集中爆发，严重影响了中国城市的可持续发展，城市基础设施亟须进一步更新，比如最近提出的海绵城市的建设即是如此。所以，城镇化过程创造的总需求给予新常态下经济调整的重大支持，同时也符合经济学上的规模报酬递增定律：人口密度增加大大降低了设施与服务的分摊成本提高了效率。同时人口的聚集本身会产生分工，刺激、促进服务业发展，为产业结构转型优化经济结构提供机会。我国长期以来经济结构存在的一大问题就是产业结构失衡，服务业发展相对不足，随着城镇化质量的提高，与城镇化相关的典型的第三产业部门，如餐饮、商贸、金融、通信、娱乐等行业会得到大力发展，不但有助于提高公共服务水平和物质、精神生活质量，而且能提供大量就业机会。经济发展速度下降最大的隐忧是失业人口大量增加带来的社会冲击，而从发达国家经验看，最有能力创造就业岗位的行业就是服务业。服务行业大量的就业岗位，不仅能给经济发展调整期的城市人口就业提供缓冲，也能为大量农村剩余劳动力转移提供出路。同时，只有农村总人口大量减少，农村剩余人口的人均土地、资源占有量才能不断增加，收入才有提高可能，城乡收入差距才能收敛，从而为实现城乡一体化提供契机。从另一方面看，速度的下降或许是一个契机，迫使各级政府投入更多精力关注城镇化质量，消化快速城镇化过程长期积累的各种问题，尤其是长期居住、就业在城市但未能拥有城市户籍的人口权益问题，如果能很好地解决这部分人口的城市户籍会产生良好的示范效应，在经济下滑时期依然能有序地持续推进城镇化。这符合经济发展进入新常态的要求，也符合城镇化发展的客观规律。

2. 经济新常态要求国家经济发展回归“正常规律”：要向更高阶段迈进必须实现经济增长方式转变，即依靠创新提升效率，新型城镇化同样处于粗放式发展方式向集约式发展方式转型的发展阶段。回顾世界经济发展史可以知道，所有不发达国家要想跨越发展成为发达国家都必须经过依靠创新驱动提升效率的经济阶段，没有哪个国家可以例外。苏联虽然在社会主义国家中首先提出经济增长方式转变，即从外延增长向内涵增长转变，但是并没有把它变成现实，经济发展质量也不是公认的强大，20 世纪 90 年代的东亚“四小龙”同样如此，克鲁格曼在那篇预言式的文章中认为，亚洲新兴工业化国家和 50 年代的苏联一样都通过惊人的资源动员得到快速发展，都由劳动力、资本投入的超常增长而不是效率提高来驱动，最终必定奇迹不再①。事实上这些国家都遭遇重大挫折。所以，只有增长方式转型成功才能打开迈入发达国家行列的大门。中国城镇化同样面临城镇化方式转型的问题。在中国快速城镇化过程中我们取得了举世瞩目的伟大成就，同时也存在较多像土地城镇化快于人口城镇化此类矛盾与问题。如果延续传统粗放的城镇化模式，会带来环境恶化、社会矛盾增多等风险，落入“中等收入陷阱”②。向质量要效益将成为以后新型城镇化的主要内容。同时，经济增速下滑将对政府财力形成压力，而城镇化新阶段的核心——人的城镇化又离不开政府财力支持，因此，经济新常态与新型城镇化在速度下降的同时都必须转向依靠效率提升扩大经济增量、增加政府财力。经济发展与城市化都应处理好与环境的关系，资源要集约利用，加强国土开发强度、强化新技术应用与新兴产业发展以及运用新技术对传统产业进一步有效改造，加强信息化、新型工业化与城市化的紧密结合。同时，经济新常态要求不断调整优化产业结构、缩小城乡差距，使人民群众能共享国家经济发展成果，其中服务性产业将成为主要产业，而服务性产业的实际载体多半是城市，如果不把现有农村 6 亿多人口转移过半，农村生产力水平是不可能承载这个人

---

① Paul krugman, “The Myth of Asia's Miracle”, *Foreign Affairs*, Vol. 73, No. 6, 1994, pp. 10 - 12、69 - 72.

② 《国家新型城镇化规划（2014—2020 年）》，人民出版社 2014 年版，第 12 页。

口规模的，生活水平也很难有很大提升，自然就不可能让所有农村人口也享受今后经济社会发展的伟大成就。经济新常态作为发展目标，其实现必然受到城镇化水平制约，因此，经济新常态有内在的城市化需求，两者相得益彰，才能最终完成中国经济发展的历史性新跨越。

（二）经济新常态要求新型城镇化应有新作为

经济新常态关系到中国经济发展动力的根本性改变，新型城镇化则关系到国家治理基础与社会形态的有序转变，是中国梦实现的阶段性标志，而且新型城镇化相对于以前社会主义国家在计划经济体制条件下的城市化，将在社会主义经济体制转型环境下得以实现，这将是对社会主义发展理论与实践的极大丰富与发展。要实现社会主义中国真正从大国向强国转变，必须站在更高角度认识新型城镇化对建设中国特色社会主义的重大关键意义。

1. 经济新常态要求新型城镇化要以创新为基础的质量提升作为价值追求。长期以来，我国的经济建设与社会发展都更加重视建立在速度基础上的量的增长，忽视发展质量，更没有把质量建立在创新基础上。实际上，创新与质量不仅是发展动力，更应该是我们全国上下共同追求的价值理念，建立在创新基础上的质量观念应成为我们实现国民经济进一步发展的坚定理想与信念。要让中国经济在以后相当长时间内依然保持在中高速的较高发展水平上，则离不开结构调整升级与创新驱动两大要素的支撑，这是保持中高速增长速度的关键所在，而且也只有创新驱动形成的中高速增长才有根本意义。也就是，经济新常态除了关注经济增长速度目标以外，更需要关注经济发展动力质量的目标以及经济发展绩效质量的目标，凸显对经济发展质量的价值追求。经济发展本身质量的提高最主要是指实现经济增长方式的转变，即经济发展不再主要依靠以劳动和资本等生产要素不断高强度投入贡献效益，而是转向依赖生产效率的提高推动经济不断发展；经济发展的绩效质量提升需要缩小城乡、区域差距，注重效率与公平的平衡，让更多的民众享受改革开放的经济发展成就。据《中国劳动保障发展报告（2014）》统计，2012年中国全部雇员平均货币工资为34905元，比1985年增长了30.2倍；而同一时期，人均GDP增长只有34倍[①]，经济增长成就并未体现为人们收入的提高，不仅影响人们心理的公平感，还深刻影响消费需求主导型经济的建立。我国经济发展能否继续保持良好发展势头，完全取决于从量到质的转型目标能否实现，这是建设中国特色社会主义过程中必须克服的历史难题，新型城镇化更是面临城市化质量提升的难题。虽然中国改革开放以来城镇化取得了巨大成绩，比如有效避免了其他发展中国家城市化过程中由于外来人口不断流入形成的“贫民窟”或棚户区，城市总体运行稳定，但是同时也形成了其他一些问题，虽没有形成外来人口的棚户区，但却出现了一个巨大的漂浮中的社会群体——农民工，这意味着城市有效吸附流动人口的问题并没有得到根本解决，只是以另一种形式体现。除此之外，中国城镇化主要问题还有城镇用地利用效率低下、在城乡二元结构基础上又叠加了城市内部二元结构、城镇生态环境依然严峻等等[②]。主要原因还是在于长期以来忽视城市发展绩效质量目标，忘记城市发展与经济发展一样都应为人服务，没有让更多的人享受城市的美好与机会。因此，在新型城镇化的新阶段应更关注城镇化发展质量，关注以人为核心的城镇化发展机制形成，切实解决资源利用效益低、与环境不友好等问题。而城市化发展方式的转变必须通过制度、技术等创新来实现。

---

① 包兴安：《工资增长应跟上经济发展的步伐》，新华网（http：//news.xinhuanet.com/fortune/2014-10/21/c_1112901741.htm）。

② 李国平：《质量优先、规模适度：新型城镇化的内涵》，《探索与争鸣》2013年第11期，第19页。

新型城镇化和经济新常态作为中央政府高瞻远瞩的发展战略，不是既成的状态，更不是会自然出现的必然结果。我们需要有很强的紧迫感与危机感，警惕那种经济社会运行效率、质量会自然提升的危险想法。例如有学者认为，习近平主席在APEC会议上指出的经济新常态三个特征，有事实、变化，也有前景，也就是指已经发生的、正在发生的和将要发生的①。这种说法很容易让人产生这些特征的出现是自然发展结果的错觉，而苏联的实践与我国二十多年的实践经历（1995年中国共产党十四届五中全会第一次明确提出积极推进经济增长方式转变）表明，经济增长方式转变实际上非常艰难，效率提升绝不会自觉实现，而且经济速度重回一位数的变化并不等于经济增速从高速增长转为中高速增长，经济增速从高速增长转为中高速绝不会是经济发展自然结果，因为经济增速完全可能从高速增长转向中低速增长甚至低速增长，新型城镇化莫不如此，两者都是依靠全社会各界力量艰苦卓绝的共同努力才能实现的目标。它们能否实现直接关系到中国特色社会主义能否迈向更高阶段。

所以，只有明确新型城镇化和经济新常态内在蕴含的价值目标，才能避免自认为符合经济新常态和新型城镇化的错觉；只有把经济新常态与新型城镇化上升为价值目标，才能把它们内化为各级政府制定的政策的灵魂，在各种各类具体政策中贯彻实施，而不是停留于空洞的口号；只有坚定坚持新型城镇化和经济新常态的价值追求目标，才能时刻清醒地用这两个目标不断矫正我们目前或以后可能发生的偏离行为。

2. 新型城镇化应该降低人为设置的人口流动高门槛，保持城市对内足够开放度，发挥人口人才集聚效应，引领经济新常态下的

---

① 竺乾威：《经济新常态下的政府行为调整》，《中国行政管理》2015年第3期，第32—34页。

创业、创新双驱动形成。国家统计局的数据显示，我国劳动生产率提高的速度正在放缓，从 2000—2007 年的 12% 下降到 2008—2015 年的8% 左右。2014 年全社会劳动生产率比2013 年下降0.3 个百分点，2015 年则比 2014 年又下降了 0.3 个百分点。与别的国家横向比较看，我国目前的劳动生产率水平依然偏低，2015 年我国单位劳动产出为 7318 美元，只相当于世界平均水平的 40%，与美国相比更是只有 7.4%①。在这种情况下，劳动力数量减少还造成劳动力成本在不断提升，我国经济面临的威胁更为严峻。我们只能通过创新驱动不断提高劳动生产率来抵消用工成本的增加，促进制造业的转型升级。而城市化有利于形成创新网络，创造创新集聚效应，发挥城市作为各种资源整合、提高的平台作用，促进企业不断提高创新竞争力，推动我国从制造大国向强国的伟大跨越。魏下海和王跃龙通过分析 1991—2007 年我国 29 个省的面板数据发现，城市化和创新对全要素生产率的增长具有长期正向影响，城市化通过创新中介效应能显著驱动全要素生产率不断增长②。同时，城镇化促进的大量人口迁移推动了移民社会客观上的形成，有利于激发创业。因为创业氛围的形成需要对失败有较大的宽容，移民社会中彼此关系的距离通常不会产生传统结构社会中对创业者的舆论压力。而且移民本身意味着劳动力的拓展精神与冲劲，属于相对具有冒险精神群体。他们的创业冲动也要远远大于城市原住民，这从就业渠道可看出端倪。一般移民和城市居民的就业渠道通常可分为三类：“关系网络型”“市场渠道型”“自主创业型”。调查表明，高达 78.32% 的城市居民属于关系网络型，是移民的 3 倍；自主创业型的移民是城市居民的 10 倍，城市居民只有 4.56% 进行自主创业；在三种就

① 国家统计局国际统计信息中心：《国际比较表明我国劳动生产率增长较快》，国家统计局网站（http：//www. stats. gov. cn/tjsj/sjjd/201609/t20160901_ 1395572. html）。

② 魏下海、王跃龙：《城市化、创新与全要素生产率增长——基于省际面板数据的经验研究》，《财经科学》2010 年第 3 期，第 69—76 页。

业渠道中，移民选择自主创业型比例最高为42.17%，比关系网络型的28.55%、市场渠道型的29.28%，明显高出一截[①]。这从深圳这一典型的移民城市浓厚的创业氛围可以得到印证：深圳平均每26人就开有一家公司[②]，这与移民城市特点不无关系。因此，要保持创业创新的活跃状态，尤其是在经济增长方式转换的当口，城市化过程中的人口流动是成功的必须前提，或许这是新型城镇化能为实现经济新常态发展目标贡献能量的最伟大动力。但是现在许多城市忽略了人口有效流动对改造社会结构产生的巨大能量，导致出台的很多人口调控政策都与此精神背道而驰。新型城镇化呼唤新时代的开放精神：在坚持对外开放的同时更应该对内深度开放。

3. 通过提高居民收入水平倡导新型城镇化的社会生活方式，引领经济新常态需求变化。新型城镇化最重要的是实现中国以农村传统文明为基础的农村社会向以城市文明为基础的城市社会转变。伴随着城市化的深入，城市居民收入整体上能获得比农村居民更高的收入水平，消费能力得到提高，而且城市人的消费观念、消费特性、消费结构都与农村人有很大不同。一般来说，城镇居民的整体消费水平要高于农村居民，据国家统计局统计，2015年我国城镇、农村居民人均消费支出分别是21392元和9223元，城镇居民为农村居民的2.3倍。这就创造了一个有很大拓展空间的消费市场，将成为经济健康发展新的强大引擎。另外，城乡居民收入差距在数据上貌似有所缩小，但是城乡收入比也仅从2001年的2.9倍下降到2015年的2.73倍，14年间变化几乎不大，如果把居民社会福利算作隐性收入，那么实际的城乡收入差距对比统计数据只会扩大不会缩小。这说明缩小城乡差距在目前情况下非常困难，单纯依靠农村

① 卜茂亮：《移民和城市居民就业渠道差异性揭示——2002CHIPS数据的实证分析》，《中国经济问题》2011年第11期，第20—25页。

② 林嘉文：《深圳平均每26人就开有一家公司?》，凤凰网（http://news.ifeng.com/a/20140730/41367690_0.shtml）。

生产力提高来缩小城乡差距是很难完成的任务，只能通过进一步推进城镇化，不断扩大城市人口规模、减少农村人口来实现。农民市民化后，他们收入的提高会带来消费结构的升级与新的消费需求，这意味着扩大内需有巨大空间。如果不断深入推进以人为本的城镇化，更加注重满足人民群众日益增长的各种需求，建立和完善城乡基本养老保险制度、医疗保险制度、住房保障制度等事关民生的基本保障体系，逐步解决农民工及子女教育、医疗、住房等迫切问题，使人民真正享受城市文明带来的生活品质提升与便利，将从根本上改变城乡居民对于未来的不安全感和不确定感，释放消费潜力。

4. 通过全面深化改革推进新型城镇化。虽然苏联经济学家经过研究得出了社会主义国家要赢得经济竞赛必须实现经济增长方式转变的结论，并得到苏联高层的认可，而且高层对科技活动之于经济发展的意义也给予了足够的重视，20 世纪 60 年代和 70 年代苏联的研究开发支出占国民收入比例超过 4%，明显高于同时期发达市场经济国家的 2%—3%，科学家和工程师人数也比美国多，但是 1970 年以后全要素生产率反而急剧跌落到负值（-0.5%），从 60 年代开始到 1991 年苏联解体，整整三十多年也没有完成增长方式的转变[①]。很显然，只是做资本投向的转变，即只通过增加科学和技术的投资推动技术进步是不够的。科研投入的增加或许可以在少数领域取得世界性成就，但是整体性效率提升却有赖于整体的体制性改革，需要不断通过改革破除体制性障碍，完善和发展支撑新增长方式赖以生长的制度环境。创新驱动绝不是简单的政府创新投入驱动，不能完全依赖政府投入。而且创新活动有很强的偶然性与长期性，很难像以前投资驱动那样起到立竿见影的效果，这也是对政

---

① 吴敬琏：《中国增长模式抉择》，上海远东出版社 2014 年版，第 46—47 页。

府的耐心与决心的考验。而且一直以来主要依赖投资形成的粗放式经济增长方式已经具有一定惯性，形成路径依赖，离开发展手段的舒适区转换思路是非常痛苦的过程，波特指出，创新导向阶段对政府的要求是无为而治，这需要改变政府在投资导向阶段的角色，政府需要更多地着眼于一些间接活动，而非过去直接干预产业的做法①。改变这些需要很大的改革魄力与破艰除难的决心。在城镇化领域我们同样习惯通过城镇化投资不断扩展城市这样摊大饼式的“物”的城镇化，忽视“人”的城镇化，在此基础上衍生了一系列阻碍城镇化健康发展的体制性障碍，比如导致我国一直存在的常住人口城市化率与户籍人口城市化率差距不断拉大的户籍制度，要改变这些积弊很深、诟病已久的问题迫切需要通过一系列的体制梳理与不断改革来实现。习总书记指出：“中国改革经过三十多年，已进入深水区，可以说，容易的、皆大欢喜的改革已经完成了，好吃的肉都吃掉了，剩下的都是难啃的硬骨头。”② 而且在这么多年的发展过程中不可避免地形成一些既得利益集团，说改革容易，但是真正推行却难上加难。诺贝尔经济学奖获得者斯宾塞教授在谈到中国的经济增长方式转变战略时，曾经问过一个问题，说你们的规划很好，但几年过去，为什么什么也没有发生?③ 问题根结在于积弊很深，很难改变。因此，习总书记在各地调研考察时，多次提出要“敢于啃硬骨头，敢于涉险滩，敢于向积存多年的顽瘴痼疾开刀”④。改革必须要有“非常”措施、“非常”魄力才能实现经济新常态与新型城镇化的伟大目标。

---

① ［美］迈克尔·波特：《国家竞争优势》，李明轩、邱如美译，华夏出版社 2002 年版，第 543 页。

② 《国家主席习近平接受俄罗斯电视台专访》，《人民日报》2014 年 2 月 9 日。

③ 吴敬琏：《“强势政府” 不是中国成功的根源》，中国共产党新闻网（http：//theory. people. com. cn/n/2013/1108/c40531 – 23480791. html）。

④ 中共中央宣传部：《习近平总书记系列重要讲话读本（2016 年）》，学习出版社 2016 年版，第 70 页。

第四章

新型城镇化的政策目标论析

一　新型城镇化政策及其目标：基于规划的分析

正如在政策目标概念界定部分中谈到的，社会治理存在自发治理和有目的治理两种机制，城镇化似乎是两种秩序的复合，有自发组织的一面，但是，又深深地受到目标统治的影响，即使是资本主义发达国家的城市化过程，同样也强烈地受到城市规划政策等方面的影响。纯粹的规则统治，在城市化里面是不存在的。城镇化适合两种治理机制共同发挥作用，但这里需要注意的是，不能够犯哈耶克认定的集体主义者错误，即把这两种不同的秩序混为一谈，把某种统一的目标强加于受规则统治的制度，会导致开放社会回到小群体部落社会①。

新型城镇化政策及其目标已经在政府颁发的《国家规划》中有详细的阐述，目标选择本身一般不太会有争议，但在实践中目标之间的权衡却比较困难，还有手段（政策方案）和结果（目标）之

① 在哈耶克那里，这种目标统治的秩序，与没有共同的具体目标的无数人所组成的开放社会是不相容的。但是这不符合事实。哈耶克本人坦然承认，这个“没有目标的”自发秩序，不但无法保证具体的个人的技能和天赋可以得到充分发挥而不被浪费掉，而且整个人类的前程也难以预料。但他对此表现出一种无可奈何的态度。详细论述请参见前注。

间的关系则更不容易搞清楚。随着新型城镇化的推进，不断审视政策目标对于政策的进一步实施是有帮助的。而且，只有理清政策目标体系才能更好地协调各类政策主体，采用更合适的政策工具（政策方案的核心内容）解决政策问题。

《国家规划》中列举了五个发展目标，同时设置了新型城镇化主要指标作为对发展目标的细化，具体见表4.1[①]。仔细分析这五个目标，其中城市发展模式科学合理以及城市生活和谐宜人这两个实际上是城市发展目标，而非城镇化发展目标，其他三个才是城镇化发展目标。虽然城市发展目标与城镇化发展目标密切相关，城市发展水平低下会影响城镇化进程，但对于政策目标来说，这只是新型城镇化的间接目标。而且发展目标之间的关系并不独立，这表现在每一个目标的详细表述上，例如城市发展模式科学合理的目标，后面详细的目标说明中主要涉及的就是可持续的绿色发展模式，而城市生活和谐宜人方面也涉及了生态环境明显改善，空气质量逐步好转。城市地下管网属于城市重要的基础设施，城市生活宜人目标中明确列出基础设施和公共服务设施更加完善，但是地下管网覆盖率提高却出现在城市发展模式目标中，类似的还有一些，目标的聚焦性不够，这些问题也体现在具体指标体系中。政策指标应该是政策目标的具体化，但规划中只是涉及了四个大的方面，城镇化水平、基本公共服务、基础设施、资源环境，按照每一个目标的具体说明，基本公共服务和基础设施应该属于城市生活目标，资源环境的具体指标则涉及城市发展模式目标和城市生活目标，很明显，目标与指标之间的逻辑关系不够紧密，五大目标很难统率后面的具体指标。因此需要重构城市化发展目标与指标之间的逻辑关系，例如应该把基本公共

① 表格内容改编自《国家新型城镇化规划（2014—2020年）》，人民出版社2014年版，第18—20页。

服务指标与城镇化体制机制完善目标挂钩，而不是在城市生活和谐宜人目标之内，因为农民工随迁子女义务教育比例、常住人口养老保险医疗保险覆盖率等指标的提高，实际上完全取决于每个城市政府户籍管理制度、财税金融制度、社会保障制度等方面改革的推进，这些指标的改善在很大程度上表明我们在诸多城镇化体制方面的改革深入。在所有的城镇化发展目标中，只有城镇化格局这一发展目标没有具体指标，这表现出中央政府对城镇化格局走向比较谨慎的态度，在目标详细说明中，只提到中小城市数量增加，而没有提出增加的数量指标。就指标体系本身来看，虽然是新型城镇化规划的指标，但是在指标中多处出现了“城市”，部分指标中又使用了“城镇”一词，例如基础设施指标中的污水处理率和城市生活垃圾无害化处理率都不是指城镇污水处理率、城镇生活垃圾无害化处理率，而在基本公共服务指标中，则使用的是城镇常住人口基本养老保险覆盖率、医疗保险覆盖率、保障性住房覆盖率，而不是城市的常住人口基本养老保险覆盖率等指标。后面的资源环境指标也有类似现象。要注意的是，城市与城镇的统计口径有很大差别，用城市的相关指标来替代城镇的相关指标有点名不副实，有粉饰指标的嫌疑。

表4.1　　新型城镇化主要指标体系

发展目标		指标		2012	2020	2015
城镇化发展目标（直接）	城镇化水平和质量稳步提升	城镇化水平	常住人口城镇化率（%）	52.6	60	56.1
			户籍人口城镇化率（%）	35.3	45	39.9
	城镇化格局更优化					

续表

发展目标		指标		2012	2020	2015
城镇化发展目标（直接）	城镇化体制机制不断完善	基本公共服务	农民工随迁子女义务教育比例（%）		≥99	91.1
			城镇农民工等免费职业技能培训覆盖率（%）		≥99	
			城镇常住人口养老保险覆盖率（%）	66.9	≥99	
			城镇常住人口医疗保险覆盖率（%）	95	≥99	
			城镇常住人口保障性住房覆盖率（%）	12.5	≥99	
城市发展目标（间接）	城市发展模式科学合理	基础设施	百万以上人口城市公共交通占机动化出行比例（%）	45（2011）	60	
			城镇公共供水普及率（%）	81.7	90	
			城市污水处理率（%）	87.3	95	
			城市生活垃圾无害化处理率（%）	84.8	95	94.1
			城市家庭宽带接入能力（%）	4	≥50	
	城市生活和谐宜人	资源环境	城市社区综合服务设施覆盖率（%）	72.5	100	
			人均城市建设用地		≤100	
			城镇可再生能源消费比重（%）	8.7	13	
			城镇绿色建筑占新建建筑比重（%）	2	50	
			城市建成区绿地率（%）	35.7	38.9	
			地级以上城市空气质量达到国家标准比例（%）	40.9	60	

规划中设定的新型城镇化发展目标比较全面，政策与目标之间的区分也相对清晰，在后续具体章节中，还将对目标实现的具体政策进行详细阐述。通常政府政策规划制定的政策目标多数倾向于应然目标，但在实际的政策实践过程当中，无论是中央政府还是地方政府对新型城镇化考量的政策目标绝对不仅限于以上规定，包含政策目标分析在内的政策分析更需要建立在实践的基础之上。

二 新型城镇化政策的实质性目标

上文提出，政策的实质性目标体现的是人类社会的价值。虽然，各个国家各种社会的政策千差万别，人类社会的价值观念也日趋多元，不同的具体政策更是有不同目标，但是不可否认的是无论哪种情况依然有一些大家彼此认同的共同性基本观念。以经济政策为例，美国学者博尔丁在《经济政策原理》一书中认为，经济政策基本目标有四个：经济进步、经济稳定、经济公正、经济自由，后来再版的时候，又增加了两个目标——经济和平以及持续的可能性。阿罗把经济政策目标归纳为经济稳定、资源配置优化、分配的公平三种，日本学者长谷川启之认为经济政策目标包括资源有效配置、经济增长与稳定、公平的分配、社会资本的扩大、国际经济关系的协调这五个[①]。就经济政策而言，不同学者概括的政策目标共同点离不开经济稳定、分配公平、资源配置优化几个方面。虽然新型城镇化是中国特色城镇化，具有鲜明个性化特征，但是也应该体现人类社会的基本价值，同时体现中国社会、执政政府的整体价值观念。从规划提出的五大发展目标来看，虽然蕴含了一些中国政府执政理念：发展模式科学合理，生活和谐宜人等，但是并没有更多的社会主义核心价值观在新型城镇化政策目标里得到体现，而现代城市不仅需要有对未来的规划指导发展，还要包括价值观和预期[②]。2012 年 11 月，党的十八大报告明确社会主义核心价值观应“倡导富强、民主、文明、和谐，倡导自由、平等、公正、法治，倡导爱国、敬业、诚信、友善”，分别指向国家、社会、个人层面的价值

① 转引自陈振明《公共政策分析》，中国人民大学出版社 2004 年版，第 116 页。

② ［美］约翰·M. 利维：《现代城市规划》，张景秋等译，中国人民大学出版社 2003 年版，第 180 页。

取向[①]。这些观念不仅仅是我们进行社会主义文明建设的总要准则，更重要的是体现在经济、政治、社会等领域的具体政策中，具体制度及其精神不能背离这些核心价值理念，否则这些就成了空洞的宣传口号而毫无价值。结合中国城镇化具体实际，新型城镇化政策的价值目标同样需要深刻体现社会主义核心价值观，但是在价值排序中，最重要的体现应该是效率、稳定、正义的理念。效率是新型城镇化的内在要求，城镇化本身就是效率提高的表现，稳定是新型城镇化特征决定的重要约束，正义则是新型城镇化的重要保障和根本追求，包含了诸多理念。

（一）正义：新型城镇化的重要保障和根本追求

正义是社会制度的首要价值[②]，亚当·斯密认为：正义犹如支撑整个大厦的支柱，如果柱子松动，人类社会就会土崩瓦解[③]。所以正义毫无疑问应该是新型城镇化追求的首要价值目标。

罗尔斯认为，“一种社会正义观在一开始就被视作是为确定社会基本结构中的分配而且提供的一个标准”，合乎“社会正义”必须符合两个原则：“每个人对与其他人所拥有的最广泛的基本自由体系相容的类似自由体系都应有一种平等的权利”；“社会的和经济的不平等应这样安排，使它们被合理地期望适合于每一个人的利益；并且依系于地位和职务向所有人开放”。“第一个原则优先于第二原则，这意味着：对第一原则所要求的平等自由制度的违反不可能因较大的社会经济利益得到辩护或补偿。财富和收入的分配及权力的等级制，必须同时符合平等公民的自由和机会的自由”[④]。第一

① 《关于培育和践行社会主义核心价值观的意见》，新华网（http://news.xinhuanet.com/politics/2013－12/23/c_ 118674689.htm）。

② ［美］罗尔斯：《正义论》，何怀宏译，中国社会科学出版社1988年版，第3页。

③ ［英］亚当·斯密：《道德情操论》，蒋自强等译，商务印书馆1997年版，第106页。

④ ［美］罗尔斯：《正义论》，何怀宏译，中国社会科学出版社1988年版，第61—62页。

个原则的含义是一个正义社会中的公民都应拥有的“平等自由原则”，第二个原则是适用于财富分配，分配虽然无法做到平等，但必须合乎每个人的利益，通过地位开放等约束条件安排社会和经济的不平等，使处于不利地位的公民能获得补偿。这样的内涵与社会主义核心价值观并无不同，同样是新型城镇化的核心目标追求。

在目前新型城镇化背景下，盲目限制人口流动的政策基本被废除，但是取而代之的是所谓的积分落户制。这背后因出生地不同隐含的“身份等级”观念并没有根本变化，通过一系列所谓指标与严格的制度，区分不同公共服务等级并且固化。城乡二元结构本身只是经济发展的阶段性特征，但是在中国通过户籍制度把经济结构社会化，城市和农村出生的人之间被人为塑造了巨大的福利差异，当初在整体生产力水平比较低下的情况下为了推进工业化而实施的户籍制度应该废除，还公民一个迁徙的自由，但是实施了这么多年的户籍制度，形式上废除容易，在观念上、制度习惯上废除还有待时日。这些年中国经济发展水平虽然在不断提高，但是发展的地区差距并没有得到根本改善，中国是世界上地区发展差距最大的国家之一，由于经济发展水平不同导致地方财政收入水平差别较大，带来福利待遇差异，而且随着城市化的不断深入，住房价格不断上涨，原先居住在城市并享有房改制度红利的群体具有较大优势，进入城市的后来者只能是高房价的被动接受者，城市简单地被分裂为“有房族”与“无房族”两大群体。长期以来形成的城乡二元和区域差别共同叠加，加剧了身份等级观念，全体国民自由平等性受到很大伤害。虽然身份等级制度在形式上已经逐步消亡，也失去了道义上的公开支持，但依然隐藏于政策领域，不但深层次影响人们的行为模式，并寻找各种阶段决定论、政策现实约束论的理由，使一些城镇化制度安排固化，成为城镇化质量提升的主要障碍[①]。因此，

① 宣晓伟：《过往城镇化、新型城镇化触发的中央与地方关系调整》，《改革》2014年第5期，第69页。

户籍改革尤其是废除户籍与社会福利的绑定是走向社会正义的第一步，应实现基本公共服务国民待遇均等化，更重要的是要经过长期努力，缩小农村与城市的发展差距，这只能通过城市的发展带动农村的发展，分配正义一体化的前提是城市发展，同时尽可能地缩小地区发展差异，正如日本的情况，尽管城市化水平可能差异较大，但是经济发展水平相对均衡，值得借鉴。

（二）效率：新型城镇化的内在要求

美国研究者发现，城市最大集聚效应的峰值在250万—380万人规模，其效应先随城市规模扩大而急剧上升，峰值之后缓慢下降[①]。我国城市化成绩斐然，各等级规模的城市都有所发展，但从整体结构来看城市集中度偏低，表现在大城市总体不多，小城市、小城镇过多，极少数特大城市规模又偏大。2008年，我国人口100万以上的大城市只有56座，居住着14898万人，平均每座城市266万人，占全国城镇人口的比重从2001年的24.7%提高到2008年的30%；中小城市数量则多达599座，人口50万以下的小城市513座，人口不足1万人的小城镇更是多达19234座[②]。总体上，中国城镇平均规模偏小，城市规模体系结构的不合理影响了城镇集聚效应的发挥。因此，从效率提升角度，除了极少数特大城市以外，其他的都不应该限制外来人口的流入。

另外，城镇化效率或水平的提升不是平均提升，应因地制宜发展。无论是诺瑟姆曲线还是钱纳里理论，都是从整体上的解释，对于具体的地域并不一定完全相符。比如日本，全国城市化率在2000年达到65.2%，但有32个地区的城市化率始终低于

① Chun-Chung Au and J. V. Henderson, "Are Chinese cities too small?" *Review of Economic Studies*, Vol. 73, No. 3, 2006, pp. 549 – 576.

② 黄锟：《中国城镇化的最新进展和目标模式》，《武汉大学学报》（哲学社会科学版）2014年第2期，第109—116页。

50%，占全国总数的68%，低于40%的地区占到近1/3，但这些较低地区的经济发展并没有停滞，在近20年中快速发展，人均GDP也达到3万美元，进入发达行列，但城市化率并未超过50%；美国整体城市化率较高，但仍有17个州的城市化率低于60%，占总数的35.4%（按48个州计）。比较美、日可以发现，日本城市化率差异较大且分布不均，以东京湾地区为中心的三湾一海地区城市化率最高，提升了整体城市化率，但各地区经济水平差异较小，美国则是普遍较高的城市化率，即使在传统的中部平原各农业州也是如此①。因此，新型城镇化并不应该盲目追求城市化率的平均提高。

（三）稳定：新型城镇化特征决定的重要约束

中国政府对稳定的高度关注有现实的需要，但更多的是接受了历史的惨痛教训。20世纪前半期的中国从来没有形成过一个稳定安宁的环境，即使新中国成立后仍然有过一段动荡的时期，中国真正在较长一段时间内凝神静气搞建设是从改革开放才真正开始的。长期不稳定导致社会发展停滞的历史教训使得中国政府对稳定高度珍视。所以邓小平指出："中国的问题，压倒一切的是需要稳定。没有稳定的环境，什么都搞不成，已经取得的成果也会失掉。"② 邓小平后来又在多次谈话中强调搞改革开放的关键是稳定，此后形成了稳定是改革开放前提和保障的共识。结合邓小平谈话的时代背景，可以看到他所指的稳定，主要是政治环境稳定，虽然政治稳定与经济稳定不能简单等同，但它是经济、社会稳定的前提；经济不稳定虽然一般并不意味着政治不稳定，但是最终会影响政治稳定。

---

① 彭雪辉、王德、顾文选：《城市化率指标的本质与合理目标进度问题》，《城市发展研究》2005年第3期，第35—37页。

② 《邓小平文选》第3卷，人民出版社1993年版，第284页。

新型城镇化宏观上需要在稳定的政治环境下才能顺利进行，但更需要的是经济稳定与社会稳定。只有经济社会稳定，工商业才能持续不断发展，新的就业岗位才能源源不断地产生，历史上每次经济危机的出现都会造成失业人口的剧增，从而冲击社会稳定秩序，2008年次贷危机的发生就导致我国大量农民工返流的现象，城镇化的发展就会受到拖累。而现代社会中经济稳定的最大威胁往往来自金融风险，习总书记在做关于第十三个五年规划建议的说明时指出，近期资本市场的剧烈波动再次提醒我们必须通过市场化改革，建立符合现代金融特点、统筹协调监管的现代金融监管框架，有效防范系统性风险，保障金融安全①。新型城镇化与金融风险积聚发展密切相关。城镇化的人口聚居产生了巨大的新增住房需求，催生了蓬勃发展的房地产业，那些不断看好中国房地产未来发展的最大理由就是尚未完成的新型城镇化，而购房者多半都采用银行按揭贷款，房地产企业资金贷款比例同样很高，最新数据表明，银行贷款大概1/4投向了房地产，2016年新增贷款中有45%是房地产贷款，房地产金融已经构成金融业的重要组成部分②。另外，新型城镇化基础设施建设同样需要大量的融资支持，因此，城镇化毋庸置疑属于金融风险重要区域。实际上房地产市场体量要比大家关注较多的资本市场大得多，房地产业的规模一般是年度GDP的2—3倍，所以，每一次房地产危机都与整体经济的恶化一致，房地产风险与金融危机之间存在着较强联系③。如果要防范系统性金融风险，房地产市场必然应该是重中之重。因此，防范系统性风险是稳定的重要考量，

① 习近平：《保障金融安全有效防范系统性风险》，新浪网（http：//finance. sina. com. cn/china/20151103/195423666519. shtml）。

② 郭树清：《分类实施房地产金融调控：房子是来住的不是用来炒的》，中金在线（http：//bank. cnfol. com/yinhangyeneidongtai/20170302/24373714. shtml）。

③ ［美］拉斯·特维德：《逃不开的经济周期》，董裕平译，中信出版社2012年版，第307页。

是新型城镇化过程中必须关注的重要目标。

同时，稳定的政策目标有时会与其他政策目标有一定冲突。比如户籍改革。基于社会正义放开户籍制度是当然之义。但是突然放开就会导致由于压缩时日太长而产生短暂性冲击，比如石家庄市在省会城市中最早推行户籍改革，并引起社会热议，由于放开的口子一下子太大，全市中小学马上人满为患，教育设施顿时拥挤不堪①。还有郑州市在省会城市中把户口门槛设得更低，但是由于学校、医院、交通等公共资源都跟不上，不得不紧急叫停②。事实上并不止上述两家，后来也都改为积分落户制，依然实施人口流动的部分限制。可见，社会秩序的稳定与正义目标在政策实践层面上需要进一步平衡。

三　新型城镇化政策的工具性目标

工具性目标是有助于实质性目标实现的条件，所以工具性目标经常被规定为一系列约束集。对于政策来说，政治上是否可行以及政策资源是否支持完成目标这两大约束最为关键。世界银行经济学家何塞·维贝克指出，要实现城市化的经济和社会效益，政策制定者必须做好高效利用土地的规划，使人口密度与对交通、住房等基础设施的必要需求相匹配，安排好实施城市发展规划需要的资金③。他一针见血地指出了资金预算与资源环境约束是城镇化政策资源的两大硬约束。而在解决以上约束的过程中需要推进诸多改革，比如中国土地制度等方面的改革则都会涉及合宪性问题，这是最重要的

① 许海涛：《石家庄户籍改革一年接纳外地人口十万》，《中国青年报》2002 年 8 月 22 日。

② 刘炳璐、陶建杰：《郑州“户籍新政”三年之变》，《新京报》2004 年 9 月 23 日。

③ 《国际货币基金组织和世界银行联合报告称发展中国家需要驾驭城市化以实现千年发展目标》，世界银行网站（http：//www. shihang. org/zh/news/press-release/2013/04/17/developing-countries-need-to-harness-urbanization-to-achieve-mdgs-imf-world-bank-report）。

政治可行性，是否能获得地方政府与官员的配合与支持，也是政策目标达成的重要条件。下面将以最重要的预算约束目标作为工具性目标的核心进行讨论。

新型城镇化价值目标的达成需要大量资金的支持。例如正义目标要求最终实现公共服务均等化，没有一系列的资金安排是不可能实现的。但是，由于新型城镇化是非常复杂的社会系统工程，对其工程资金预算很难精确计算，只能实行简单估算。虽然是一种估算，但是非常有利于帮助我们认清实质性目标实现的难易程度以及合适政策工具的选择。资金预算目标的框定可以从两个角度进行相互对照分析与印证：一个是近些年以来用于城市化建设的财政支出比例，这是我们能够提供的，还有一个是必须完成的也就是我们通常说的农民市民化。目前中国的农民可以分为三类：外出农民工、农村农民、城郊农民。城郊农民由于其拥有的土地价值，通过城市的开发得到大幅提升，转换户籍的动力很弱；农村农民一部分属于本地流动的农民工，只是改变了职业，没有改变身份，离农不离乡，一部分属于农民中最保守或年龄较大的群体，仍然以务农为主；相对而言，外出农民工落户城市最为迫切。总的概括起来也就是2014 年中央政府《政府工作报告》中“三个1 亿”提到的群体：到2020 年要让1 亿农民工在城镇落户；引导1 亿农民自愿就近就地进城；解决好棚户区和城市危房等涉及1 亿人的居住问题[①]。这三个1 亿基本可以对应上面对农民的分类，棚户区居民对应城市居民和城郊农民，就近进城农民对应离农不离乡农民，进城务工农民对应农民工，但是数量上存在重合，第一个1 亿的主体指的就是外出农民工。2016 年10 月11 日国务院推出了《推动1 亿非户籍人口在城市落户方案》，要求在2020 年前完成，这实际上是在落实完成

---

① 《中国要解决好“三个1 亿人”问题》，京华网（http：//epaper. jinghua. cn/html/2015 - 07/01/content_ 212247. htm）。

《国家规划》主要指标的要求。如果以 2015 年总人口 13.7 亿（要注意计算单位只到千万，也就是下面所有数值都是最低值）为基数动态计算，按照官方估计人口增长率 0.57%，2020 年人口总量将达 14 亿左右，按照《国家规划》中户籍人口城镇化率 45% 的目标，那么 2020 年户籍人口总数至少要达到 6.3 亿，而 2015 年户籍总人口只有 5.46 亿，也就是完成《国家规划》至少要推动 1 亿非户籍人口在城市落户。2015 年城镇常住人口 7.71 亿人，以上计划目标即使按时完成，即完成 1 亿非户籍人口在城市落户，假设以后城镇常住人口不再增加，仍然有 1.3 亿左右城镇常住人口处于“游击”状态。由于《国家规划》目标的完成具有时间刚性，所以，1 亿非户籍人口在城市落户可以视为新型城镇化短期目标，而对于新型城镇化任务完成而言，非户籍人口在城市落户的长远目标至少在 3 亿以上（以最终城市化率 75% 计算），这是一个艰巨的任务。

非城市户籍人口在城市落户必然带来城市运营投入的增加，但是市民化成本究竟几何？财政预算压力究竟有多大？市民化成本各个项目开支需要逐一细细甄别，首先要区别一个概念，市民化成本与市民化新增成本。市民化成本如上所述，实际上就等于一个城镇居民享受的所在城市提供的基本公共服务，也可称为社会福利，多数学者的匡算都从这个角度出发。但是农民工的社会福利并不是空白，市民化以后就得放弃原有福利，所以原有作为农民享有的这部分政府预算在国家层面上核算必须予以抵扣，市民化新增成本并不等于市民化成本。但如果从地方政府角度出发，由于农民工流入地政府拿不到被抵扣的那一部分预算，对于他们来说每增加一个农民工必须增加相应开支，市民化成本就是新增成本。中央政府与地方政府两个主体的新增成本并不一样。同时，有一个显而易见的事实都被多数学者忽略了，他们忘记了城镇化政策的短期目标群体——

1 亿农民工早已在城镇居住生活，或者说，现有的城市基础设施建设水平已经承载了 2.47 亿（2015 年流动人口数）以上的农民工，这从每逢春节假期空荡荡的大城市能够得到佐证，即使政府预算每年依然有大量的城市基础设施建设预算开支，但这并不是专门针对农民工市民化的固定开支，例如地铁的修建，主要目标是提高整个城市运营效率，所以给他们落户并不需要新增太多基础设施建设成本，因此，不能把过去已经开支的资金依然算在新增成本头上。这就意味着前述的很多学者的计算口径存在问题，这部分开支不应该列入农民市民化新增成本。

其次，不能仅看到市民化新增成本，也要关注市民化新增收益。很多学者已经注意到市民化不仅要支付成本，同时也有大量收益，只是相对于成本支出来说收益，相对显得比较隐蔽。上海交通大学经济学院执行院长陈宪认为，现在的计算只考虑了支出项目，未考虑市民化后可能增加的收入，如果加上收入结果就不一样。也就是说，要考虑农民市民化将稳定地为第二、第三产业提供劳动力，加大对他们教育培训的投入产生新的人口红利，产生的巨大收益可以冲抵以后各期的成本①。中国社会科学院社会政策研究室主任王春光对此算过一笔账：2012 年，我国农民工创造的劳动价值人均约 3 万元，而可支配收入是人均 2 万元，1 万元的差值由企业和政府共享，一部分成为政府税收，另一部分则留作企业利润，按照税收比率三七开或四六开，政府获得的收益也有 3000—4000 元/人，用以缓解农民进城带来的压力，而像珠三角这样很多外来人口大量流入的城市，因为农民工开始参与社保且多数是中青年，极大改善了社保金结余状况，多的达百亿元，由于这些缴费离领取还有多年，充实了原来空转的社保账户②。黄奇帆认为，农民工几十年

① 李玉：《从农民到市民：细化成本综合改革》，《中国社会科学报》2014 年 6 月 6 日。

② 蔡若愚：《农民市民化：有成本但收益更多》，《中国经济导报》2015 年 1 月 24 日。

来在城市工作的效益绝对可以将十多万的社会综合成本消化掉，并且成本只是其贡献的几分之一[①]。究竟是成本更大还是收益更多？答案众说纷纭，王春光的看法比较符合实情：地方政府谈城市繁荣会说农民工贡献大，但一谈市民化，就说成本高、困难多。地方政府把困难挂嘴边一定程度上是为获取更多的财政转移支付，但说多了，中央政府就会因感觉到户籍改革的阻力较大而影响决心[②]。城镇化过程实际上就是利益博弈的过程。

最后，市民化新增成本应该计算当期还是长期成本，或者是年均成本还是总成本？对政府来说，社会保障、随迁子女教育经费投入等都是逐年支付，而不是一次性支付。实际支付更为分散，比如医疗保险费用支出主要都集中在人们中老年时段。总成本的核算可以让我们明白整个支出概况，但是对于地方官员来说，由于任期制的存在，在当下推行市民化之初同样更关注当期（年均）成本，当期成本太高会严重影响他们推进改革的积极性。根据重庆市的测算，农民工进城成本，招聘企业负担不到40%，政府承担1/3，其余由自身承担，而且这些成本是分摊到长期务工过程中来分期支付[③]。而像保障性住房成本，在即使本身就是城镇居民受益人群都非常有限的情况下，惠及农民工尚需时日，这意味着并非眼下硬性支出，不是地方政府额外新增负担。就目前安排来看，农民工市民化后的住房问题主要由市场来解决，比如租房等。

因此，本书农民工市民化成本核算当期新增成本主要包括三项：随迁子女教育成本、社会保障成本、城市公共管理成本。由于不另外计算城市基础设施建设成本，随迁子女教育成本当中应当含有新

---

① 黄奇帆：《户籍制度改革是重庆撒手锏》，新浪网（http：//finance. sina. com. cn/china/dfjj/20130513/023015434584. shtml）。

② 蔡若愚：《农民市民化：有成本但收益更多》，《中国经济导报》2015 年 1 月 24 日。

③ 黄奇帆：《户籍制度改革是重庆撒手锏》，新浪网（http：//finance. sina. com. cn/china/dfjj/20130513/023015434584. shtml）。

增校舍等基础设施建设成本，因为这一块支出相对比较刚性，每增加一个学生要增加教室、操场等设施的人均指标，不像别的城市基础设施建设弹性那么大。在《中国教育经费统计年鉴 2015》中，教育事业费已经包含学校基础设施建设，所以主要采用年鉴中的生均公共财政预算教育经费支出统计数据进行核算。随着随迁子女比例不断增高，流动人口子女在现居住地出生的比例不断上升，2013 年比 2010 年上升了 23%，达到 58%[①]。而且自从 2012 年国家要求各地方政府出台异地高考政策以来，十多个省市已经于 2013 年允许异地高考，比如浙江省，只要符合浙江省高考相关条件，2013 年起就可就地报名高考并与浙江籍考生享受同等待遇[②]。因此，幼儿园、高中阶段教育经费开支也应计入市民化成本，而不仅仅限于义务教育阶段。农民工市民化随迁子女教育成本核算具体见表格 4. 2[③]。

表 4. 2　　农民工市民化随迁子女教育成本核算（2014）

类别	城市生均预算教育经费支出（元）	农村生均预算教育经费支出（元）	差额（元）	随迁学生数（万）	总计（万元）
小学生	7800. 53	7518. 83	281. 7	955. 59	269189. 7
初中生	10607. 26	9933. 77	673. 49	339. 14	228407. 4
幼儿园④	3914. 79	2855. 71	1059. 08		
高中生⑤	9296. 99	7858. 18	1438. 81		
合计	31619. 57	28166. 49	3453. 08		

① 陈海波：《〈中国流动人口发展报告（2015）〉发布》，中国社会科学网（http：//ex. cssn. cn/dybg/gqdy_ gdxw/201511/t20151112_ 2577302. shtml）。

② 《浙江异地高考方案出台 1 万多名外省籍学生成受益者》，浙江在线（http：//zjnews. zjol. com. cn/05zjnews/system/2012/12/29/019053629. shtml）。

③ 具体见《中国教育经费统计年鉴 2015》，中国统计出版社 2016 年版。

④ 缺乏精确数据，采用统计年鉴中进城务工人员随迁子女普通小学生毕业中招生数 1755669 人，受过学前教育数据 2014 年 1739497 人，初中毕业生数 750392 人，在校生数 3391446 人，招生数 1180922 人。

⑤ 绝大多数学者都不把高中阶段计入市民化成本，其实在初中升学率达到 95. 1%，基本接近小学升学率 98% 的情况下，高中阶段应当计入市民化成本中。

相对而言，农民工市民化社会保障成本核算相对简单，为了保持数据一致性，仍然采用2014年数据。社会保障成本主要分为养老保险、医疗保险和低保三项。对于城市来说，新增人口必然会增加医院床位数和医生诊疗负担，由于医院的开放性不像学校面向定向的特定群体，因此，很难衡量城市人口、农村人口对医院的使用情况，而且如上所述，现有设施已经基本承担了1亿农民工的医疗需求，所以这里就简单化处理，在农民工市民化成本中不计入这些基础设施建设开支。但是低保的财政支出是刚性的，应当计入市民化成本中。可是低保只是部分人享受的社会救助，不像上面的养老保险、医疗保险是每个人应保尽保，所以只能进行折算。假设农民工都不在农村享受低保，市民化后与城市低保人口占城市人口比重相同，2014年城镇户籍人口4.911亿人，低保比例为2.5%，按2014年全国农民工总量2.7395亿人计算，农民工中享受低保人数684.88万人，结合图表中低保相应数据，总计需要新增低保支出金额为402.51亿元，平摊到每个农民工头上约146.93元，具体核算见表4.3①。

表4.3　　农民工市民化社会保障成本核算（2014）

项目	城镇职工	城乡居民②（农村）	差额（元/年）
政府对养老保险基金的补助（亿元）	3548	1644	

① 养老保险数据来自2014年度人力资源和社会保障事业发展统计公报，医疗保险人均标准系2014年国家规定，低保数据来自2014年社会服务发展统计公报。

② 2014年4月国务院出台《关于建立统一的城乡居民基本养老保险制度的意见》后，新型农村社会养老保险（新农保）和城镇居民社会养老保险已经合并，意味着2014年以后没有新农保数据，许多研究市民化成本的文章似乎没有注意到这个变化仍然在使用新农保数据，影响结论可靠性。由于城乡居民养老保险中只有部分城镇居民，该险种参与者仍然以农民为主。在政府的历次公报中，政府对城乡居民养老保险基金的补助金额并未公布，只能采取估算办法。城乡居民基本养老保险基金收入总共有三个来源：政府补贴、集体补助、个人缴纳，假设集体补助比例极低，不做计算，那么总收入减去个人缴纳部分就是政府补贴部分。2014年底城乡居民基本养老保险基金总收入2310亿元，其中个人缴费666亿元，那么该年度政府补贴为1644亿元。

续表

项目	城镇职工	城乡居民（农村）	差额（元/年）
年末参加养老保险人数（亿人）	3. 41244	5. 0107	
人均补贴	1039. 74	328. 1	711. 64
政府对医疗保险基金人均补助①（元/年）	320	320	0
低保人数（万人）	1228	7366（农村）	
低保金额（亿元）	721. 7	870. 3（农村）	
低保人均	146. 96	99. 24	47. 72

公共管理成本，使用国家统计公报中的一般公共服务支出项目数据，与以上项目不存在重复计算，2014 年总计财政支出 13267. 5 亿元，假设没有城乡差别，但是对于人口流入地政府来说，则是刚性支出，所以仍然进行匡算。按照 13. 68 亿人口规模计算，人均公共管理支出成本为 969. 85 元。

因此，新型城镇化过程中对于地方政府来说，农民工市民化最刚性人均成本应为 34096. 12 元，如果实施扣减后，人均市民化成本仅有 4467. 65 元，具体构成见表 4. 4。

表 4. 4　　　　农民工市民化人均成本

人均成本总计（元）		随迁子女教育成本（元）		社会保障成本（元）		公共管理成本（元）
刚性成本	扣减后	城镇	扣减后	城镇	扣减后	
34096. 12	4467. 65	31619. 57	3453. 08	1506. 7	44. 72	969. 85

① 2014 年，上海市公布了城镇居民基本医疗保险财政补助专项资金使用情况，城镇居民基本医疗保险享受人数约 258 万人，市级财政对城镇居民基本医疗保险基金的补助支出 10. 5522 亿元，人均 409 元，略高于国家补贴标准，经济发达地区偏高属于正常。具体见上海市人力资源社会保障局网站（http：//www. 12333sh. gov. cn/201412333/xxgk/czzxzj/08/201502/t20150226_1197659. shtml）。

如果以完成中央政府《推动 1 亿非户籍人口在城市落户方案》中提出的政策为目标，那么在 2020 年前中央政府财政预算需要多支出 4467.65 亿元，平均每年增加 1489.2 亿元，这相对于 2014 年 64490 亿元规模的中央公共财政收入来说，新增加额仅为 2.3%，并不会额外增加太多负担，而如果转移支付不到位，也就是扣减不能有效执行，那么地方城市政府财政预算在三年中支出总量至少为 34096.12 亿元，平均每年 11365.37 亿元，2014 年地方一般公共财政收入（本级）75860 亿元，每一年财政支出新增额要接近当年财政总收入的 15%，占比非常高，而且 2014 年地方财政收入比 2013 年共增 6849 亿元，增速为 9.9%[①]，这意味着即使把当年所有新增收入用于农民工市民化建设都严重不足，况且这里计算的地方财政收入是地方整体收入，而不仅仅针对城市，如果把市民化新增额只是与城市财政收入对照，那么估计会是根本无法承担的庞大负担。因此，从这个角度看，只是靠人口流入地城市政府很难真正解决农民工市民化问题，需要中央政府的大量转移支付来架起农村与城市人口转移的桥梁，而且中央政府具备这个能力，但这必须依赖中央财政的资金保障与执行环节的跟进，除非对目标达成没有时间限制，而这是不可能的。如果资金没有保证，地方政府在行政化压力下极有可能会采取“隐蔽式”市民化，也就是农民工即使户籍落于城市，仍然很少或者只是部分享有城市居民应有的社会保障等各种社会公共服务，这如同中国社会保障制度刚刚推行时那样，不是所有的城市户籍居民都享有社会保险等公共服务，“半市民化”现象或许会非常普遍。这是需要警惕的发展方向。

① 关于财政收入数据，详细见 2014 年财政收支情况，财政部网站（http://gks.mof.gov.cn/zhengfuxinxi/tongjishuju/201501/t20150130_1186487.html）。

第五章

新型城镇化的政策网络分析

一　政策网络理论在中国是否适用?

如前所述，政策网络理论实质上是相对于政策过程理论的描述性理论向解释性理论转向的尝试，虽然是否能成功尚存争议，但是它的理论价值与启发意义不可忽视。对于中国来说，政策网络理论自始至终都是西方话语的产物，不管该理论对实践的指导意义如何，但在很大意义上都是对西方社会政策实践的反映，这必然就存在一个在中国是否适用的问题，也就是该理论应该在多大程度上进行重新构建，或是在中国独具特色的政治社会环境中如何运用政策网络理论。

首先，中西方政策网络理论应用背景虽然差别巨大，但是同样存在很多共性，并一定程度上契合了中国的演变趋势。虽然该理论的出现与西方“去中心化”的社会背景有关，但是“去中心化”不是“无中心化”，而是“多中心化”。即便在“多中心化”理论语境中，多中心主体是“相互独立的自治单位”，“通过合作、竞争以及冲突解决程序解决冲突”，“冲突解决不必依赖中央机构”①，

---

① ［美］文森特·奥斯特罗姆：《美国联邦主义》，王建勋译，上海三联书店 2003 年版，第 231 页。

政策不再是中央政府独立运作的产物，由公、私组织在内的诸多主体产生①，政策网络理论正是在这种背景下产生。但是冲突解决程序的提供依然与中央机构有关，国家主导地位只是换了种形式出现，而非消失。单一制国家的中央政府、联邦政府、州政府或地方当局等这些中心机构担负着管理整体网络以及管理各个独立网络的任务，它们在西方发达国家同样是政策网络的重要节点②。中国的政策网络结构在这点上并无不同。虽然目前中国还没有形成多元力量平等合作竞争的社会结构，也没有发达国家政策过程中的分权化现象，而且在中国始终存在非常确定、贯彻整个政策过程的权力中心，“共产党组织在当代中国，不仅事实上是一种社会公共权力，而且也是政府机构的核心……这全然不同于西方国家的情况”③，中国的政策过程实际上就是以中国共产党组织为领导核心的所有掌握当代中国社会公共权力的组织机构的决策与执行的过程，具有很强的组织特征。但是伴随市场经济的发展，利益主体格局多样化，社会力量多元化的趋势不可阻挡，国家中心主义不断被弱化，重新回到国家中心主义实际上并不现实，国家不再无所不能。适应多元化主体利益的形成应该是中国未来社会发展的必然趋势。在等级特征最鲜明的中央与地方关系中，即使有分税制为基础的中央财力的不断提升与保障，中央拥有绝对权威，但是地方政府仍然在许多政策领域彰显出自己的利益，中央政府单方面强加给各省并改变政府之间的权力分配，就算不是不可能，也逐渐变得困难，郑永年把中国目前的中央—地方关系定义为中国行为联邦制④。即便现在各层

---

① David Marsh, *Comparing Policy Networks*, Buckingham and Philadelphia: Open University Press, 1998, p. 8.

② ［英］R. A. W. 罗茨：《如何管理政策网络》，王宇颖译，《中国行政管理》2015 年第 11 期，第 141 页。

③ 胡伟：《政府过程》，浙江人民出版社 1998 年版，第 17 页。

④ 郑永年：《中国的“行为联邦制”：中央地方关系的变革与动力》，邱道隆译，东方出版社 2013 年版，第 35 页。

次、各类社会组织发育缓慢，尤其是作为非营利组织的主要特征——自治性、成员志愿性、非政府性等特征不明显，在政策过程中难以发挥应有作用，同时公民个体的政治、政策参与自觉意识还不强，但无人否认这些社会团体，个人权利觉醒已经成为社会发展的重要趋势。这些点滴的变化都会汇集成社会改革的动力。政策网络封闭带来的弊病严重影响决策的科学性，为改变这种不稳定结构，政府部门已经开始考虑政策网络的开放，提高决策的科学化水平与民主基础。如 2014 年 10 月 27 日，中央全面深化改革领导小组第六次会议审议通过的《关于加强中国特色新型智库建设的意见》即表达了这样的信息。王绍光认为中国政策议程的设置，随着专家学者、媒体等利益相关者发挥的影响力越来越大，关门模式和动员模式逐渐式微，内参模式成为常态，上书模式和借力模式时有发生，外压模式频繁出现，中国政治的运行逻辑发生了根本性改变[①]。政策网络结构在逐步发生变化。

就目前的研究而言，几乎所有的研究者都充分肯定了政策网络对中国政策过程分析的启发意义。胡伟等认为，尽管政策网络理论带有较深的西方社会政策过程模式的烙印，但是对于分析我国的公共政策过程具有一定的借鉴价值，在中国复杂的关系型社会中，可能存在比西方更复杂的政策关系网，政策网络方法显然比简单运用法律存在—规范模式或国家—社会模式的研究更有解释力[②]。朱亚鹏则从网络的开放性入手，认为在当前中国各种利益冲突日趋激烈的背景下，探索打破封闭的政策网络从而推动政策过程民主化的方

① 王绍光：《中国公共政策议程设置的模式》，《中国社会科学》2006 年第 5 期，第 86—99 页。

② 胡伟、石凯：《理解公共政策：政策网络的途径》，《上海交通大学学报》（哲学社会科学版）2006 年第 4 期，第 23 页。

式，对解决各种公共问题具有重要意义[①]。陈敬良也认为，我国日益复杂的公共事务、政策环境，使得政策过程仅依靠封闭的政府系统和行政手段无法有效实施，政策网络提供了新的分析思路和方法[②]。

其次，政策网络理论的发展同样需要中国案例，与中国具体实践相结合的理论才更有生命力。一个好的理论应该对社会现实有很好的解释力，即使面对不同的社会制度环境同样如此。但是不可否认的是，再好的理论也得与具体的制度环境结合，灵活适用性本身就是优秀理论的标签。就像马克思主义理论一样，马克思主义理论因为社会主义革命曾经的辉煌而受到更多瞩目，两者相得益彰。不能拘泥于政策网络理论内容的生搬硬套而应该注重方法的运用。李瑞昌认为，政策网络可能是今后将中国宏观、中观、微观政治、政府与市场、政府治理联合分析的一个较好工具[③]，正是政策网络理论的可适性，国内学术界对政策网络理论与具体政策问题结合的分析日渐增多，比如房地产、安全监管、绿色发展、社区治理、高等教育、农民工维权、区域发展等都是成果相对集中的领域，取得了较好效果。虽然说政策网络化趋势是未来发展方向但是也并非现实，我们需要冷静地看到这种变化是缓慢而渐进的，社会公众的参与仍然有限，其他团体组织的决策参与影响力也相对较弱，而且参与主动权掌握在政府手中。只有把政策网络理论与中国的具体现实有效结合，才更有解释力，才能有效为政策网络理论的丰富发展做出贡献。

---

① 朱亚鹏：《政策网络分析：发展脉络与理论构建》，《中山大学学报》2008 年第 5 期，第 198 页。

② 陈敬良、匡霞：《西方政策网络理论研究的最新进展及其评价》，《上海行政学院学报》2009 年第 3 期，第 103 页。

③ 李瑞昌：《政策网络：经验事实还是理论创新》，《中共浙江省委党校学报》2004 年第 1 期，第 27 页。

二　政策网络理论在新型城镇化政策领域的适用性

新型城镇化既是客观发展的自然历史过程，也是人类各种主体紧密参与并不断探索的过程。这两个过程是事物发展的一体两面，互相缠绕，不可分割。即使在政府主导型的城镇化过程中，政府的力量也不再是说一不二的绝对控制力量。比如上海市城市发展规划执行的是《上海市城市总体规划（1999—2020 年)》，1992 年开始编制，2001 年得到国务院批准，属于法律性文件，该规划提出的上海市人口控制目标为，至 2020 年全市常住人口预测指标为 1850 万人。但早在 2013 年上海常住人口已经达到 2415. 15 万人，即使是户籍人口也已达到了 1425. 14 万人。早就突破了控制性目标。北京同样如此，规划中提出到 2020 年北京城市总人口要控制在 1800 万，而 2013 年北京市常住人口就已经达到 2114. 8 万人，这个控制目标也已经提前被突破[①]。北京为了达到这个目标，可以说使出了浑身解数，那个广受公众指责的《北京市外地来京务工经商人员管理条例》（现已废止）实施了 10 年也没能挡住进京的人口洪流。市场力量的崛起导致像以前“知青下乡”那样的调控模式已经失效。所以，城市化过程出现的各种问题充分展现了社会力量多元化后的结果，在城镇化领域只是强调政府或者市场规律的作用，或许都有局限性，而政策网络分析则是特别强调各种主体力量之间的互动积极关系的解构，城镇化现象只是各种力量互动后呈现的一个现象，只有把握各种力量在城市化场域的互动特点，理清背后的各种因素，才能洞察事物本质并进行有针对性的修整，政策网络正是这样

---

① 详细内容请参见《北京上海将启动新一轮城市规划编修》，网易财经网（http://money. 163. com/14/0403/02/9OSEUESA00253B0H. html#from = keyscan）。

一种工具。

另外，新型城镇化本身就是一种社会网络系统运动。如果进行简化分析，整个社会网络近乎就由城市与农村两种系统网络节点构成。城市是一个巨型社会系统，农村则是更大的传统巨型社会系统，城镇化则是两个系统节点之间的物流、人流、信息流、文化流的运动，包括政府机构在内所有主体都被这个历史洪流裹挟，而不能置身其外，更没有一种力量能完全操控这种社会运动的力量，我们至多能做的就是引流。正是这种左冲右突的运动牵动了整个社会网络的变化，也是这种变化带来经济社会不断发展以及活力的增长，就整体而言，城市化国家并没有开疆拓土的物理增长，但是社会结构变化成为社会发展的化学效应，城镇化带来的社会结构变化必然带来社会整体功能的改进。对于这种本身属于社会网络性质的分析对象，采用政策网络分析方法最合适不过。城市化过程涉及利益主体多样，利益关系错综复杂，呈多层次、多元力量、多向度的网络状结构，每个组织与个体都不再是独立个体，进行复杂多频的策略性互动，这就需要在结构框架互动中去理解，这正是政策网络分析的要义所在。此外，由于没有绝对的力量能掌控或左右城镇化，市场力量与国家力量只能相互依赖，代表这些力量的组织与个体形成资源互赖，共同推动城镇化政策过程，因此，对城镇化的政策网络格局的分析非常必要。

如果任由市场力量左右城镇化的发展，美国城市过分郊区化留下的后遗症就是一个很大的历史教训，完全由政府掌控城镇化过程，同样存在众多弊端。当市场和各层次作用都受限制的时候，网络则能大显身手。罗茨总结了关于网络管理成功的十个条件，比如需要来自公共、私人等部门多个机构合作，质量无法明确规定或者难以界定和衡量，行动者需要大量可靠信息，或是当地情况的了解，服务提供的本地化等①。新型城镇化领域基本具备这些条件，通过网络管理来改进新型城镇化是可选的途径。

三　新型城镇化过程的政策网络类型与结构

罗茨指出：管理整体网络具有独特的挑战，最重要的是找出该机构试图管理的网络有哪些。机构往往不知道哪些是自己的网络，更别说其他机构的网络了②。而且政策网络结构类型与政策结果之间存在明显的函数关系，新型城镇化过程中的政策网络结构直接关系到新型城镇化的实现。因此，理清新型城镇化过程中政策网络类型的构成是讨论新型城镇化实现议题的关键。

如前所述，关于政策网络类型分类的讨论特别多，但其实主要都是在罗茨的研究基础上不断细化而得，所以我们这里主要还是采用罗茨经典分类：根据成员数量与性质、相互依赖性以及资源分配等分类标准，把政策网络分为政策社群、府际网络、专业网络、生产者网络和议题网络这五种类型。新型城镇化政策领域涉及的利益主体繁多，已有与此相关的研究中比较多地研究了房地产调控政策网络。例如杨代福③、张建伟、娄成武④、潘松挺、金桂生、李孝将⑤等学者的研究。其中刘海燕、李勇军提出，房地产调控政策网络属于聚合型政策网络，涉及 25 个行动者，运用 UCINET 软件

---

① 关于十个条件的具体论述参见［英］R. A. W. 罗茨《如何管理政策网络》，王宇颖译，《中国行政管理》2015 年第 11 期，第 140 页。

② ［英］R. A. W. 罗茨：《如何管理政策网络》，王宇颖译，《中国行政管理》2015 年第 11 期，第 141 页。

③ 杨代福：《政策工具选择的网络分析——以近年我国房地产宏观调控政策为例》，《新疆社会科学》2009 年第 4 期，第 3—9 页。

④ 张建伟、娄成武：《房地产宏观调控之政策网络研究》，《东北大学学报》（社会科学版）2007 年第 4 期，第 341—344 页。

⑤ 潘松挺、金桂生、李孝将：《政策网络的结构与治理——以我国房地产宏观调控政策为例》，《城市发展研究》2011 年第 3 期，第 8—12 页。

计算得出房地产政策网络为高密度网络，并用网络各节点的点度中心度和中介中心度表征各行动者在政策网络中的地位，认为“中央从2003年开始，对房地产市场前前后后有32次调控，但房价涨幅依然没有得到有效控制。这在一定程度上表明，房价调控牵绊的利益复杂，没有任何单一主体可以主导房价调控政策”①，具有明显的网络特征。新型城镇化政策领域虽然与房地产调控政策有些不同，但是涉及相关利益主体构成高度近似，剔除物业公司、家装公司等与新型城镇化关系不大的主体，高度重叠的利益主体主要是：中央政府及其相关职能部门、地方政府、商业银行、工商业用工企业、房地产开发企业、房地产中介企业、商业银行、投机者、媒体、规划者、各研究机构及其专家学者、农民(潜在的流动人口)、农民工（正在流动的人口）、城市居住者。因此可以在很大程度上借鉴房地产调控政策网络分析结论来研究新型城镇化政策网络。

（一）新型城镇化的政策社群

政策社群主要是由该政策领域核心成员结成的网络，有很强的封闭性与排斥性。在新型城镇化政策领域政策社群成员最主要的就是由中央政府及其国家发改委、财政部、国家税务总局、国土资源部、住建部、农办等职能部构成。无论是哪一种政治体制，政治领袖始终是政策问题认定的最重要主体之一，他们的价值观念、教育经历等都会对政策制定产生重要影响。非常巧的是，现任国家领导人习近平、李克强都曾在有关论文中研究城镇化问题。习近平总书记在《中国农村市场化研究》一文中提出农村市场化要加强户籍制度改革，要用法律保障农民的合法权益等观点；李克强总理在题为

① 刘海燕、李勇军:《政策网络影响政策产出的模式分析》,《经济问题》2015年第2期，第48页。

《论我国经济的三元结构》的论文中提出，要使农村人口向小城镇集中，逐步发展成中小城市，并使进入农村工业部门的农村人口继续向现存城市转移，必须逐步打破城乡分割的社会体制，改变户籍政策[①]。李克强总理在担任河南省委书记时，在郑州新区的建设中更是把以上一些观点付诸实践。李克强总理到国务院担任副总理、总理之后，开始进一步倡导新型城镇化。很明显，城镇化是中国最高领导人关注的重要问题，在他们的积极推动下，中央政府各组成部门围绕新型城镇化做了很多研究。在中国政府部门职能划分中，区域发展规划职能主要由发改委负责，比如《国家规划》就是由发改委牵头编制，其他建设、土地、交通、水利等部门做专项建设规划配合总体规划，也就是要求具体的专项建设规划要与国民经济整体发展规划做好衔接。各中央政府职能部门共同负责执行实施中央关于新型城镇化的战略决策。这说明在政策社群内部也存在职能部门之间的网络结构，但网络内部主体间的合作需要进一步加强。比如中国城市规划设计研究院副院长杨保军先生曾经论及部门协作治理欠缺的问题："早些年发改委不重视区域规划，从来也没有想做这个规划；但也不同意我们做区域规划，凡是涉及区域的都不让做，全国城镇体系规划也不让上报，后来金融危机之后为了凸显部门重要性，才策划了空间规划体系"，而且"建设部了解城乡规划的规律性，但没有实施手段；发改委不了解规律性，但是有实施手段"[②]。可见，规划制定与推动执行的过分分离导致执行效率不佳，职能分工有待进一步优化，部门协作急需加强。

国家推行新型城镇化一方面是回应社会历史发展大趋势的要

---

① 详细论述请见相关报道《外媒：从习近平李克强博士论文看中国城镇化方向》，《环球时报》2013 年 5 月 18 日。

② 刘剑、邵玉宁：《中央新型城镇化决策始末》，江苏省城市规划设计研究院网站（http：//www. jupchina. com/webpage/more. jsp？ id = 44724a8617bfd115f270887b491b5b933132bac07a4dba623d0e0cc9d0687ca5）。

求，更重要的是国家领袖执政思路的反映，新型城镇化推进体制同样符合中国政策过程“从上到下”的基本格局，包括地方政府在内的一些利益主体参与非常少，政策社群的封闭性特征非常明显。正是由于网络太过封闭，加强社群内的协作治理就显得特别重要。而在城镇化推行过程中，国土资源部对土地资源供给结构总量控制、优化规划，始终是其部门的主要政策目标，财政部、发改委更多的是负责城镇化过程中的建设资金的拨付，同时需要兼顾财政收支以及结构的平衡和调整，毕竟在总量有限的情况下，增加城镇化建设资金的支出就会挤占别的项目支出，住建部更多的是负责城市规划的建设与实施。网络内部门利益冲突与矛盾始终存在，需要部门间更多的政策协调。

（二）新型城镇化的府际网络

罗茨模型源于罗茨对英国中央与地方关系的政府间关系研究，所以府际网络实际上指的就是狭义的政府间关系（即排除政策社群中的政府间关系）。政府间关系是政治学、行政学的重要研究议题，是结构复杂的一种网络关系。美国学者狄尔·S. 莱特对美国政府间关系五个特征的概括非常有代表性，同样能对府际网络性质有很好的说明。他认为，政府间关系包括政府部门之间所有排列组合的种种关系，主要包括中央与各州以及各州之间的关系，中央与地方、州与地方、中央—州—地方和地方与地方之间的关系（美国联邦制中所称的地方政府并不包括州一级）；政府间关系的核心是各级政府官员之间的关系，他借用了美国学者威廉·安德森的判断，真正决定政府各部门之间关系的是打着办公室招牌工作的人们，所以政府间关系主要是指人际关系和人的行为；政府间关系是正式与非正式关系的总和，不是偶然发生的，也不是正式的严格规定，而是通过政府官员之间接触、了解产生的关系，目的在于解决实际问题，同时，这种非正式又与正式的合法制度联系，合法制度正是在上述非正式关系中才得以产生并发展起来；政府间关系中公共事务官员的作用日益重要，虽然州长、市长等官员很重要，但是被这些官员任命的行政管理人员的态度、行为对公共管理事务的影响越来越大，所以他们也越来越受到关注；政府间关系的关键是政策问题，联邦主义把政策问题主要解释为法律问题并依靠法院来解决，但是经济、政治、社会的日趋复杂以及技术上的飞速变化，不断削弱法院和立法机关在对付灵活改变政策方面压力的能力，比如哪一级政府应该采取行动还是两级政府都应该采取行动？这“主要是政治、经济和管理方面判断的标准问题，而不是法律问题”，政府间关系充满了各种各样类似的政策问题，这导致新的权力关系与结构慢慢形成[①]。虽然莱特的论述是基于美国联邦体制，但是很好地解析了政府间关系的特征与内涵，具有一定的普遍意义。

由于政府间关系网络复杂，谢庆奎教授把政府间关系归纳为中央与地方政府间、政府部门间、各地区政府间的关系，而且认为中央与地方间关系实际上是中央政府与省级政府之间的关系[②]。本文并不是专门研究府际网络，所以不打算深入分析所有的政府间关系，把中央以下所有政府层级视作一个整体统称为地方政府，在中国的政治体制里，中央与地方政府之间的关系是决定性的。那么府际网络的主要内容就包括中央与地方政府之间关系。在新型城镇化政策领域，地方政府除了执行中央政府相关政策以外，同时存在自己的利益主张。1993 年实施分税制以后，更是正式确立了地方政府利益，并形成了目前的中央与地方利益关系格局，地方公共服务供

---

① ［美］R. J. 斯蒂尔曼：《公共行政学——观点和案例》（上），李方、杜小敬等译，中国社会科学出版社 1988 年版，第 252—254 页。

② 谢庆奎：《中国政府的府际关系研究》，《北京大学学报》（哲学社会科学版）2000 年第 1 期，第 26—33 页。

给责任主要落在了地方政府头上（即使算上中央财政转移支付也是如此），新型城镇化目标的实现最重要的责任主体毫无疑问就是地方政府。例如在保障性住房建设方面，李克强总理明确指出，地方政府是责任主体，要加强规划管理，多渠道增加资金投入，安排好土地供应，推动目标全面实现①。这种格局演变的结果必然是经济发展水平越高，该地区的基本公共服务水平就越高，城镇化水平也与经济发展水平形成一种循环，差距会越来越大。在城镇化领域，地方政府之间的关系最鲜明地体现在“城市群”这个概念上，尽管大家都意识到城市群的战略意义与作用，但在中国目前阶段，城市之间的协作很多依然停留在协议上或在学术研究圈讨论，城市群的有效合作远未形成，以首都为基础的中国三大经济圈之一——京津冀城市群，仍然需要政治局常委、国务院常务副总理级别的领导担任协同发展领导小组组长，在国务院层面设立领导机构，依靠行政力量强行推动属于非常态的做法，很难想象长三角城市群、珠三角城市群等都需要高级别国家领导来担任领导小组组长协调城市之间的合作与竞争。而发展城市群是对目前过分注重中心城市发展的纠偏，是城镇化区域发展的重要战略方向。因此，加强府际网络关系的梳理是实现新型城镇化的重要抓手。

（三）新型城镇化的生产者网络

生产者网络的成员资格与前述两者非常不同，不像政策社群、府际网络的形成很多源于制度，甚至是宪法规定，他们并非制度化，而且动态多变，他们以企业代表为主，更多体现多元的市场力量，利益关系更为错综复杂。这些利益相关者可以包括工商业企业、房地产企业、商业银行、投机者、媒体，甚至部分居民。从城

---

① 新华社：《李克强主持召开加快保障性安居工程建设工作座谈会》，人民网（http：//politics. people. com. cn/GB/12505303. html）。

镇化与工业化的关系可以看出，所有雇佣劳动力的工商业企业生产者是网络的基石，各种产业发展带来就业人口增加，人们寻找就业机会引起大量人口流动，城镇化由此推进并深化。人的聚居效应带来城市面积的不断膨胀，除了工商业企业耗费建设用地以外，更多的是来到城市的人们需要建筑用地，房地产业由此而生。房地产行业实际上主要有两大企业群体：房地产开发商和房地产中介公司，分别担负着生产和流通的重要角色，其所在的市场俗称一手房、二手房市场，作为企业最重要的目的就是追求利润，甚至会使用一些灰色手段，如捂盘惜售等，要求房地产经营者不要涨价的所谓房地产商应“讲道德”的说法非常可笑。当然，如果房地产业从业者们经营中采用非法手段，也迫切需要政府规范房地产市场秩序。房地产开发商与中介商两者有着非常紧密的合作关系，比如新开盘小区的尾盘房地产公司很多时候会直接打包卖给房地产中介销售，以便更快回笼资金。其他的如物业管理公司、装修公司都只是这两大行业的附属企业，不属于新型城镇化重要利益相关者，不列入本文研究对象。所有企业在市场运营过程中必然有资金需求，房地产行业属于资金密集型产业，对资金的渴求更甚，商业银行在城镇化过程扮演着输送血液的角色，中国的商业银行除了面对企业需求以外，还有一个比较特殊的群体——地方政府投融资平台，几乎每个城市政府都有这样一个平台，为地方城市建设筹集资金，所以，城市兴旺的背后实际上就是各类资金大量涌入、运作的结果。城市的快速发展、人口的大量集中流入导致对住宅的旺盛需求，在所有需求旺盛的市场里面必然存在大量投机者，投机又进一步放大了对市场供应的渴求，刺激生产供给端的膨胀，各路资金企业争先进入这个热门行业，一路上涨的房产价格更是创造了永不下跌的神话，强化了投机者的持有心理，同时也导致购房者产生只能涨不能跌的心理。心态扭曲就容易出现房价偶一波动下跌就开砸房地产商售楼部的怪现象[①]。其实那些年还只是价格波动，如果一旦真的大幅下跌，社会将面临的情况难以预料，新型城镇化赖以实现的稳定环境必然受到威胁。房地产市场中还有一个非常特殊的群体——媒体，许多研究都把媒体列入议题网络而非生产者网络[②]，不否认媒体是议题网络的重要载体，但是就中国目前现实来看，媒体已经深深地卷入了房地产行业链条，并已经成为房地产商最大的营销平台，房地产广告连续多年是报业广告的第一大户，比如 2011 年房地产广告贡献了报纸广告增量的 52.6%，许多报社三分之一的收入都来自房地产广告[③]。媒体不仅接受房地产商投放的广告，而且直接上阵组织所谓的媒体看房团，把成群结队的顾客和潜在顾客拉到房地产公司售楼部[④]，以笔者的经历看，这些看房团对于消费者来说都是免费的，那么谁在为此埋单呢？媒体肯定不是在做雷锋，如此深地介入房地产行业，媒体的相关报道还能客观么？因此，媒体在中国城镇化政策网络中的身份应该是双重的，既是生产者网络成员，又是议题网络的成员。城镇化流动人口除了自购房外，多数都需要通过租房方式解决居住问题。部分城市居民就成为租房市场的商品提供者，包括上面提到的房地产市场部分投机者和有多余房产的城市居民，当

---

① 凡是出现房价波动的年份，这样的新闻非常多，比如 2011 年房价调整期间，接连有 10 月底上海的龙湖郦城、绿地秋霞坊、中海御景熙岸等多个售楼处被砸，11 月 6 日，安徽芜湖某楼盘聚众打砸，11 月 13 日，南京某售楼处遭冲砸，详细请见环球网（http://www.huanqiu.com/www/finance/roll/2011-11/2176303.html）。2012 年上海青浦发生打砸售楼处，还有 2014 年 2 月的杭州，3 月的苏州，10 月的青岛，详细请见 http://guizhou.leju.com/news/2014-11-19/16504601446.shtml。此类新闻非常多，不一一列举。

② 潘松挺等：《政策网络的结构与治理：以我国房地产宏观调控政策为例》，《城市发展研究》2011 年第 3 期，第 9 页。

③ 牛春颖：《2012 报业房地产广告挺“揪心”》，搜狐网（http://roll.sohu.com/20120117/n332429573.shtml）。

④ 每个城市的快报、晚报等都有大量看房广告，这里列举杭州市《都市快报》一则看房广告，自称都市快报看房团从 2003 年启动至今，走过十年历程，举办过数千场大型区域看房及活动，是浙江全省开始最早、影响最大的看房团。详细请参见《快报看房团晚上带你去看房》，杭州网（http://hzdaily.hangzhou.com.cn/dskb/html/2013-04/09/content_1470712.htm）。

然，最大的群体是城郊农民，他们成为农民工住房的最大供给主体。在中国城镇化过程中并没有给予租房市场应有的重视，基本处于放任自流状态。而在任何成熟的市场经济国家，房地产市场政策都是租住并举，两条腿走路，这需要改变社会中现在普遍存在的"有房才有家"的攀比观念。越来越脱离国民经济发展水平与老百姓收入水平的房价决定了房地产市场是城镇化过程中绕不开的核心问题，而生产者网络的相关利益者基本属于一个联盟，或者属于城镇化过程中的既得利益者。

（四）新型城镇化的专业网络

城镇化是非常特殊的一个领域，没有哪一个国家不需要进行发展规划，即使是极力主张自由主义的哈耶克先生也肯定了城镇规划在城镇化的城市端弥补市场价格机制不足的积极作用①，不同国家只是规划具体做法和管制的程度不同。而规划是专业性很强的工作，几乎全都依赖专业规划人员完成，他们本该在城镇化过程的政策网络中发挥更大的作用，但是现实却并不容乐观。目前多数城乡规划设计院都已改为自负盈亏的企业，盈利是企业的第一目标，满足客户的需求是第一位。面对创收和回款的压力，城市规划师不得不放弃自己的理想，在编制各功能分区和大尺度的城市规划与编制紧凑型城市之间，往往选择在规划技术上更容易实现的前者，千城一面的城市规划就出现了②。更严重的是当地方政府行政领导出现违背常识、"疯狂而狂妄"的行为时，即使是新加坡"规划之父"

---

① ［英］哈耶克：《自由秩序原理》（下），邓正来译，生活·读书·新知三联书店 1997 年版，第 127—128 页。

② 刘宪法：《城市规划中的政府与市场》，载于樊纲、武良成主编《城市化发展——要素聚集与规划治理》，中国经济出版社 2012 年版，第 44 页。

刘太格也只能感叹遭遇“规划之神”[①]，更别说一般的规划师。面对强大的行政干预，很难让规划师坚持独立主张，这样的结果使规划专业人员成了政府的画图工具，规划的专业性与科学性难以保证。当然，专业规划人员也有发挥他们专业知识的成功案例，例如2013年12月12日召开的中央城镇化工作会议的许多提法与早期征求意见的全国城镇化规划就有很大不同，发改委牵头的第一稿全国城镇化规划提出要发展20个城市群的思路有了转变，中央财经领导小组办公室启动的7项城镇化专题调研，中国科学院、中国工程院领衔的《中国特色城镇化道路发展战略研究》等报告对中央决策产生了重大影响[②]。各高校和研究机构、专家学者是专业网络的另外一个重要组成部分，虽然他们的独立性要比规划院的专业人员强，但是作为智库的存在能否进入政策网络，主动权依然在政府。城镇化领域的以上利益相关者组成的专业网络同样也具有其特征：专家学者等高水平要求的成员资格，与政府之间形成专业知识依赖以及专业人员对规划知识运用区域的依赖。要发挥专业网络的作用，一方面要提高专业人员专业水准，这需要通过专业网络开展竞争不断提高，也就是形成科斯所说的“思想市场”；另一方面需要在制度上保证专业网络的开放性和独立性，切实发挥他们的决策咨询作用。

（五）新型城镇化的议题网络

议题网络是政策网络中结构最为松散的一种，成员众多而且不稳定，任何对政策议题感兴趣的人都可以成为该网络的成员，而且

---

① 《“规划之父”缘何不敌“规划之神”》，凤凰网（http：//finance. ifeng. com/a/20140704/12653672_ 0. shtml）。

② 详细情况请参见刘剑、邵玉宁《中央新型城镇化决策始末》，江苏省城市规划设计研究院网站（http：//www. jupchina. com/webpage/more. jsp? id = 44724a8617bfd115f270887b491b5b933132bac07a4dba623d0e0cc9d0687ca5）。

基本处于政策网络的边缘位置，网络成员主要包括媒体、城市居住者、农民、农民工、部分专家学者等。如上所述，媒体是议题网络的重要载体，当然在现时代它的功能已经部分被自媒体所替代，这其中专家学者在媒体、网络空间中的声音对城镇化政策过程影响最大，媒体与专家学者的互动成为舆论的重要内容，他们的专业知识使得他们以权威的形象出现，其观点对普通民众影响非常大，同时，如果他们的观点也会被决策层所采纳，那么网络身份可能就会发生变化，成为专业网络的一员，所以他们也有动机迎合政策社群或府际网络而不是反映议题网络成员的需求，他们在网络中的身份和媒体一样都是双重的。城市居民的态度会决定农民或农民工在城市的社会融入水平，在潜移默化中影响城镇化质量。相对而言，农民或农民工在这一议题网络中最为弱势，但是不等于在政策网络中没有作用，因为如果议题网络中的流动人口不认可城镇化政策，在人口迁移的意愿完全自由的现代社会毫无疑问会使政策目标落空，比如，流动人口喜欢大城市，而城镇化政策设计却偏偏要引导流动人口流向小城镇，徒增大量社会运行成本，所以议题网络成员能以自己独特的方式影响城镇化政策。再好的城镇化政策，如果得不到议题网络成员的拥护都将没有任何意义。

四　不断调适新型城镇化的政策网络互动结构

新型城镇化实际上就是要把政策社群、府际网络、专业网络、生产者网络和议题网络这五种类型网络的利益、意见协调综合后达成共识并形成合力，最终实现新型城镇化目标的过程。在城镇化政策网络中，政策社群和议题网络分处两端，府际网络与生产者网络两者有很强的共同利益，土地财政的形成就是这种利益联盟的反映，所以两者处于同一层次，结成高度整合、高连接的利益共同体网络。专业网络更接近议题网络，但是由于它的专业特殊性，部分专业网络成员可以有效地与政策社群沟通并影响政策社群的政策决定，具体网络连接、互动关系可见图 5.1。

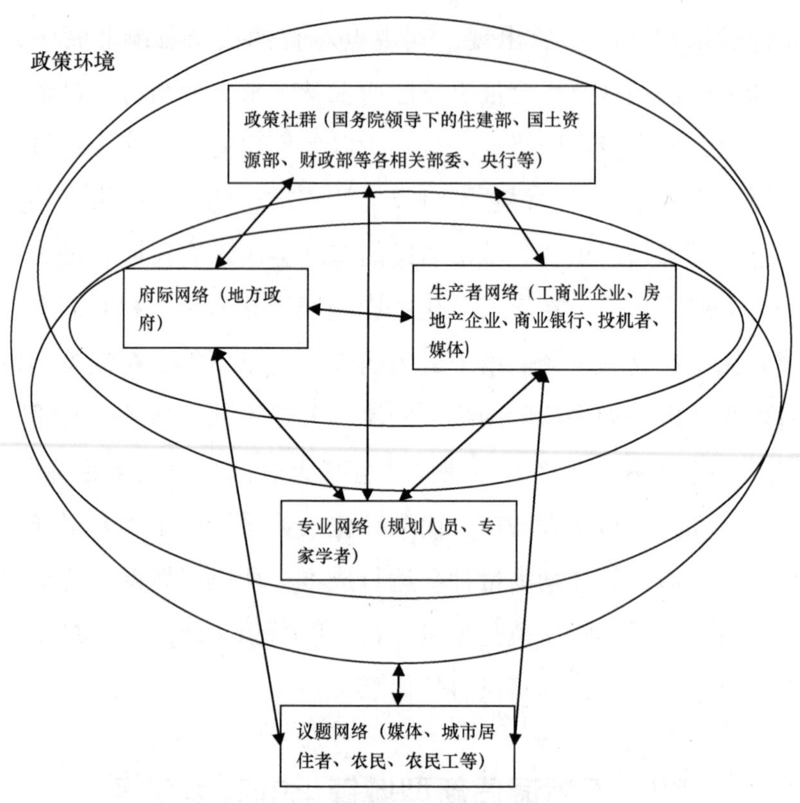

图 5.1　新型城镇化过程中政策网络结构

（一）政策社群与府际网络之间的互动结构改进

政策社群与府际网络之间的互动实际上就是政府间关系的一种，属于中央与地方政府之间的互动。这两个网络之间的互动是新型城镇化实现过程中的关键。政府间关系主要包括权力、财政和公共行政等关系，其中财政关系是核心，它直接决定中央与地方政府实现其职权的能力，以及他们公共事务活动中的地位与权威[①]。因此本文主要从政策社群与府际网络之间在城镇化过程中的财政关系来分析两者的互动。

在中国历史上，中央与地方政府之间关系是中国历朝历代治、乱的重要根源之一，其关系互动的好坏直接关系到国家与社会的稳定，历来受到政治实践与研究的重视，中央与地方之间关系被毛泽东写入《论十大关系》[②]。一直以来中国在中央与地方政府的关系处理上历经反复，虽然《论十大关系》明确提出在中央的统一领导下，充分发挥中央、地方积极性的原则，但是没有明确制度规定划分各自职责，中央与地方政府的关系不是制度性的正式关系，而是一种非正式关系，需要更多依赖地方政府的时候就放，中央政府觉得有必要收的时候就收，一直没有走出中央对地方权力的收—放—再收—再放的循环。改革开放前，在计划经济体制下，中央政府居于绝对控制地位，地方政府的自主权再怎么放也很少。改革开放后，地方政府的自主权发生很大变化，当政府把部分经济权力还给企业，企业不再是政府一个部门后，经济发展被有效激活，企业发展好的地区财力不断膨胀，而且开放的政策赋予东南沿海地区更多的自主权，地方政府发展经济的积极性得到有效激发，尤其是在1985 年实行“财政包干制”，分灶吃饭之后，更是极大地调动了地方发展经济的主动性。以增值税为主体的流转税税收体制与分级包干基数的财政体制为地方政府发展地方经济、增加财政收入提供激励，同时造成了地方政府为了地方利益而分割市场、重复建设等严重的地方保护主义，当然更严重的是财政收入占 GDP 比重以及中央财政收入与地方财政收入比例的双下降，第一个比重在 1985 年

① 林尚立:《国内政府间关系》，浙江人民出版社 1998 年版，第 70—71 页。

② 《毛泽东选集》第 5 卷，人民出版社 1977 年版，第 267—288 页。

后共下降了约25个百分点，第二个比重也就是中央财政收入占财政总收入比重，从1984年的40.5%降到了1993年的22%，这直接导致1994年分税制改革的实施，不但使中央和地方关系发生巨大的变化，也深刻影响了地方政府推动经济增长的方式，成为改革开放30年前后两个阶段的分界线①。

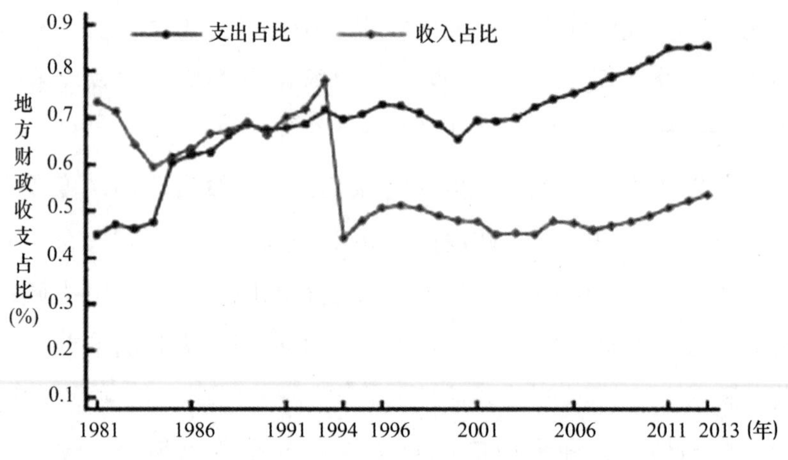

图5.2 地方财政收支占总体收支比例变化

资料来源：彭代彦、彭旭辉：《财政分权对人口城镇化与土地城镇化——基于1981—2013年数据的分析》,《城市问题》2016年第8期，第59页。

两税制的确立，向规范中央与地方的关系迈出了第一步，但是主要只是对财政收入进行较为清晰的划分与调节，有效改变了“两个比例”下降的局面，而对应的财政支出责任却相对模糊，尤其是与城镇化中的地方公共服务相关的压力都给了地方政府，财权与事权严重不匹配，这导致地方财政收入与支出之间形成较大剪刀差。从图5.2可以清楚地看到，地方财政支出比例上行速率、增加比例要比地方财政收入比例大得多，地方政府财政承担了较大的社会责

① 孙秀林、周飞舟：《土地财政与分税制：一个实证解释》,《中国社会科学》2013年第4期，第46页。

任压力。所以当要求地方政府拿出真金白银的改革，比如户籍制度改革，推行难度就会很大。2012 年国家城镇化专题调研组在 170 多个城市调研时发现，户籍制度改革遭到了几乎所有市长的反对[①]，谁都只愿意享受收益而不愿意增加支出。所以，地方政府在压力下要维持正常运转，不可能只在预算内资金想办法，通常有两条路：一是向中央政府各部门争取资金，二是自力更生。两税制的实质是权力向中央集中，中央财政收入的增长使得各部委拥有大量的预算资金，这些资金往往都需要地方政府通过项目的竞争获得，这就产生了一个非常重要的副产品——“跑部钱进”的盛行，由于其中运作的不规范，结果造成腐败现象的大量产生，政策社群和府际网络之间的非正式关系成为绝对的主导。而自力更生则是要求地方政府开拓稳定财源，重点是寻找地方利益最大化的财源，也就是扩展掌控权在地方政府自己手上的收入，那就需要挖掘地方固定收入项目的潜力。在地方固定收入的 12 个项目中[②]，与产业直接相关的税收只有营业税，这主要针对建筑业和第三产业征收，在另外 11 项收入中与土地有关的就占了 7 项，有城镇土地使用税、城市维护建设税、房产税、耕地占用税、契税、土地增值税、国有土地有偿使用收入等，而且与土地开发相关的收入都属于非预算资金，随着预算外资金管理越趋规范，土地出让金等收入就成为地方政府获取自由度比较大的重点财源。大量的研究都认为两税制应为“土地财政”背书，例如周飞舟认为两税制有“驱赶”效应：地方政府将财政收入的重点由预算内

---

① 蔡若愚：《农民市民化：有成本但收益更多》，《中国经济导报》2015 年 1 月 24 日。

② 所有地方固定收入项目：营业税（不含铁道部门、各银行总行、各保险公司总公司集中交纳的营业税），地方企业上缴利润，城镇土地使用税，城市维护建设税（不含铁道部门、各银行总行、各保险公司总公司集中交纳的部分），房产税，车船使用税，印花税，耕地占用税，契税，遗产和赠予税，烟叶税，土地增值税，国有土地有偿使用收入，参见财政部预算司网站（http：//yss. mof. gov. cn/zhuantilanmu/zhongguocaizhengtizhi/zyydfczsz/200806/t20080627_ 54310. html）。

转到预算外、非预算，从收入来源看，从依靠企业到依靠土地征收，从侧重工业化到侧重城市化①。但是要注意的是，从图 5.3 可以看出，从两税制开始的 1994 年到 2000 年，土地出让金的增长并不大，“土地财政”自然无从说起。所以，两税制只是为地方政府行为转变提供了足够空间与客观动力。

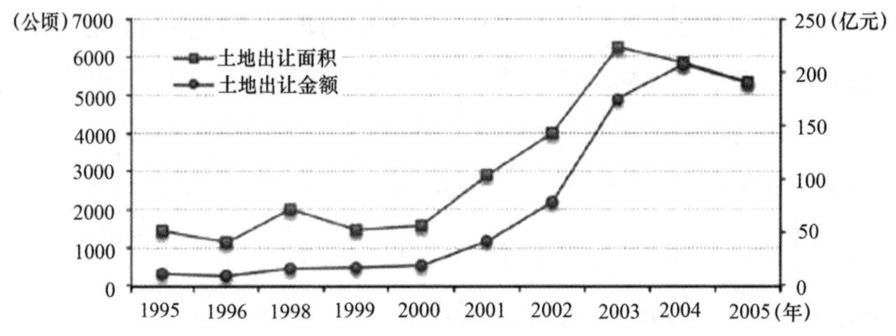

图 5.3　1995—2005 年土地出让收入简图

资料来源：孙秀林、周飞舟：《土地财政与分税制：一个实证解释》，《中国社会科学》2013 年第 4 期，第 52 页。

“土地财政”的产生还有一个重要推手，就是政策社群与府际网络之间的互动离不开政策环境的影响：国家宏观经济发展出现的新的变化是土地财政产生的客观动力。1997 年东南亚金融危机后，中国经济发展乏力，当时各派经济学家围绕究竟应该把房地产业还是汽车制造业相关行业作为经济增长点进行培育争论不休，1998 年 7 月 3 日国务院颁布的《关于进一步深化城镇住房制度改革加快住房建设的通知》结束了这场争论，支持房地产业发展的一系列政策出台：停止住房实物分配、银行发展按揭贷款等住房金融，最终要实现住房分配货币化。但是该通知的政策目标非常明确：“建立和完善以经济适用住房为主的多层次城镇住房供应体系”，不同的收

① 周飞舟：《分税制十年：制度及其影响》，《中国社会科学》2006 年第 6 期，第 114 页。

入群体适用不同的住宅政策，房地产业发展的重点是经济适用住房，按保本微利原则确定实行政府指导价[①]，但是这一切随着 2003 年《国务院关于促进房地产市场持续健康发展的通知》全都改变了，该文件中把“多层次的城镇住房供应体系”变为“调整住房供应结构，逐步实现多数家庭购买或承租普通商品住房”，强调“增加普通商品住房供应”，对原先大力推行的经济适用住房只是说要加强建设和管理[②]。这给本身已经慢慢开始上行的房地产市场火上浇油，从图 5.3 可以看出，从 2003 年开始土地出让金出现爆发性增长，上涨坡度特别陡峭，这与房地产发展政策的转向有关。这个转变进一步强调了房地产行业在国民经济中的作用，把所有的消费者都抛向房地产市场，忽略了房地产商品的特殊性，弱化了政府在房产供给中的职责与作用，为固化地方政府在房地产开发中的利益，“土地财政”的产生提供了空间。因此，推进土地财政转型不能只从地方政府入手，而是要着眼于两者的互动网络结构，政策社群的思路转变也同样重要。

（二）改变府际网络和生产者网络联盟及其与其他网络的互动结构

生产者网络，虽然是由众多利益主体构成的网络，但是作为生产端他们在城镇化过程中的共同利益基本一致——房价永远上涨，更多地从房产上涨过程中获取利益，其中最重要的主体毫无疑问就是房地产开发商，所以，本节的分析重点放在以房地产开发商为代表的生产者网络与府际网络的整体分析上。

---

① 详细参见《国务院关于进一步深化城镇住房制度改革加快住房建设的通知》，中国政府公开信息整合服务平台（http：//govinfo. nlc. gov. cn/fjsfz/zfgb/19988172/201104/t20110413_67992 1. shtml？classid =416）。

② 详细参见《国务院关于促进房地产市场持续健康发展的通知》，中央人民政府网站（http：//www. gov. cn/zhengce/content/2008 －03/28/content_ 4797. htm）。

在我国，虽然城市土地属于国有，但是地方政府是实质所有权的履行者，垄断了土地供应，成为房地产最重要的原材料——土地的“供应商”，房地产开发商是事实上的产品制造商与销售商，房地产中介则相当于商品流通业，原材料供应商和产品制造商处在同一个产业链中，整体战略利益基本一致，荣辱与共，产业之间的合作与联盟很容易达成。所谓的“经营城市”理论为联盟的发展提供了理论依据。1998年汪道涵在城市经济学会议上提出，城市建设要走经营城市的新路[①]。2001年讨论达到高潮，无论是媒体、政府还是学术界众口一词，鼓吹“经营城市”的种种好处，认为“经营城市”是城市强市的必由之路，有的地方官员喊出了“市长就是CEO”[②]的口号，合肥市市长郭万清在《徽商论坛》上就把政府比作一个有限责任公司，他是公司总经理，要像商人那样推销和经营自己的城市[③]。不可否认，经营城市是城市管理的一部分，但是过分鼓吹城市的经营性就背离了城市为人服务的根本属性，城市化道路难免走偏。城市经营被有的城市决策者严重地片面化、歪曲，把城市经营认定为买卖城市土地，热衷于城市大拆迁；也有的定位在商业项目经营，盲目规划建设中央商务区、商业街[④]，房产商和地方政府的联盟在经营城市过程中不断得到强化。这种攻守同盟表现在很多方面：当房产市场不景气的时候，地方政府公开为房产商站台，比较极端的有山东潍坊寒亭区政府下发红头文件要求副科级以上干部替开发商卖房，半年内每人至少销售一套，完不成的扣工资，并有具体考核办法，此举不仅是为了增加地方财政收入，发展

---

① 董彪：《“政府经营城市理念”的法律问题思考——以城市化进程中政府角色定位为中心》，《云南社会科学》2007年第5期，第23页。

② 赵斌：《经营城市：市长就是CEO》，《领导决策信息》2001年第31期，第24页。

③ 刘以宾：《市长思维与“老板”思维》，新华网（http：//news. xinhuanet. com/comments/2003－09/18/content_ 1087022. htm）。

④ 周建瑜：《城市经营实践与初衷背离及其矫正》，《求实》2005年第8期，第42—46页。

地方经济，还与官员的政绩和升迁密切关联[①]；有的地方政府在城市化过程中热衷于建设新城，在城市拆迁中一马当先，默许众多拆迁矛盾激烈化，为了招商引资公然违规实行零地价，甚至有县政府向开发商承诺，若你不中标我赔你钱等荒诞做法[②]；当然还有更见不得人的，地方政府官员与房地产开发商合谋私利，出现政府将土地“卖”给房地产开发商，不但不拿国有土地使用出让金，反而还倒贴钱给开发商的极端现象[③]；当面对中央政府的宏观调控时，地方政府选择性执行有关政策，以中央政府大力推行的保障性住房建设为例，在中央出台土地、资金、税收等一系列政策进行最大限度支持的情况下，据审计署审计，至2015年年底，全国仍有19万套保障性住房因配套基础设施建设滞后等原因不能及时交付使用。与此同时，全国还有748个市县结存结转安居工程专项资金603.55亿元，相当于当年总投入的3%，其中，478.6亿元闲置超过1年[④]，其原因无非是保障性住房建设会影响当地房地产市场普通商品房销售，完全无视于它在城市化健康发展中的作用。

生产者网络的其他主体虽然没有像房地产商和地方政府关系那么密切，但是他们的行为同样对地方政府有很大影响。如果整个城市的物质形态假设是地方政府和房地产开发商共同经营下的巨型公司，那么消费者买入房产实际上相当于买入该公司的实物资产，房产证就相当于股权证书，作为股东的消费者利益自然也与“公司业绩”（表现在房价上）在同一条船上，希望公司不断增值，价格不停上涨。房地产的一级二级流通市场就像证券交易的一级市场和二

---

① 直言：《区政府咋成了房产商的销售部》，《江苏科技报》2009年4月2日。

② 王文志：《广东紫金县政府承诺开发商你不中标我赔你钱》，《经济参考报》2013年12月6日。

③ 翟兰云：《荒唐：出让土地政府倒贴钱》，《检察日报》2015年5月21日。

④ 《保障房建设考验地方政府的责任心》，凤凰网（http://news.ifeng.com/a/20160810/49749514_0.shtml）。

级市场，房地产中介企业就像各大提供交易的券商。虽然早在1998年中央政府就提出要发展二级交易市场，但是如何规范房地产二级交易市场长期以来却没有详细的专门规定，对规模如此庞大的交易市场几乎没有交易秩序的管理简直不可思议，这与证券交易的监管形成鲜明对比。一直到2011年中央政府才出台《房地产经纪管理办法》，但是其执行一直不痛不痒，地方政府也基本放任自流。2016年去库存引发房价暴涨，政府才开始加大规范房地产中介的力度，住建部等七部委联合发文《关于加强房地产中介管理促进行业健康发展的意见》，重点打击虚假房源信息等非法行为。在如此"呵护"下，房价必然会不断上涨直到碰到市场"天花板"，在这样的牛市中，资本自然不会空缺，衍生了大量投机者，比如著名的"温州炒房团"，他们创造了大量的投机需求，成为房地产价格不停上涨的重要推手，"公司"自然乐见其成。银行就是"房产股票"的融资提供者，既面对生产端又面对消费端。在消费端因为购房者并不像购买股票需要付全款，绝大多数人都采用按揭贷款，产生了融资杠杆，这也是为什么房地产一旦发生危机冲击力量特别大的原因。在中国，由于传统文化的影响，消费者购房通常不会超过自己的承受能力，在目前房价坚挺的情况下，针对个人的房地产按揭贷款是银行的最优质资产，违约率很低，银行对房地产领域的消费贷款必然十分热衷，而对房地产投资领域的生产端放贷则有所区别，目前房地产开发商的开发投资资金对银行依赖较大，55%以上直接或间接来源于银行贷款[①]，同样存在巨大的融资杠杆。国家会随着宏观调控政策思路的变化不断减少房地产开发资金对银行的依赖，提高进入门槛，最大的影响变量来自中央银行，地方政府的影响相对较小。而已经购房的消费者，除了刚性需求自住之外，也有大量

① 孙建平：《从购房者、政府、商业银行与开发商的三重博弈关系研读房地产行业》，《中国房地产》2011年第1期，第32页。

的居民拥有二套、三套房产，加上城中村、城郊农民多余房产的出租，共同形成了城市化过程中发挥巨大作用的租房市场，农民工最主要的聚居区就在这些城中村，而城市居民住房则是大量的大学毕业生群租的对象，他们就像证券市场当中的融入证券者①。但是如此重要的市场，地方政府一直缺乏有效监管，究竟哪些人拥有多套房产在收租，信息无从知晓，比如与多套房产相关的空置率究竟有多高，谁都无法给出准确答案，对租房市场的定位也不清晰，更不会想到利用租房市场对房地产市场进行调控。房价不断上涨的城市实际上就是城镇化人口流动的方向，这就像证券市场中热门题材的股票不断受人追捧吸引资金流入。因此，生产者网络和府际网络的互动就像证券市场中各主体的互动一样，当价格不断上涨的时候，两个网络的联盟可以说坚不可破，他们会联手捍卫他们的共同利益，互相扶衬，但是如果房地产泡沫真的破裂，大危机出现导致价格不断下跌，那时即使政府有心救市，房产商、消费者从自身利益出发也不愿投资与购买，网络的联盟可能就会分崩瓦解。在制度设计没有根本改变的情况下，也许只有市场的力量才能根本改变这种状态，但是这种局面是谁也不愿意看到的。所以，经济环境是该联盟走向的最大变量。

---

① 融资融券交易，在证券交易领域又称“证券信用交易”，融资交易是投资者以资金或证券作为质押，向证券公司借入资金用于证券买入，并在约定的期限内偿还借款本金和利息；融券交易是投资者以资金或证券作为质押，向证券拥有者或证券公司借入证券卖出，在约定的期限内，买入相同数量和品种的证券归还并支付相应的融券费用。银行的按揭贷款，与证券融资交易原理可以说完全相同，只是抵押物不同而已，房子按揭贷款的购买者用所买房子作为抵押向银行贷款，而且有贷款者收入作为信用背书，而证券交易则是使用证券作为借入资金的抵押品，不像前者那样以收入作为保证。房子出租与融券交易稍有不同，没有融券者借入证券后的卖出环节，但是不妨碍两者的类比。出租房子的房产拥有者相当于融券交易中的证券融出方，不但享受证券上涨带来的收益，还可以收取融券的费用，租客支付的房租相当于证券的融出收益。只有长线看好的证券才有可能进行融券，否则，融券所获得的收益不能抵消由于融券者卖出证券造成的价格下跌必会造成亏损。这与拥有多套房产必然是看好房价未来上涨的道理是一样的。同样，如果房产拥有者不看好未来房子的上涨空间，转而出售手中房子就会成为房价下跌的重要力量。

中央政府对府际网络和生产者网络组成的联盟不可能毫不知情，而是因为政策社群对府际网络和生产者网络组成的联盟存在资源互赖，导致他们的互动存在双重属性。新型城镇化目标的实现，中央政府目前在某种程度上也需依赖这个联盟。以财政部2010年税收收入增长结构为例，与房地产相关的税种主要包括金融保险营业税、建筑业营业税、房地产营业税、契税、房产税、城镇土地税、土地增值税等税种，税收收入占财政部税收总收入的18%左右，在财政部本级财政收入中占有一定地位[①]。更别说城镇化人口的流动最终要在具体城市落脚，中央出再多再英明的政策也得靠地方政府执行。中欧商学院教授许小年的话非常形象地说明了依赖关系的存在：楼市如果垮了，地方财政赤字，中央财政给补吗？拉动内需，没钱怎么拉动？如果把房地产业砸趴下了，钢铁等建材、工程机械、家电行业就会一损俱损，影响GDP目标实现，而这是从中央到地方最在意的指标。更重的拳头即便出台，也是高高地举起，轻轻地落下[②]。所以只要房价不是大幅度地上涨，中央政府并不会干预这个联盟，表现在每次房价的调控目标从来都不是让房价降下来，而是控制房价过快上涨，比如2010年所谓房地产“新国十条”——《关于坚决遏制部分城市房价过快上涨的通知》，就是明确提出控制房价过快上涨。言下之意就是中央政府并不反对房价合理上涨，但是市场经济条件下的商品价格有谁能完全控制吗？中央政府代表的是国家利益，对房地产市场的泡沫总会抱以足够戒心，日本“失去的二十年”、美国次贷危机的起因都是房地产市场泡沫，最终导致严重的经济危机，不仅本国的经济发展陷入泥沼，而且还冲击了全球经济发展。实事求是，中国从改革开放以来一路坦途，很少出现全国性经济萧条，

---

① 谭羚雁、娄成武：《保障性住房政策过程的中央与地方政府关系——政策网络理论的分析与应用》，《公共管理学报》2012年第1期，第57页。

② 何晓春：《房产马车的缰绳会松吗?》，《浙商》2010年第7期，第48—49页。

房地产泡沫万一被引爆，我们是否有足够的经验、能力掌控局面，我们不得而知。所以当房地产市场出现过快上涨时，中央政府会不断出台各种政策进行调控，但是即使不是过快上涨，房地产价格不断温和上涨，最终累积而成的房价绝对值也会远远超过国民购买力。但是就目前而言泡沫仅仅是一种预期，远远不如现实利益有切肤之感，这表现在2016年为了经济发展目标要求房地产去库存，直接放松了坚持多年的限购政策。此时前者是问题的主要矛盾，后者的严重性被放置一边。因此，外在的政策环境直接决定政策社群与府际网络和生产者网络联盟的互动由哪一方面主导，当经济疲软时，中央政府就需要借助这个联盟的力量，放松管制，但当经济整体可以松一口气或者房价出现离谱上涨的时候，宏观调控就开始加强对联盟的管制。这种互动已经成为一种规律，也成了很多房产商在低谷时坚持的根据，浙江某房地产企业老总面对中央政府的宏观调控曾说："如果楼市形势不好，土地出让金肯定大打折扣。一旦杭州土地出让金压缩一半，拿什么建地铁？拿什么搞城市建设？拿什么给公务员发工资？""房地产的上游是土地，土地出让金受益的还是地方政府，……只要政策宽松，楼市肯定会好起来。"①

这种房产商与地方政府的资源互赖造成了严重的"土地依赖症"（上文有过描述，这里不再赘述），直接的表现就是土地城镇化远远超越代表城镇化真实水平的人的城镇化。人口城镇化率从1981年的20.16%上升到2013年的53.73%，平均每年提升大约1个百分点，而同期的城市建设用地面积从6720平方公里增加到了47108.5平方公里，年均增长率约为6%，土地城镇化的速度要远超人口城镇化速度②。凡是影响这种联盟默契的政策，很多都没有

---

① 何晓春：《房产马车的缰绳会松吗?》，《浙商》2010年第7期，第48—49页。

② 彭代彦、彭旭辉：《财政分权对人口城镇化与土地城镇化——基于1981—2013年数据的分析》，《城市问题》2016年第8期，第59页。

得到有效执行，绕着走的现象非常普遍，典型的如保障性住房建设指标不及时完成，当然更恶劣的后果就是不断引发社会广泛关注的拆迁群体事件高发。地方政府的这种博弈行为实际上也是土地财政的衍生结果。因此，要改变城市政府行为只能从改变府际网络和生产者网络联盟的资源互赖关系入手，只有府际网络的运行对生产者网络不存在过分依赖才能有效破除既有联盟，也就是地方政府必须重塑财源，联盟关系的弱化才能使政策社群的调控政策得到有效执行。

（三）充分发挥专业网络等作用的同时改善网络结构互动多样性

专业网络指的是政策领域内的专业人员组成的网络，在城镇化领域中，专业网络的行动者基本可以分成两类：专业机构相关人员，比如城镇化中重要的城乡规划院设计人员；还有主要是专家学者，包括各类研究机构和高校的研究人员。专业网络的行动者拥有的资源主要是专业知识，其他网络依赖该网络行动者的也是专业知识，他们在自己擅长的专业领域给相应的政策决策提供专业支撑，提高决策科学水平，他们的专业水准及立场观点决定了他们的互动方式、网络中的地位以及与其他网络间的依赖形式和连接程度。

在一些研究中，专业网络在政策网络中并不单独列出，而是把本来属于专业网络中的专家学者归类到议题网络中，如潘松挺等人对房地产调控的政策网络研究中就是如此①。但在城镇化领域有很大不同，最典型的体现在规划领域，其专业人员具有法定性。《城乡规划法》第 24 条中明确规定，城乡规划只能由具备相应资质等

① 潘松挺、金桂生、李孝将：《政策网络的结构与治理——以我国房地产宏观调控政策为例》，《城市发展研究》2011 年第 3 期，第 8—12 页。

级的单位承担[①]。城镇化相关的规划，比如城建、交通、土地、城市群等大量规划必须依法出自规划专业机构和人员，即使把专家学者归入议题网络中，城镇化领域的专业网络依然存在。但是法律严格规定规划编制单位及其人员的法律职责的同时并没有赋予规划技术人员一定的权利，至少没有承认规划编制单位和人员在技术上的独立性。其实政府机构委托规划单位进行规划编制，如同给企业下订单，对于编制单位来说，虽然只是提供产品，但是由于这个产品具有很强的公共性和专业性，并不能简单以一般的商品对待。鉴于他们实际上根本无法抗拒客户单位（主要是政府）提出的各种各样千奇百怪、不符合基本规划理念的规划要求，如上文所述，期望专业规划人员面对各种压力时还能坚守职业理想不切实际，道德面对现实时总是显得苍白无力，应当有相应制度增强专业网络在网络互动中面对不合理要求的抗力。专业规划单位的资质、层级、项目不同，面对服务的网络也不同，在政策网络结构中的位置也就不同。例如中国城市规划设计研究院（简称中规院）是中国住建部的直属科研机构，是全国城市规划研究、设计和学术信息中心，显然属于住建部下属的事业单位，主要为住建部服务，在网页上专门设有“部交办任务”栏目[②]，此时他们更多地与政策社群互动并形成紧密网络，很难坚持自己足够的独立性。当然他们除了完成上级交代的任务以外，还可以依法承接其他如地方政府的规划项目，那么他们更多的则是融入府际网络和生产者网络联盟。

在城镇化领域，专家学者的群体非常庞大，这个群体既可以是属于专业网络，也可以是议题网络。一般地，专业水平很高的专家学者更容易进入中央政府视野，他们的专业意见也更容易受到政策社群的关注和采纳，连接也会更为紧密，与府际网络、生产者网络

① 韩红根、龚介民：《城镇化政策法律指南》，同济大学出版社 2012 年版，第 32 页。

② 具体可见中国城市规划设计研究院网站（http：//www. caupd. com/index. asp）。

的关系同样如此。但实际上这个分属标准并不以学者水平高低进行区分，因为对于生产者网络和政策社群来说，只有专家学者的意见能被他们认可，这部分专业网络的专家学者才有可能进入网络核心，与他们形成一个政策网络，与专业规划技术人员一样，根据他们服务的对象来决定互动的层次，当然只有极少部分专家学者的意见能够经常性与政策社群沟通，成为他们的智库，也有很多专家学者甘愿为生产者网络摇旗呐喊，为府际网络利益辩护。如果他们表达的意见不被认可，即使水平再高，他们也不可能进入政策网络圈，只能在议题网络当中充当议题的发起者、影响者、传播者，为议题网络影响政策网络核心圈而努力，同时也能为政策社群、府际网络生产者网络联盟、专业网络、议题网络之间的沟通协调起到一定的桥梁作用，充当整个政策网络的重要“润滑剂”。比较典型的如中山大学袁奇峰教授的遭遇，广州市城市规划委员会设有常设委员会会议，按照规委会的议事规则，规委会是城市规划决策的议事机构，会上没有表决通过的议题，市政府无权审批决策，一些专家从专业角度否决了不少城市建设项目，结果这些专家开始慢慢被“淘汰”，袁奇峰正是如此；而后委员会增加了许多国土、住建、规划等政府部门的负责人，由市长担任主持人，新换专家后很少出现否决案，专业声音被刻意隐藏，领导“拍脑袋”的决策也高票通过[①]。在广州市主要领导更换以后，袁教授时隔6年才重入广州规委会。由于没有制度保护，敢于直言的优秀专家反而不能有效影响政策社群或府际网络，新撤换的专家多半会吸取前面专家的教训而选择明哲保身，沦为投票机器。因此，为保证专业网络宝贵的专业力量独立性，需要建立对其更好的制度保护，以限制一些行政部门过大的自由裁量权，应当增加专业网络与政策社群、府际网络、生

① 司徒望：《袁奇峰重入规委会，能否狙击规划之神?》，南都网（http：//paper. oeeee. com/nis/201503/11/332079. html）。

产者网络联盟互动通道和制度性保障。

在城镇化过程中，实际上政策社群、府际网络和生产者网络已经共同构成一个联系非常紧密的政策网络，在整个城镇化政策网络中处于核心位置。专业网络在城镇化政策网络中的位置是多变的，在和其他网络的互动中确认其地位，但是在总体上专业网络处于次核心地位，在处于政策社群和议题网络的连续频谱上靠近议题网络一端，议题网络行动者包括媒体、城市居住者、农民、农民工等，结构最为松散，媒体虽然与府际网络、生产者网络联系紧密，但是媒体也有其自身价值诉求，客观、独立报道社会现实，监督某些群体行为是其内在本质要求，当不受利益掣肘的时候，媒体就是议题网络中影响力最大的行动者，同时有助于城镇化领域政策网络的沟通。城市居住者以及潜在的居住者代表的是市场力量，他们是城镇化的服务对象或是消费者，城镇化最终的投票权掌握在他们手中，比如户口迁移的意愿、落脚城市的选择，而且他们的行为有时也能有效影响生产者网络与府际网络。例如他们的购房意愿直接影响房地产市场走势，而房产又是城镇化政策网络关注的核心内容之一，尤其是和生产者网络之间，就是市场中的供求方关系。所以议题网络与生产者网络之间的关系是城镇化政策网络中最基础的互动关系，无论是政策社群还是府际网络和生产者网络的联盟都只能顺应议题网络的需求，比如超大城市人口控制的失败、房地产开发商在一线城市房价高企后转向二、三线城市投资开发反而身陷泥沼，无不昭示着尊重议题网络的必要。新型城镇化的最终目的是服务大众，所以城镇化政策网络应更多地提高议题网络地位，尊重他们的意愿、选择权、自由，这不仅是新型城镇化的重要目标，也是网络管理的重要策略，比如在防范府际网络和生产者网络联盟的负面效应上，议题网络可以发挥重要的监督作用，政策社群很有必要借助这个力量调适政策网络结构。但是议题网络太过松散，越是松散的群体，越容易形成“乌合之众”，在城镇化形成过程中，许多地方都能看到这种“心理群体”的作用①，农村人口持续向城市转移除了利益考量之外是否也有心理暗示的引导呢？比如农村年轻劳动力如果不出去打工是否意味着落后。当然更明显的是城镇房产价格不断地上涨，在所有只要有投机行为存在的市场，都能看到这种乌合之众行为。中国房地产市场是否最后会演变成为世界投机史上的如郁金香风波、日本房产泡沫等那些著名泡沫尚不可知，但是目前的很多迹象都非常符合勒庞理论的一些解释，像很多人感到神奇的，2016年以涨价形式进行商品房去库存居然能够成功，实质上就是受到房价永远不会跌、再不买永远买不起等观念的暗示而发生的扭曲心理。假如泡沫在中国城镇化还没有完全实现之前发生，那么必然将会对中国城镇化造成重大伤害，大大延缓中国城镇化进程。限制、打击房地产投机行为是减少议题网络盲从行为的必须手段。

总的来看，需要提高新型城镇化政策网络的开放度，并建立较好的制度保障专业网络、议题网络发挥独立的力量，有利于打破固化网络联结，形成互动结构的多样性，不断改进政策网络的有效管理，最终促使新型城镇化政策执行水平的提高。

---

① ［法］古斯塔夫·勒庞：《乌合之众：大众心理研究》，冯克利译，广西师范大学出版社2007年版，第45—46页。

第 六 章

新型城镇化的政策工具选择

一　新型城镇化领域的政策"工具箱"

本书在政策工具类型的综述中已经列举了大约七种分类标准，除了按照时代背景等比较特殊的标准进行分类的方法以外，其他的分类标准如强制性强弱或者权力介入程度的差异、政策功能实现的资源依赖、政府机构参与施政行为的程度、政府干预手段基本上大同小异，只是侧重点不同而已，都与政府权力属性相关，因此迈克尔·豪利特和 M. 拉米什提出的政策工具分类方法十分具有代表性。本节不是对政策工具纯理论的研究，所以无意纠结于政策工具分类的具体理论探讨，不打算别出心裁另搞分类，只试图借用对政策工具类型的分析，帮助理清在新型城镇化领域有哪些可以应用的政策工具，结合城镇化特点建立专门的政策"工具箱"。

迈克尔·豪利特和 M. 拉米什提出的分类方法以政府提供物品与服务的水平为分类标准，把完全自愿（提供物品与劳务）和完全强制（提供物品与劳务）的政策工具分列在两端，这两种极端情况之间，按照政府或公众参与程度从高到低依次排列政策工具，共有三类十种政策工具，具体见图 6.1。直接提供、管制等次级类型的表达仍然比较抽象可以再次细分，但是那样反而复杂化了，因为毕竟无法穷尽所有工具。所以在保持三种类型粗略分类的前提下，重点要把次级类型进行重新梳理，并结合新型城镇化具体实践进行解释性阐述，构建城镇化政策“工具箱”。

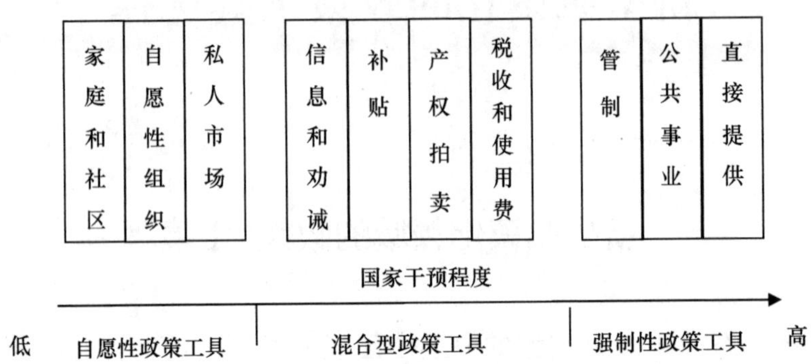

图6.1 迈克尔·豪利特和M. 拉米什政策工具图谱

资料来源：［加］迈克尔·豪利特、M. 拉米什：《公共政策研究——政策循环与政策子系统》，庞诗等译，生活·读书·新知三联书店2006年版，第144页。

（一）强制性工具

强制性工具都有一个共同特征，就是通常以国家法律法规、政策性文件等形式出现，有国家强制力为后盾，政府直接提供产品或服务，可以是财政支出、权威命令，也可以是组织调整等。

1. 直接提供

新型城镇化是典型的政府主导型城镇化，所以直接提供的产品与服务相对比较多，主要集中在直接投资、制度供给、组织结构调整、发展公共住房等公共事业方面。城镇化水平提升最重要的表现就是吸引越来越多的农业转移人口进入城市并成为城市居民，也就是要让所有符合条件的流动人口和所有城市居民一样享有义务教育、养老、医疗、保障性住房等所有的城镇基本公共服务，同时不断建设、完善城市基础设施和各类公共服务设施等公共事业，才能打造宜人的城市生活。比如农民工市民化成本中的社会保险金的覆盖，本来是政府收取的问题，但是在中国更是政府直接提供的问题，农民工只能享受较低程度的保障水平，政府需要不断提高保障水平，这非常依赖政府进行直接投资制造产品与服务。同时新型城镇化是体制渐进转型与快速城镇化重叠的城镇化，中国政府还担负着非常重要的制度改进与完善功能，直接制度供给是新型城镇化过程中非常重要的任务，需要在不同的发展阶段形成新的发展政策，比如中央与地方财政关系的处理、流动人口落户与建设用地挂钩政策，因此，改革是新型城镇化重要动力之一。组织结构的不断调适是提高新型城镇化执行力的重要手段，比如改变城市行政等级划分，让城市发展不再受制于行政层级等。

2. 管制

管制也叫规制，是一种特殊的公共产品，是依法对被管制者采取行政管理措施的行为。一般可以分为经济性管制和社会性管制。经济性管制主要针对自然垄断领域和信息不对称领域，在城市管理中，通信、电力、交通、自来水、煤气供应等产业属于自然垄断，很多城市作为支柱产业的银行、证券、保险等行业存在着明显的信息不对称，这些城市产业的发展都需要实行政府管制。到目前为止，这些产业绝大多数都是国有企业垄断经营，还没有实行真正的管制，而是政企合一的经营体制。这种体制天然趋向封闭，如果不向民营资本彻底开放这些服务性行业，实际上降低了这些行业的竞争，不利于服务效率的提高，也降低了这些行业吸纳劳动力的能力。这些城市服务性产业从国有企业直接经营为主体制转向准入管制是体制改革的重点。社会性管制是保障劳动者和消费者的安全、健康卫生、环境、产品服务的质量及其伴生的各种活动，制定一系列的标准并禁止、限制特定行为的管制[①]。所以，目前很多城市实行的城市人口管制不是严格意义上的管制，而是一种人为限制。在目前维稳思想指导下，特定的超大城市流动人口限制依然会延续，包括很多大城市现在实行的积分入户制实质上也是一种人口限制，但这是以牺牲一部分人的权益为代价的，只关注了效率而忽视了公平，根本上与城镇化目标相违背。

3. 公共事业（企业）

迈克尔·豪利特和 M. 拉米什说的公共事业其实指的是公共企业，又称为国有企业、国家企业或准国营企业，把它当作规制的一种极端形式[②]。在中国的城市里，除了上面涉及自然垄断领域的国有企业以外，凡是城市基础设施建设的一般都属于地方政府直接投资的一种特殊公共企业，即城投公司，它始于 1991 年政府投融资体制改革，当时要求地方政府对基础设施建设投资实行公司化经营，使其不再是政府下属的事业单位，它是有着很深历史印记的特殊市场经营主体。后来随着城市化推进，经营城市成为很多地方推进城镇化建设的指导思想，更多的城市资产被纳入城投公司，地方政府以这些资产为基础进行抵押等各种融资，融得资金再投入城市基础设施建设，这种模式在应对 2008 年美国次贷危机过程中被推向极致。中央推出的 4 万亿元经济刺激方案要求地方政府予以资金配套，短时间内显然存在巨大缺口，因此，地方城投公司作为地方政府筹集资金平台的数量与融资金额火箭般蹿升，从 2008 年地方投融资平台贷款余额的 1.7 万亿元激增到 2009 年末的 7.38 万亿元[③]，短短一年多时间增长了约 4 倍。几

---

① ［日］植草益：《微观规制经济》，朱绍文等译，中国发展出版社 1992 年版，第 22 页。

② ［加］迈克尔·豪利特、M. 拉米什：《公共政策研究——政策循环与政策子系统》，庞诗等译，生活·读书·新知三联书店 2006 年版，第 154—155 页。

③ 莫亚琳、莫龙炯、徐鹏程：《地方投融资平台的制度根源、问题和对策》，《经济研究参考》2015 年第 59 期，第 93—94 页。

乎所有城市都有地方投融资平台，城投公司的确为中国城镇化推进立下了汗马功劳，但实际上，城投公司中的资产除了土地以外盈利能力并不强，其中的风险不言而喻。在城市诸多公共事业中，城市公共住房在当下显得特别重要，需要发挥其特有的调控作用，建立、发展公共住房体系以满足城镇化发展的多层次需求。

4. 税收和使用费

迈克尔·豪利特和 M. 拉米什把税收和用户收费列为混合型工具，认为“用户收费类似于产权拍卖，是兼有规制和市场工具特征的政策工具”[①]，但是无论是税收还是收费，都是以国家强制力为基础，所谓市场工具特征只是借用了经济手段，所以在本质上它应该属于强制性工具。在中国更是如此，因为目前虽然提出了税由法定的原则，但在实践中仍然还是由政府部门主导。在城镇化过程中最受瞩目的税种就是房产税，大家都明白在现有的“土地财政”模式不可持续的情况下，寻找替代方案已经迫在眉睫，从发达国家情况看，房产税通常是地方政府财政收入的主要来源。从房产持有环节征税，不仅可以改变地方政府过度依赖“土地财政”造成的问题，塑造城市可持续发展的财政基础，而且也有利于抑制房地产投机现象，配合“房子是用来住的”这一政策目标的实现。但是征收房地产税面临的障碍不少，征收房地产税这一有效政策工具的运用，其中最大的障碍在法理上，中国城市土地国有制导致所有消费者购买的房屋都只有 70 年土地使用权，而没有所有权的财产很难课以房产税，从政府每年通过土地拍卖收取的巨额土地出让金可以看到，消费者支付的高额房价，最主要在于房屋所在的土地，而不是建筑房屋，但显然也不是房屋土地的 70 年总租金，那么对政府来说，

① ［加］迈克尔·豪利特、M. 拉米什：《公共政策研究——政策循环与政策子系统》，庞诗等译，生活·读书·新知三联书店 2006 年版，第 167 页。

土地出让金究竟应该属于什么法律性质的收入呢？只有一种解释，土地出让金至少包含了一部分房地产税，土地出让金实际上是种隐形的房地产税[①]，本来应该每年支付的房产税被一次性提前缴付了，再次征税变成重复收税，显然不太合理。所以另外一种说法则是房产税针对房屋征收，不计土地产生的费用，体现在税额上自然就比较小，现在上海市、重庆市等试点城市即是如此。如果按照这个思路，即使征收房产税也没有太多意义。因此，房产税的出台是长期规划，但是目前应该把重点放在土地出让金的规范管理上。在城镇化过程中，税收或使用费工具还有一个使用的重点领域就是城市环保，减少汽车尾气排放、城市河道污染处理、垃圾分类及其清运收费，还有对重污染产业的限制以及调整城市经济结构都可以使用收费方式。

（二）利益诱导型政策工具

利益诱导型政策工具指政府不再依赖国家强制力，而侧重利益引导的激励手段，它更多地使用契约手段，但受支持主体在一定程度上受政府制约，这是混合型政策工具的一种。

1. 补贴

补贴主要是在鼓励某种行为时使用，实际上是政府向特定主体的一种财政转移。补贴的形式有很多，主要有赠款、税收或收费优惠、票证、针对贷款的利率优惠、政府采购补贴，其手段的应用非常普遍。在城镇化领域比较典型的有：地方政府为了当地经济发展、吸引投资、招商引资过程中的税收优惠，包括用于产业结构调整、鼓励老旧产业、设施淘汰的产业补贴、鼓励新兴产业发展的补贴、创新型企业的补贴、支持小微企业的税收优惠，比如国务院最

---

① 王涌：《楼市迷局中的房地产税》，《中国改革》2010 年第 8 期，第 13—15 页。

近发布的《关于扩大对外开放积极利用外资若干措施的通知》中就明确规定“允许地方政府在法定权限范围内制定出台招商引资优惠政策”“外商投资企业同等适用研发费用加计扣除、高新技术企业、研发中心等优惠政策”[①]；为了鼓励大学生毕业创业的补贴，规定自主创业的毕业生从毕业年度起可享受三年税收减免的优惠政策[②]；为了鼓励农民工购房的购房补贴，如河南省政府出台的《关于促进农民进城购房扩大住房消费的意见》明确规定超过一定规模的进城农民团购商品住房，政府可适当给予一定比例补贴，农民进城购买新建商品住房和二手住房的，当地政府可在国家规定基础上适当降低交易手续费标准[③]；为了改善城居环境，各个城市进行旧城拆迁、棚户区改造的过程中也都会发放专项补贴；为了吸引人才的住房、购房补贴，比如著名的深圳市《关于促进人才优先发展的若干措施》提出，新引进入户的全日制本科及以上学历的人员和归国留学人员发放一次性租房和生活补贴，本科每人1.5万元，硕士每人2.5万元，博士每人3万元，而高层次人才最高安居补贴可达1000万元[④]。可以说各种各样的补贴种类繁多，存在一定程度的滥用情况，比较典型的是地方政府在招商引资方面的恶性竞争，比如定向优惠出让土地、变相返还土地出让金、税收返还、满足企业低息贷款等融资需求等[⑤]，很多现象屡禁不止，长期存在，因此，规范补贴政策工具的使用非常必要。

---

① 国务院印发《关于扩大对外开放积极利用外资若干措施的通知》，中央人民政府网站（http://www.gov.cn/xinwen/2017-01/17/content_5160694.htm）。

② 《两部门发布关于支持和促进就业有关税收政策的通知》，新华网（http://news.xinhuanet.com/2010-10/29/c_12716298.htm）。

③ 《河南省人民政府办公厅关于促进农民进城购房扩大住房消费的意见》，人民网（http://henan.people.com.cn/n/2015/1111/c351638-27074283-3.html）。

④ 《关于促进人才优先发展的若干措施》，《深圳特区报》2016年6月15日。

⑤ 沈会丰：《地方政府招商引资乱象解析》，网易（http://money.163.com/14/0819/09/A40HESFV00253B0H.html）。

2. 产权拍卖与流通

产权拍卖与流通就是在没有市场的领域建立了市场。通过设置固定数量的可转让消费权证，政府创造了一个市场，购买到消费权证的消费者得到等量资源的消费权，价格机制在被创造的稀缺资源消费权市场中发挥作用[①]。毫无疑问，城镇化过程中土地是最为稀缺的资源，2002 年前中国城市土地的出让方式多以协议为主，《招标拍卖挂牌出让国有土地使用权规定》出台后，境内商业、旅游、娱乐及商品住宅等各类经营性用地必须以招标、拍卖、挂牌方式出让，并且“招拍挂”的出让方式、范围、内容、程序、法律责任都有一系列详细规定，2004 年国土资源部《关于继续开展经营性土地使用权招标拍卖挂牌出让情况执法监察工作的通知》强化了政策的执行，自此招拍挂制度正式全面确立，以协议方式出让的土地面积不断减少，2010 年时就有重庆、江西、上海等 11 个省市区土地“招拍挂”出让面积比例都达到 90% 以上[②]。虽然，招拍挂出让的也不是物权的完全转让，不属于真正的产权拍卖，而且拍卖制度本身也存在着很多不足，但是不管问题有多大，比起当初协议的出让方式已经进步很多，建立了从未存在的土地统一市场，土地资源市场价值得以显现，土地的绝大部分溢价从房地产商那里转入政府手中，普通民众能分享到一部分，也改变了外地房地产开发商原先的弱势，为房地产商异地开发提供了条件，土地资源配置得到优化，公平性有了更好的保障。但是土地“招拍挂”制度只是解决城市国有土地流转问题，而农村的集体所有制土地这一重要组成部分却由于制度的规定未能实现市场化。重庆“地票”流转模式在农村土地资源市场化方面的尝试已经走出了第一步。以后还可以在土地产权

① ［加］迈克尔·豪利特、M. 拉米什：《公共政策研究——政策循环与政策子系统》，庞诗等译，生活·读书·新知三联书店 2006 年版，第 163 页。

② 王玉波、恽晓方：《国有土地出让方式地域差异研究——基于治理土地财政视角》，《东北大学学报》（社会科学版）2015 年第 2 期，第 156 页。

改革方面有进一步探索，比如在创造国有制城市土地市场以后是否也能创造一个集体所有制土地流转市场，集体建设用地不再由国家垄断征收，通过其他形式进入市场，或者实现国家土地完全国有化，建立真正产权统一的土地市场，改变目前的二元分割局面。

（三）信息型政策工具

所有利益主体理性决策的依据都是信息，所以信息的可靠性、公开性、可获得性在政策执行过程当中意义非常重大。有的在提供信息过程中，信息提供者不带有任何倾向性意见，比如政府财政预算的公开、经济社会统计数据的公布，但是公开与否本身却包含了一些倾向性意见。有的信息提供与交流的过程中，政府有倾向性意见，只是不采用政府的强制力，而是采用协商、交流、教育、劝勉等方式，希望信息的接受者能按政府的倾向性意见行事。比如召开协商会、学习会，甚至包括发表社论等方式。这种政策工具在现在强调民主、自由的氛围中越来越应该受到重视，它可以有效地降低管理成本。尤其在一些突发性冲突事件中，做好信息的提供与交流是非常重要的。在城镇化中，像农村拆迁的整个过程就特别需要信息型政策工具，做到补偿标准公开、规划公开、过程公开，否则容易导致重大纠纷。尤其是针对城市房产市场，目前的信息公开程度非常差，这导致了人们很多非理性行为。例如房产泡沫重要指标之一的空置率究竟多少，居然没有人能说清楚[①]。对于已经发展了接近二十年的房地产市场，简直不

① 政府部门对房子空置率的统计上一直是空白。国家统计局新闻发言人盛来运说：“从短期和表面上看，主要是空置的状态和时间很难给出标准，要清楚计算出来难度较大。从深层来看，主要是我们还没有征信制度支撑，调查缺乏客观科学的依据。未来寄望于不动产登记制度的实施。”详细参见郑钧天、王政、涂超华《中国楼市空置率到底有多高?》，新华网（http：//news. xinhuanet. com/mrdx/2015 -05/02/c_ 134203654. htm）。这个说法并不令人信服，实际上空置率统计并不困难，比如采用水电费连续缴纳数据的统计肯定能有效反映空置情况，而且水电公司都是国有企业，数据获取一点都不困难。

可思议。如果要建立房地产风险预警预报系统，信息数据系统的建立则是首要，而且这样的数据必须向全社会公布，包括在上文中提到的。此外，房地产交易信息依然零碎分散，每个中介交易商各显神通，市场数据分割，有的房产交易商把它做成了收费的数据系统，如中国指数研究的 CREIS 数据库和易居房产的克而瑞数据库，实际上这样的原始交易数据应该由政府建立一个统一的数据平台供全社会共享，而如今透明售房网上的官方信息都只是短期数据与简单均价数据，缺乏历史数据和更详细数据的公开。在交易过程中，需要加大打击信息弄虚作假的行为，避免造成太多的信息噪声，尤其要进一步规范房地产中介商交易行为，比如房产挂牌价不应该只有卖房者价格，更重要的是成交房产均价信息，让看房者了解真正的市场价格。

（四）自愿性政策工具

不是所有的社会问题都能成为公共政策问题，只有政府觉得有必要或者有能力采取政策措施的社会问题才是政策问题。不是政策问题的社会问题，多数都应该运用自愿性政策工具进行解决，此时不作为就是最好的政策。自愿性政策工具与强制性政策工具最大的区别在于政策工具产生、起源都是非政府、相信市场、自愿性组织，且家庭社区能够有效解决部分社会问题，尤其在中国，这非常有助于减轻政府的压力和负担。

1. 市场

市场是目前人类社会创造出来的资源配置最具效率的制度形式，在绝大多数领域，市场规则是最基础最重要的，所以中共十八届三中全会提出把市场在资源配置中起基础性作用改为起决定性作用，在处理政府与市场的关系时，是市场而不是政府起决定性的作用，把市场作为一种政策工具，处理政府与市场的关系是核心。虽然绝大多数市场都是自发产生与形成的，但是市场的壮大、规范有序建立离不开政府强有力的支持与监管，即使需要政府发挥在市场发展中的重要作用，也需要以尊重市场发展规律为前提，管住并管好“看得见的手”是政府工作的重要指导原则。新型城镇化是政府主导型的城镇化，特别需要注意发挥市场在城镇化中的作用。城镇化的过程就是市场不断发展的过程，各种经济要素在城市化过程当中流动，也只有在流动中才能创造更大的价值，人们通过市场信号进行利益选择，市场决定各种资源最终的流动方向，市场这只“看不见的手”对城镇化进程起着根本性调节作用，市场的力量是城镇化过程中的基础力量。在市场经济国家，市场发展水平决定了各个城市的工商业以及国民经济社会发展水平，而工商业的蓬勃发展是城市兴旺之道，因为只有工商业发达才能带来人流、物流、信息流的聚集，聚集是城市化的最重要效应，中国中西部地区大量人口流向东南沿海并促进东南沿海地区的繁荣就是明证。同时，市场经济的发展决定了不同地区和不同的产业布局、人口结构的变化，人口不断大量流入的城市，如深圳等城市人口年龄总体较轻，竞争力较强，不同城市在市场经济中竞争催生形成新的城市格局，打破了原先按行政级别划分的体系，促使城镇体系空间结构发生变化，不同的城市也能在市场竞争过程中形成合理分工，这就为城市群的良好发育奠定了基础，所以城镇化的发展路径最终决定力量在市场而不是政府。当然市场秩序必须依靠政府的维护，市场中资本的力量总是逐利，甚至冒着违法违规的风险。比如城镇化生产者网络的重要力量——房地产中介，虽然有一定行业规范，但实际的管理一直都比较疏松，很多恶性行为对房价的不断上涨推波助澜，比如被列入住建部重点整治行为的房地产中介机构编造散布谣言、发布虚假信息、赚取房源差价、挪用交易资金、违规开展金融业务、违规代理销售、无照经营等违法违规行为等[①]。交易秩序的规范化运行始终是交易性市场管理的重中之重，就像证监会最重要的职责就是维护市场公平公开公正、维护投资者特别是中小投资者的权益、促进资本市场健康发展，房地产交易市场何尝不应该如此呢！当然市场也有其弱点，市场失灵在很多领域都存在，所以市场工具使用的同时，一般都要有辅助性工具，比如说对在交易中处于劣势的消费者权益进行保护。此外，市场不但是一种机制，也是一种思维，比如上面所说的利益诱导型政策工具实际上就是市场经济手段的运用，承认各类主体利益的合理性，合理的城市经营理念同样是市场思维在城镇化中的运用。

2. 自愿性组织

市场经济的发展必然导致利益主体的多元化，在此背景下，各个利益主体良性互动机制的建立以及反映各个利益群体利益诉求的通道形成都非常重要。公民作为个体力量相对较弱，其利益诉求有时不一定能够得到满足，公众直接参与的效果容易受到抑制，如果公民能团结在一起形成自愿性组织或团体，这样的社会组织能够更好地代表公众利益进行政策参与，各类自愿性组织成为公民个体与政府之间的沟通桥梁，在自下而上地反映群众各种利益诉求的同时也能自上而下地转达政府的信息与要求。在现代社会，应该重视自愿性组织的自治功能，充分发挥其在利益表达、协调平衡方面对市场机制、政府管理形成良好补充的作用。在城镇化政策网络的专业网络中，规划师面对行政力量很难有足够抗力坚持自己的职业追求，加强规划师的组织与自我管理，或许是一种思路。对于规划设计方案，除了市场买方以外，还需要规划师协会的讨论认可，那种只顾市场效益而不管规划合理性的规划就很难通过，并且还可以通

① 《住房城乡建设部再次强调规范房地产中介行为持续整顿市场秩序》，《中国建设报》2016年11月28日。

过会员资格审查的方式加强对规划师的考核，改变目前拿到资格以后就没有管理的问题。同样，城镇化的人口集聚产生了更多人与人之间的交集，在产生聚集效应的同时必然也增加了大量的矛盾，这要求分工越趋精细化，许多问题只靠政府显然已经无能为力，可见，自愿性社会组织的培育与发展成为中国城市发展迫切的任务。例如，城市生态文明的重要一环就是实现垃圾分类管理，并对垃圾进行无害化处理。现在城市化伴随着大量人口的流入，城市垃圾围城现象越来越严重，但是面对如此多的个体、不同层次的群众，要做好垃圾分类处理难度确实很大。如果只是采用强制手段，显然会遇到法不责众的难题，而且取证也是个问题，执法成本高昂，广州市尽管前几年制定了相关的罚则，但并没有被很好地执行，不是执法不力，而是实在不知从何下手[①]。所以处罚只能是辅助手段，更重要的是做好垃圾分类处理的教育工作，而这个工作涉及人员如此之广，只靠政府肯定无法实现，毫无疑问需要依靠社会自愿性组织的力量，它们不但能够协助政府制定相关垃圾分类的具体流程和做法，而且能够深入社区进行广泛宣传，并推动居民执行，“嵌入式”的服务比简单的动员、命令、号召要有效。

3. 家庭和社区

在中国传统文化中，历来重视家庭在社会发展中的作用，“家文化”即使在现代的中国也没有多大的改变。社区的概念也随着社会公共空间的不断拓展与社会专业化分工的深入，日益被人们所接受。社会的许多需求，比如养老等绝大多数的服务都由家庭与社区提供，政府反而只是辅助角色。在城市中，随着单位制的日渐衰落，社区已经成为城市的最基本单元，也是城市居民的主要生活空间和社会管理的战略支点。在城市发展中，调动社区居民和社区内

① 曾德雄：《解决垃圾分类是该从“社会性”入手了》，《南方都市报》2017年1月11日。

单位参与社区管理的积极性对于解决基层一些问题和纠纷、维护社会基本秩序、保持社会和谐稳定具有重要意义。城镇化是一个农村户籍人口向城市不断移动的过程，农村户籍人口能否真正落脚城市，有效融入城市非常关键。现在解决农民市民化待遇问题才走出第一步，即使以后完全拆除农村户籍和城市户籍人口之间的制度藩篱，来自农村的孩子是否能完全融入城市，城市居民是否能从心底里接受农村人口，社会排斥是否会发生仍然需要观察。比如上海市已经将非上海户籍居民子女纳入九年义务制教育，流动人口市民化迈出一大步，但是由于非上海户籍居民多数居住比较集中，各个城区往往指定几所学校集中安排非上海户籍居民子女入学，于是就出现了上海户籍居民子女不愿意去这些学校就读的现象[①]。在同一个城市里面形成差别巨大的不同性质社区，这种局面一旦形成很难扭转，流动人口的城市化也只能完成一部分。只有农村户籍人口能真正融入城市才是真正实现城市化，否则仍然会形成城市社会的二元结构，给社会稳定埋下隐患。中国的城镇化伴随的是城市老龄人口规模的不断扩大，养老问题在城市发展过程中比较突出，虽然养老模式很多，但是无论是政府还是市场都不足以解决问题，在中国居家养老或许是最合适的选择，家庭与社区联动，自愿性组织参与，政府补助一定经费购买它们的服务。2008 年全国老龄委等部门颁布的《关于全面推进居家养老服务工作的意见》明确了这种思路，坚持政府主导和社会参与，在社区层面建立居家养老服务机构、场所和服务队伍，整合社会资源，推动居家养老服务在城市社区普遍展开[②]。在此导引下，上海等较早推行居家养老服务的省市地区进一步加大了推进力度，出现了海曙模式、静安模式等区域性经验，为

---

① 张健明：《我国城市化进程中新二元结构问题研究》，上海交通大学出版社 2015 年版，第 100 页。

② 《关于全面推进居家养老服务工作的意见》，民政部网站（http：//www. mca. gov. cn/article/zwgk/fvfg/shflhshsw/200802/20080210011957. shtml）。

各地因时制宜解决养老问题提供了极好的借鉴。

二　影响新型城镇化政策工具选择的因素

新型城镇化的实现过程实际上就是新型城镇化政策的执行过程。政策执行是把政策目标、理想转变为社会现实的过程，是解决政策问题的关键环节。在政策方案已经基本明确和稳定的情况下，新型城镇化目标的实现最重要的毫无疑问是如何执行。

（一）新型城镇化政策的执行实质就是政策工具选择过程

城镇化是人类社会历史发展的自然结果，我国也不例外。对于所有后发展国家来说，优势就在于“后发”，可以通过总结发达国家发展过程中的经验教训为发展中国家的经济社会发展提供借鉴。虽然目前对是城镇化导致经济增长还是经济增长导致城镇化这样的问题仍然争论不休，但是有一点可以肯定：没有一个高收入或经济增长快速的国家不伴随着实质性的城镇化，正是人们看到城镇化在经济发展中的作用，所以包括中国在内的所有发展中国家都希望通过推进城镇化为国家社会发展服务。发展中国家的城镇化更多地带着人为的痕迹。而城镇化又是涉及面如此之广的社会工程，必要的政策规划非常重要，因此，城镇化首先是一个“从上到下”的政策执行过程，需要关注城镇化过程中政策目标的合理性、财政资源的分配、各层级政府之间的整合、城镇化目标群体的规模与行为需要修正的程度、政治领袖的支持、执行官员的投入程度、社会经济与科技状况、大众的支持程度等问题。毫无疑问，城镇化同时也必须关注“从下到上”政策执行过程，不仅因为城镇化过程中市场力量无处不在，而且仅仅依靠政府机构力量远远不够，城镇化需要多元主体的共同参与是不争的事实，了解具体行动者在城镇化参与过程中的利益、目标、动机、认知态度，权威和资源在多元行动者之间的分布状态以及执行结构所处的环境等因素对执行效果非常重要。因此，基于权变的理念，新型城镇化政策执行应在对上述两种思路进行整合的基础上，搭建一个和新型城镇化自身特点相适应的执行框架，更好地实现新型城镇化政策目标。也就是在城镇化过程中，应该选择那些与新型城镇化特征、政策执行结构相融合的政策工具来推进新型城镇化。

（二）影响新型城镇化政策工具选择的要素图谱

在政策执行过程中，选取哪一种政策工具对既定目标能否实现具有关键作用。如前文所述，关于政策工具选择的研究存在五种最为典型的研究途径，即传统工具途径、修正工具途径、制度主义途径、公共选择途径以及政策网络途径，这五种研究途径相互之间可以借鉴与融合。或者也可以把五种研究途径理解为对政策工具影响最关键因素，所以我们可以从每种研究途径的特点出发，从而观察影响新型城镇化政策工具选择因素。萨拉蒙指出，“在当今时代，有效项目设计，不仅需要有关可用政策工具以及应用环境的信息，而且还要确定目标实现的顺序”①，综合起来看，不外乎政策及其目标、工具本身的特点、工具应用的背景、社会环境等几种要素。

1. 政策及其目标

在传统的政策工具研究中，都是根据目标的重要性来选择政策工具，目标—手段的逻辑关系是其哲学基础，这意味着政策目标的确立是独立于政策工具的，当然也在政策工具选择之前。而清晰的政策目标又需要对政策问题的准确理解。只有对政策问题深入分析

---

① 详细论述参见［美］莱斯特·M. 萨拉蒙主编《政府工具——新治理指南》，肖娜等译，北京大学出版社 2016 年版，第523 页。

和诊断，才能知道怎么去做，要达到什么样的目的，从而设计出良好的政策方案，选择有效的政策工具。新型城镇化正是建立在对我国目前城镇化存在的问题透彻了解的基础上提出来的政策目标，《国家规划》中非常清楚地描述了城镇化过程当中产生的诸多问题：(1) 农民市民化进程滞后，2.34 亿进城农民未能享受与城镇居民同等的基本公共服务，形成新的二元结构；(2) 城镇化滞后于工业化，产业集聚与人口集聚不同步；(3)“土地城镇化”快于人口城镇化，新城新区等占地过大，建成区人口密度偏低，农村人口减少但农村居民点用地却大幅增加，威胁国家粮食安全，一些城市过度依赖土地出让收入及其融资推进城镇建设，财政金融风险凸显；(4) 城镇空间分布和规模结构不合理、协作不够、集群效率不高，与资源环境承载能力不匹配；(5) 城市管理服务水平不高，“城市病”日益突出；(6) 城乡文化保护不力，建设缺乏特色，自然文化个性被破坏严重；(7) 现行户籍、土地、社保、财政、行政等制度，固化着已经形成的城乡利益失衡格局，阻碍了城镇化健康发展①。规划在此基础上提出了一个共同努力的政策目标，并把它分解为五个发展目标，具体可见表 4.1。虽然目标多重，但是实际上所有目标都指向一个方向：城镇化质量的提升，质量目标由城市生活宜人、格局合理、体制完善、四化同步、生态和谐、文化特色等分目标构成，这样的目标构成科学合理，目标与问题的对应性非常清楚。这些都是城镇化在新的历史发展阶段面临的新的历史任务，对于政府来说，也是新的工作目标。

如果目标明确后，选择相对确定的政策工具就可以了，那么政策执行就很简单。可问题偏偏在于政策目标只是一个理论性规定，尤其是过于理想化的目标因受到现实制约很难落实。

---

① 《国家新型城镇化规划（2014—2020 年）》，人民出版社 2014 年版，第 9—19 页。

2. 政策工具本身

对政策工具的关注是典型的工具途径研究的重点。在上述政策工具在城镇化领域运用的分析中，从强制性政策工具到自愿性政策工具，政府的强制性力量逐次减弱，社会性的力量逐渐增强，但是两种力量并不是相互替代，混合型政策工具实际上就是兼具这两类的某些特征。不同的政策问题解决适用不同的工具，每一种政策工具都有它的适用范围与价值，但同时也存在自身的缺陷。迈克尔·豪利特和 M. 拉米什提出了一个政策工具适用模型，他们认为政策工具在何种情况下适用取决于两个变量：一是国家可以影响社会行动者的组织能力的大小；二是子系统的复杂性，特别是政策对象的数量和规模，根据这两个变量，就可以勾勒出每种类型政策工具的适用范围①（表 6.1）。从这个模型角度看，市场的工具比较适用于系统复杂，涉及利益广泛的领域而且对国家能力要求较高，也就是市场经济真正能有效发挥作用对国家能力是有要求的。这从全世界这么多市场经济国家，但是真正具有很强竞争力的国家却不多可以看出端倪。或者也可以说运用市场政策工具的同时也需要政府能力的加强。政策系统复杂但是国家能力要求不高的领域适用家庭、社区等这些政策工具，这些自愿性政策工具能比较好地适应政策过程中各方行动主体及其利益关系。对于政策系统不那么复杂的领域，如果政府能力较强适用直接工具，而国家能力较弱的则适合混合型工具。这是一种比较粗略的工具适用范围，每一类政策工具中的具体工具特点在工具箱部分已经结合城镇化做了论述，这里不再一一列举。这些政策工具的特点研究与具体政策结合才有意义。

① ［美］迈克尔·豪利特、M. 拉米什：《公共政策研究——政策循环与政策子系统》，庞诗等译，生活·读书·新知三联书店 2006 年版，第 281 页。

表 6.1　　　　政策工具适用模型

<table>
<tr><td colspan="2" rowspan="2"></td><td colspan="2">政策子系统的复杂性</td></tr>
<tr><td>高</td><td>低</td></tr>
<tr><td rowspan="2">国家能力</td><td>高</td><td>市场工具</td><td>受管制的公共企业，或是直接规定的工具</td></tr>
<tr><td>低</td><td>自调节的，家庭社区的工具</td><td>混合工具</td></tr>
</table>

吉尔霍德一直主张政策工具独立的研究，他认为政策失灵的原因之一就是把不同类型的政策结合起来加以运用，但实际上，鲜明地区分在某一政策领域不同的政策工具显然是困难的。所以主张不同的政策工具之间并不完全独立，各种工具可以交叉使用比较符合事实，可以避免单一研究的单向性偏差①。政策工具的互动和结合同样也会影响政策工具选择。中国城镇化是典型的政府主导型城镇化，而且中国社会目前的发展阶段是社会力量的发育本身不足，在政府想运用自愿性政策工具时同样会遇到自愿性组织的能力问题，有的政府部门把这种短期内发展的问题认为是社会组织内在的缺陷，会重新寻求政府力量解决，而不再寄希望于社会组织，这样非常不利于社会组织的长远战略发展。所以中国城镇化中的问题有时更倾向于使用政府的力量，而容易忽略市场机制的调节作用，因此，必须注意多管齐下，运用政策工具推动问题有效解决。

3. 政策网络（政策工具应用背景）

政策工具并不能自我实现，其应用要求有组织的努力，还不局限于政策实施组织的活动，比如库尔哈斯提到了目标群体中有权势人物的影响，以及在政策实施环境中实施者和行为者之间的相互依

① ［荷］H. A. 德·布鲁金、H. A. M. 霍芬：《研究政策工具的传统方法》，载［美］B. 盖伊·彼得斯、弗兰斯·K. M. 冯尼斯潘主编《公共政策工具——对公共管理工具的评价》，顾建光译，中国人民大学出版社 2007 年版，第 23—24 页。

赖性等[①]，政策工具赖以实施的执行组织、目标团体以及以前的政策工具共同构成了政策工具应用的重要背景。此外，目标受众并不是单纯地被动接受，而更多与其他利益主体的互动成为常态，实际上也就是政策过程越来越多的多元主体互相依赖，通过特定的方式互动连接，政策工具与政策工具环境之间也形成互动，这就形成一个政策网络，所以政策工具的工具环境最大的变量就是政策网络。政策网络中行动者的价值观念、行为经验、偏好、他们之间互动结成的正式关系和非正式关系、对政策的遵循程度都影响政策工具选择，而且政策网络作为整体结构也影响政策工具选择，政策网络本身就是一种政策工具。

在城镇化的政策网络中，最重要的是政策社群与府际网络之间的互动，府际网络以执行组织的面貌出现，府际网络会倾向于选择有利于自己利益的政策工具，比较典型地体现在对流动人口的管制上，无论是社会共识的公平公正的政策目标，还是中央政府对地方政府的政策期许上，都要求府际网络更多地做好人的城镇化，也就是放宽对人口流入的限制，推进农民工市民化进程。2016 年 9 月 30 日颁布的《关于印发推动 1 亿非户籍人口在城市落户方案的通知》明确规定，超大城市和特大城市要以具有合法稳定就业和合法稳定住所（含租赁）、参加城镇社会保险年限、连续居住年限等为主要依据，区分城市的主城区、郊区、新区等区域，分类制定落户政策；大中城市不得采取购买房屋、投资纳税等方式设置落户限制。城区常住人口 300 万以下的城市不得采取积分落户方式，这意味着超大城市和特大城市依然实行人口管制，只是换了一种方式而已，因为即使落户也分城市所处区域，这种积分落户实质上还是把

① ［荷］H. A. 德·布鲁金、H. A. M. 霍芬：《研究政策工具的传统方法》，载［美］B. 盖伊·彼得斯、弗兰斯·K. M. 冯尼斯潘主编《公共政策工具——对公共管理工具的评价》，顾建光译，中国人民大学出版社 2007 年版，第 25 页。

人分成三六九等；规定明确城区常住人口 300 万以下城市不能实行积分制落户，这意味着城区人口在 300 万以上的城市才可以实行积分制入户。但是地方政府是否就此执行了呢？以浙江省金华市为例，在国务院政策推动下，户口登记实行了所谓的居住证制度，不再区分农业户口与非农业户口，有了一定进步。但是 2015 年 3 月 10 日《金华市人民政府关于积极稳妥推进户籍制度改革的实施意见》（以下简称《实施意见》）中提出“有序放开城区人口 50 万至 100 万城市落户限制”，城市综合承载能力压力大的地方，可以对就业范围、年限和合法稳定住所的范围、条件等作出具体规定，但对合法稳定住所不得设置住房面积、金额等要求，对参加社会保险年限的要求不得超过 3 年，实际上“有序放开”就是有条件落户，文件规定以“城市综合承载能力压力大”为理由已经与中央最新精神相悖，相信没有哪个城市会说自己城市的综合承载能力压力小。2017 年 1 月 6 日金华市政府虽然对行政规范性文件进行了清理，但是在《金华市人民政府办公室关于公布行政规范性文件清理结果的通知》中依然把上述《实施意见》放在保留的行政规范性文件目录中[①]，也就是说在当地行政管理中依然有效。但是究竟如何落户在意见中却是语焉不详，尤其是农民工如何落户更是没有具体操作细则。由此可见，中央政府对人口流动开始放松管制或者定向管制，明确城区人口 300 万以下城市完全采用市场政策工具，彻底放开人口流动限制，但是作为执行机构的地方政府仍然倾向采用管制而非市场的办法，对流动人口仍然采用只要贡献和收益，不愿支付成本掠夺性做法，把劳动力自由流动的公平公正的政策目标置若罔闻。政策目标的实现、政策工具的选择受制于政策网络中行动者的

---

① 《金华市人民政府关于积极稳妥推进户籍制度改革的实施意见》《金华市人民政府办公室关于公布行政规范性文件清理结果的通知》两个行政性文件都可见金华政务网（http：//www. jinhua. gov. cn/art/2017/1/12/art_ 6243_ 1900. html）。

行为，要改变这种情况只能从政策网络管理入手。

4. 社会环境

如上文所述，R. 巴格丘斯提出了政策工具设计有效的四个条件：政策工具、政策问题、环境和目标受众的特征。工具特征与政策环境、问题和目标受众相匹配时政策工具才能有效，但是由于环境本身涵盖的内容特别复杂，可以把任何影响政策工具选择的非其本身的因素都归结为环境。只说环境因素太过笼统，修正主义的政策工具研究者虽然突出了政策环境对政策工具选择的重要影响，但环境究竟由哪些要素构成并没有明确。其实，上述的政策工具应用背景实际上相当于就是影响政策工具选择的微观或中观环境，不同于整个宏观社会环境，社会环境对政策目标、政策网络、工具选择都有制约作用。这里借用马什（Marsh）和史密斯（Smith）政策网络辩证模型中对宏观层次变量的分析，政策工具宏观环境主要变量有：宏观经济、意识形态、历史文化、制度环境。这些变量既可能直接影响对政策工具的选择，也可能通过政策目标、政策网络、政策工具内涵等要素的变化间接影响政策工具的选择。

第一，宏观经济是影响政策工具选择的最直接变量。2000 年以来，中国的城镇化始终和启动内需挂钩。国务院总理李克强在出席博鳌亚洲论坛 2016 年年会开幕式的演讲中表示，中国正在城镇化加快发展进程中，这是中国最大的内需所在，基础设施投资尤其中西部的有效投资需求还很大，这有利于为消费升级和民生改善排除障碍、优化环境、创造条件，也有利于农业现代化[①]。在要求城镇化为经济发展提供支持的思路下，当宏观经济出现疲软时更容易采取直接投资的政策工具，通过扩大基础设施投资建设来刺激经济发展。在经济新常态背景下，面对经济降速可能带来的经济波动，加

① 李克强：《城镇化发展是中国最大内需所在》，新浪网（http://finance.sina.com.cn/stock/t/2016-03-24/doc-ifxqsxic3113369.shtml）。

大城市基础设施建设尤为必要，但更重要的是通过城市社会建设，激发创新创业活力，而这只能通过市场政策工具达成目标。

第二，意识形态是影响政策工具选择的刚性变量。意识形态在整个社会科学中是最难以把握的概念，针对它的基本内涵存在激烈争论，因为它探究的是我们最基本的观念的基础和正确性[①]。所以用这个变量观察政策工具的选择自然就比较困难，本文无意对意识形态本身的概念进行深究和讨论，使用一般意义上意识形态概念的内涵。马克思虽然写过《德意志意识形态》一文，但并未给意识形态下过准确定义，我们通常使用《德意志意识形态》中对意识形态的具体阐释，认为意识形态代表的是统治阶级的思想，“以思想的形式表现出来的占统治地位的物质关系”[②]。总结起来，意识形态就是在阶级社会中适合一定的经济基础、上层建筑，代表统治阶级根本利益的情感、表象和观念的总和，并由具体的意识形态——政治、法律、经济、社会思想、伦理、艺术、宗教等构成的有机的思想体系[③]。诺斯的看法基本与此类似，他认为“意识形态是由一种内在联系，通观世界的看法构成”，在一定场合中，立法者、管理者和行政部门面临多种选择时，意识形态成为决定性的因素。[④] 最典型的体现在中共十一届三中全会提出的改革开放总路线——“一个中心，两个基本点”对社会整体的影响，尤其是以经济建设为中心，被人们称之为发展主义。城镇化在实践中被人们片面地理解为“经营城市”，片面强调城市的经济发展，在近些年又极端地体现为土地、房地产开发，导致席卷全国上下、裹挟所有社会力量于其中

① ［英］大卫·麦克里兰：《意识形态》，孔兆政、蒋龙翔译，吉林人民出版社 2005 年版，第 1 页。

② 《马克思恩格斯文集》第 1 卷，人民出版社 2009 年版，第 550 页。

③ 俞吾金：《意识形态论》，上海人民出版社 1993 年版，第 129、131 页。

④ ［美］道格拉斯·C. 诺思：《经济史上的结构和变革》，厉以平译，商务印书馆 1992 年版，第 52、57 页。

的城市地产经济运动，而且它还在自我强化。在政策工具的选择上都围绕更有利于发挥政府主导作用、短时间内出效益的要求而展开，自然更多的倾向能有效掌控直接投资、设立公共企业（城投公司）的方式，这种模式确实能在较短时间内推进经济增长，并且有时能成为逆周期调节的工具，但把政府财政都与土地绑在一起的做法，个中风险也不言而喻。发展主义表现在干部人事制度上则是，会“发展”的干部优先发展，“GDP 锦标赛”必然导致为了多收益要少付出，农民工的“不完全城市化”现象就产生了，对城市社会的文化、环境等方面的发展也无暇顾及，偏离了社会正义目标。

第三，历史文化是影响政策工具选择的深层变量。历史文化既是一个宏观变量，也可以是一个微观变量。中国城市化所有的要素都受到历史文化的影响，因为城市化过程中所有的行动者都是历史文化的产物，而且很多已经内化为我们的行为习惯，是不自觉的、潜意识的，有来自千年的民族心理积淀，也有最新的社会变迁建构。中国几千年来的农耕社会，历经动荡和社会变迁，已经形成独具特色的文化特征。比如农民对土地的眷恋，国家对农业的重视，以农为本的国家治理指导思想深入人心，在城市化中就表现为进城农民轻易不愿意放弃土地权益。在社科院做的大范围的流动人口生存状况调查中我们发现，“80 前”农民工有 80% 不愿意转为非农业户口，“80 后”也有 75% 不愿转。在愿意转户的人中，愿意交回承包地转非农业户口的比例仅有 1/2[①]。要让农民工真正愿意进行户籍转换，如果相应的城市服务没有足够含金量，实现户籍人口城市化水平提高难度并不小，或者干脆放弃户籍人口的说法，农民工在城市就业的同时保留耕地。如果是后者，耕地的流转制度建立就非常必要，因为农民工平时并没有时间耕种土地，不建立流转制度土

---

① 《社科院调查称八成农民工不愿放弃土地变“非农”》，新华网（http：//news.xinhuanet.com/life/2010－10/29/c_ 12716798.htm）。

地肯定就会撂荒。因此，既然现在已经明确给予农民工市民化农民保留土地的权利，那么针对农村土地，必须运用市场政策工具建立耕地流转制度。另外，中国历朝历代农民战争的起源都是由于饥荒的大量发生，所以粮食安全是中央政府非常重视的问题，18 亿亩耕地红线也因此提出。虽然对是否要设置这个耕地红线有不同看法，但是以这个理由对城镇化土地的合理利用进行限制是站不住脚的。从全国第二次土地调查可知，2009 年全国耕地面积为 13538.5 万公顷，合 20.30775 亿亩，比基于全国第一次土地调查逐年变更到 2009 年的耕地数据足足多出了 2.038 亿亩![①] 而且城镇化某种程度上是提高了土地的利用效率，反而农村对土地的浪费比较严重，据九三学社关于城镇化发展的调查报告，我国农村常住人口每年以 1.6% 的速度在减少，但宅基地却以每年 1% 的速度增加，农村每年建房占地 200 万亩左右，两者呈现反常的背离[②]。因此，城镇化过程中，土地利用管制的对象应该是农村，而不是城市。政策工具的使用对象非常重要。

第四，制度环境是影响政策工具选择的规则变量。制度是人为设计、形塑人们互动关系的约束，并对人们在政治等领域里的交换形成激励[③]，它既可以通过影响政策网络的形成以及行动者的策略来影响政策工具选择，又可以直接影响政策工具选择。中国制度环境的根本特征就是社会主义制度的规定性，其中最典型的是把公有制作为社会主义经济的基础，与城镇化直接相关的就是土地公有制。关于土地的这种宪政性规定直接封杀了把土地私有作为保护农民权利最有效制度的操作空间，虽然中华人民共和国成立以后一段

---

① 陈斌：《耕地红线 18 亿亩：凭什么》，《南方周末》2014 年 5 月 2 日。

② 《农村宅基地面积每年增 1%，1/4 农房常年无人居住》，搜狐网（http://news.sohu.com/20130303/n367612349.shtml）。

③ ［美］道格拉斯·C. 诺思：《制度、制度变迁与经济绩效》，杭行译，格致出版社 2008 年版，第 3 页。

时间内实行的都是农民的土地所有权，1954 年《中华人民共和国宪法》第八条明确规定“国家依照法律保护农民的土地所有权”。比如像农地产权改革这类混合型政策工具，都必须在这一制度环境中进行创新，否则政治意识形态的阻力会扼杀所有改革。建立在公有制基础上的政府为直接提供、举办公共事业企业、管制这些政策工具打开了方便之门，或者这些工具本身就是制度的内在规定。中国经济体制改革的目标是建立社会主义市场经济体制，而且已经明确市场要在资源配置中起决定性作用，所以市场这类政策工具在中国也会成为基础性的政策工具。强制性政策工具与制度环境性质高度合一，而市场之类政策工具的使用则还需要寻找与公有制磨合的路径，所以在中国应该更多地强调运用市场政策工具，限制对强制性政策工具的过多使用。现阶段，中国制度环境最大的特征在于体制转型，且尚未形成成熟的制度环境。新型城镇化就是体制渐进转型与快速城市化重叠型的城市化。这种体制转型的特征是政策工具选择的重要变量。体制转型是由政府主导的渐进性过程，由于对转型的不可预知性风险难以估测，所以政府对转型过程的控制要求比较高，管制的政策工具使用相对比较普遍，即使是社会上呼声很高的放开户籍制度，同样也是渐进式。

综上所述，政策工具的选择受制于政策问题及其解决目标、政策工具本身特点、政策网络、社会环境四大要素。任何政策过程都起源于政策问题，什么样的问题需要制定什么样的政策并提出相应的政策目标，政策工具为实现政策目标而定，这构成政策工具选择的最基础模型，在这个逻辑回路中政策问题、政策及其目标、政策工具本身特征等节点分别都是政策工具选择的重要影响因素。虽然一定的问题与目标必然对应着相应工具，但是目标与手段间并不是直接而简单的技术关系，“最合适工具的抉择，不能由数学公式来自动决定，即便情景背景已经相当清晰”，“工具设计需要技术与政治两方面的综合考量”①。政治的考量主要来自环境的压力以及包括执行组织在内的政策网络，政策及其目标必须得通过政策网络才有可能得到有效执行，因此，政策工具的选择必须综合考虑这些要素，它们之间的逻辑关系如图6.2所示。

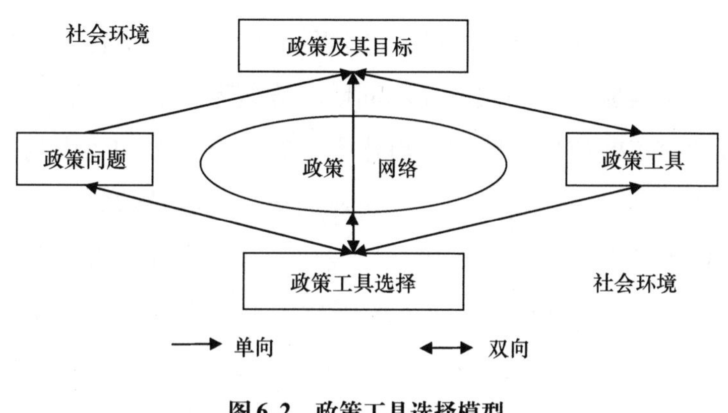

图6.2　政策工具选择模型

三　实现新型城镇化的政策工具优化

在国家新型城镇化规划中，城镇化问题被总结为七大方面，其实可以进一步简化为三大问题：城市端的发展、人的市民化、人与城市协调。因为城市本身如果发展不好就不具备接受众多农村人口转移的能力与条件，产业、环境、政府财政、房地产等城市资源需要协调发展，然后才是如何接受流动人口完成市民化的问题以及如何在城市中生活和谐的问题。

（一）市场化政策工具优先是城市化的客观规律

世界城市化历史告诉我们，城市化起源于资本主义工业化，最

① 详细论述请参见［美］莱斯特·M. 萨拉蒙主编《政府工具——新治理指南》，肖娜等译，北京大学出版社2016年版，第523页。

先完成工业革命的国家也最先基本完成城市化。综述部分已经列举了很多研究证明了这一结论。很多城市的兴衰更是从实践上佐证了工业化是城市化的根本动力的观点，远的有美国著名的汽车城底特律，这个曾经经济实力排名全美第四的城市于2013年7月19日申请破产保护，与美国汽车业的兴衰基本同呼吸，近的有中国的鄂尔多斯等资源型城市，因煤而兴，因煤而弱。尽管理论上有观点认为，工业化与城市化的关系在不同阶段表现不同，工业化初期，工业发展的聚集效应使工业对城市化率上升具有直接和较大的带动作用；当接近和进入中期阶段后，产业结构转变和消费结构升级的作用超过了聚集效应，城市化更多地表现为非农产业就业比重上升的拉动[①]。但是工业的发展，作为城市化的根本支柱贯穿各个阶段的始终，因为非农产业就业仍然建立在工业发展基础之上，凭空发展服务业也不可能。所以工业的强弱最终决定城市的兴衰，人随业走，而不是反过来。像鄂尔多斯那样以“城市化促进产业化”为主导思想，认为“抓城市建设就是抓经济建设”，并搞什么“补欠、拉大、崛起”的三步走战略[②]，根本就是本末倒置，是反市场经济的做法，最终必然造就的是“鬼城”而不是辉煌，其中教训非常值得我们认真反思。也就是，新型城镇化必须脚踏实地，从当地经济发展、产业变化的实际出发推进城镇化，违背城市发展规律人为造城，只能造成严重的资源浪费。

政策工具阵列的两端分别是国家强制性政策工具和自愿性政策工具，其核心就是正确处理政府与市场的关系。强调运用市场政策工具，就需要给市场更多的运作空间，相对减弱国家强制性工具的使用，表现在政府直接投资的减少与改进，公共企业垄断的放开、

① 具体参见郭克莎《城市化与工业化关系之我见》，《光明日报》2001年8月21日。

② 《揭秘鄂尔多斯真相》，网易（http：//money.163.com/11/0822/10/7C282EIF00253G87_2.html）。

放松管制。城市的发展除了工业的支柱作用以外，还必须依靠服务业提供更多的就业岗位。在工业化中后期，服务业与城市化呈明显的正相关关系，中国第二产业占 GDP 的比重从 1978 年的 47.88% 到 2008 年的 48.6%，三十年间比例只是略有上升，到 2013 年第二产业只占 GDP 的比重 43.9%，出现了下降，而第三产业占 GDP 的比重则由 1978 年的 23.9% 不断上升至 2013 年的 46.1%，略超第二产业占 GDP 的比重，中国城市化水平也由 1978 年的 17.92%，上升到 2013 年的 53.73%，城市化水平的提升与第三产业的发展势头基本保持一致[①]，但是一直以来，与服务业密切相关的卫生、体育运营、广电、邮电通信运营、银行证券保险、教育、技术服务以及各种公用事业都主要由国有企业垄断经营，尽管现在经过改革已经有部分开放，但是总体上这些行业管制较多，非国有民间资本很难进入，缺乏竞争的市场效率总体低下，影响行业以及城市就业吸纳能力。所以，垄断的服务行业进一步向社会民间资本开放应是城市化的重要组成部分。同样这体现了在新型城镇化过程中贯彻实施中共十八届三中全会所有制一视同仁，发展混合所有制的精神，更有利于实现公平正义的城镇化政策目标。

从众多历史与现实的案例可以看到，工业的强弱最终由市场竞争决定，我们无法做出准确预测，相应的城市的发展也由市场竞争决定规模与水平，不可能由政府规划所决定，更不是由城市行政等级所决定。但是目前依然热衷于行政规划，比如炒得火热的所谓“国家中心城市”，很多城市都以入选该阵容为荣，而这个榜单一开始就是行政的产物，这从《全国城镇体系规划》和“国家中心城市”本身不断变化可以看出。2007 年原建设部完成的《全国城镇体系规划（2006—2020 年）》提出了“国家中心城市”概念，2010

① 张自然、张平等：《中国城市化模式、演进机制和可持续发展研究》，中国社会科学出版社 2016 年版，第 128—129 页。

年住建部又发布一次《全国城镇体系规划（2010—2020 年）》，明确提出北京、天津、上海、广州、重庆五大国家中心城市，2016 年国家发改委和住建部联合发布的《成渝城市群发展规划》，增加成都为国家中心城市，同年 12 月 26 日，国家发改委发布的《促进中部地区崛起“十三五”规划》，又支持武汉、郑州建设成为国家中心城市①，现在又开始搞新一轮的《全国城镇体系规划》，十年间已经三易其稿，国家中心城市不断扩编，变化频繁本身说明规划严肃性、权威性的不足。而且“国家中心城市”依然沿用行政认定的办法，而非市场竞争的自然结果。如果真像他们所说的，从经济职能角度来界定国家中心城市，短短的一年就可以突然增加几个吗？各地地方政府之所以削减脑袋想办法让自己的省会城市进入该行列，实际上就是国家中心城市在争取国家资源投入方面会有很大的优势，说明资源仍然在围绕政府权力实施配置。成为国家中心城市就真的能够带来国家级的经济竞争力吗？如果不能产生国家级的竞争力，又何必把大量资源投入其中呢？如果是基于国家安全考虑，那就不必说按照经济职能来分，同时也不必称之为国家中心城市。可以看到，城市体系依然沿袭行政层级进行管理，表现在层级越高，掌控资源越多，扩充冲动就越大，这是城市新区到处泛滥的重要原因。国家发改委 2013 年调研的 12 个省会城市全部提出要建设新城新区，共规划建设了 55 个新城新区，其中沈阳要建 13 个，武汉 11 个；这 12 个省的 144 个地级城市中，133 个地级市提出要建新城新区，共规划建设了 200 个新城新区，平均每个地市 1.5 个；161 个县级城市中，要建新城新区的 67 个，占 41.6%，大多数城市已经开始付诸行动，并非仅在规划阶段②。因此，从根本上，对

① 徐豪、王红茹：《谁会成为“国家中心城市”》，《中国经济周刊》2017 年第 7 期。

② 张琰：《12 省 144 地级市中 133 个地级城市提出要建设新城新区》，凤凰网（http://news.ifeng.com/a/20140505/40153921_0.shtml）。

城市的发展整体上应该运用市场政策工具的思路，回归城市经济功能，改变目前按行政层级配置资源的方式，要让各地城市站在同一起跑线上，这样才更有利于良好分工协作的城市群形成。

（二）新型城镇化目标要求“稳定”的政策工具与工具的稳定

稳定的新型城镇化政策目标并不意味着不允许波动的出现，而是需要关注城镇化的周期运动波幅不要过大，减少剧烈震荡，因为就经济周期理论来说，房地产市场波动是不可避免的，但是波动的幅度可以通过逆周期的调节适当地压缩，进而减少对社会经济的冲击。目前一种比较普遍的观点是在中国尚未完成城镇化之前，房地产的大幅波动不可能发生。从发达国家的城市化历史进程看，这种观点是错误的。以美国为例，美国城市化加速阶段是指从 1830 年到 1930 年这个时期①，霍伊特对芝加哥市土地价格的长期跟踪研究正好覆盖了这个时期，在这长达百年的房地产发展历史中，芝加哥房地产市场出现了 1836 年、1856 年、1869 年、1891 年和 1925 年的波动高峰，所以他的结论就是：房地产周期在 18 年到 20 年之间，而且周期的振幅非常大。后来温茨利克对全美 1795—1973 年长达 178 年的房地产市场研究、巴拉斯以英国为基础的建筑业周期研究，以及 IMF 对十四个发达国家 1970—2002 年的房地产价格研究都发现两次萧条的间隔，时间大概是 20 年，英国皇家特许测量师学会的研究发现，两次主要的投机活动之间也是 20 年的时间间隔②，这都印证了霍伊特关于房地产周期兴衰的判断。我们把美国城镇化完成时间与房地产周期进行对照可以发现，在城市化加速阶

① 新玉言主编：《国外城镇化比较研究与经验启示》，国家行政学院出版社 2013 年版，第 39 页。

② ［美］拉斯·特维德：《逃不开的经济周期》，董裕平译，中信出版社 2012 年版，第 306—324 页。

段房地产周期在不停地重演，其间波动很大。虽然中国的房地产市场发展有着与西方发达国家完全不同的“基因”，但是只要是以交易为基础的市场经济机制，房地产周期的运行规律就必然存在。不认真对待房地产市场风险的看法异常危险。如果以1998年房改作为房地产市场周期的起始，至今已经超过20年，政府管控的稳定房价的做法或许只是把这个周期延长而已。在中国城镇化过程中从未发生房地产业的系统性风险，所以城镇化过程中最大的风险在于无视风险的存在。

由于房地产市场波动风险的必然性以及不可预测性，新型城镇化“维稳”的政策工具不能以不让其发生为目标，而是应着眼于如果发生，怎么减少冲击与损失。一般情况，市场价格推高越疯狂，下跌必然越厉害，繁荣期越长，萧条期就越长，冲击力也就越大，日本地产泡沫破裂就是典型代表，造就了“失去的20年”。霍伊特的研究表明，房地产活动在趋势水平下方的最短时间不少于10年，最长时间可达26年之久，这种清理残局的过程对经济有很大的拖累，而且时间很长①。因此，基于稳定目标的城镇化，必须要让房地产市场健康发展，主动挤掉投机泡沫，即使发生波动，振幅也不至于太大。任何投资交易市场发生系统性风险必然都是大量投机者操纵的结果。2016年，地方政府重新放开限购，出现的住宅房地产价格上涨去库存的现象足以说明投机力量的存在，市场的正常购买力量不足以促使这波上涨行情的发生，否则不需要放开限购。要想减少未来进入萧条带来的冲击，应该是对房地产繁荣周期的主动控制。所以，管制房地产市场投机行为是维护房地产市场健康发展最重要的政策工具。长期以来，不管中央政府还是地方政府，房地产市场的管理都是相对粗放，只是作为普通的商品市场而不是非常重

---

① ［美］拉斯·特维德：《逃不开的经济周期》，董裕平译，中信出版社2012年版，第307页。

要的金融市场组成部分进行管理，关注宏观管理，缺乏微观的精细化管理。尤其是针对生产者网络的投机行为，缺乏应有的管制，比如房地产开发商的捂地不开发，捂盘惜售，社会上曾经流传非常厉害的“温州炒房团”操作手法等严重扰乱交易市场秩序的行为一直缺乏有效的严厉打击。相对房地产市场而言，体量小得多的证券市场却要完善很多。

保持新型城镇化的稳定需要加强包括土地市场、房地产交易市场在内的公开信息工具体系建设，防范金融风险。新型城镇化过程中生产者网络各主体作出相应的决策，都是建立在相关信息的搜集基础之上，其中关于土地和房地产的信息尤为重要。尽管新型城镇化在现阶段的重点应该是人的城镇化，但是离开土地城镇化谈人的城镇化实为无本之木，在土地财政难以改变的当下尤为如此。房地产市场的热火朝天实质与土地供应的变化密切相关。如果生产者网络各主体对未来预期严重不确定或者信息本身的暗示与相关政策宣称背反时，人们要么产生恐慌要么跟着眼前的事实走。以北京供地为例，2014 年北京市计划供地总量为 5150 公顷，实际完成建设用地 3161 公顷，完成了计划的 61.4%；2015 年，北京市计划供应国有建设用地 4600 公顷，实际完成 2300 公顷，完成计划的 50%；2016 年更惨，全市国有建设用地计划供应总量 4100 公顷，住宅用地 1200 公顷。而实际上全年国有建设用地供应总量为 2072.2 公顷，其中住宅用地仅 469 公顷。《北京市国土局 2015 年工作总结和 2016 年工作计划》中明确提出，按照疏解北京非首都功能的要求，合理把控供地节奏[①]。但是如果把供地节奏调节理解为不按计划执行，那提出计划有什么意义呢？计划不就是提出预期吗？不按计划行事还怎么稳定预期呢！而且每年不完成供地计划给人们的印象就

① 《北京这些年供地计划从来完不成》，搜狐网（http：//mt. sohu. com/20170220/n481242386. shtml）。

是政府故意控制土地供给意在抬高房价，形成了上文说的府际网络与生产者网络的联盟，如此还怎么让人民相信政府对房地产价格的宏观调控是下决心了呢？而且，该信息的另一层意思就是府际网络是信息政策工具效率提高的根本所在，类似以上信息的问题根源在于政府部门的随意性。因此，土地信息发布的公开与确定性是新型城镇化政策工具的重要内容。

和土地不一样的是，住宅不是一个标准品，具有不可移动性、唯一性、区域性等特点，所以更加容易受到操纵，购买者处于信息不对称的严重弱势地位，导致购买行为更容易受到社会或他人的影响。所以，建立房地产信息公开平台是房地产市场长远发展的奠基性工程。目前国土资源部已经紧锣密鼓地开始推进覆盖全国各省市的不动产登记信息系统建设，在 2015 年国土部颁布的《关于做好不动产登记信息管理基础平台建设工作的通知》中，已经明确 2017 年基本建成登记系统，并将实现四级登记信息实时共享。但是这个系统主要是由政府部门掌握，并不对社会公开开放，而且主要涉及不动产登记，侧重于不动产权属，但是对于市场来说，更重要的是不动产交易价格，因此，在不动产登记系统的基础上需要再进一步推进统一的不动产交易信息公开平台的建设。目前虽然多地的大城市都有透明售房网，但主要针对的是新售房源，大城市规模更大的二手房源交易却不透明，提供的信息相当有限。首先是房源供给信息不统一，在整个城市中，究竟有多少房子在挂牌出售，如此重要的信息现在主要被各个房产中介商分割掌握，透明售房网也只是掌握了其中一部分，而这样的信息应该实行统一管理，也就是在房产中介商处挂牌的信息同时应该传送到房地产交易信息中心，住宅房产的供求情况才会相对比较清晰，有利于生产者网络主体进行交易决策。其次，所有成交房源价格等信息在除去个人隐私部分外都应当公开以便查询，目前在透明售房网中，以杭州为例只能查询近7个成交日签约均价和月签约均价，这个信息的参考价值并不大，因为所有房子都是一房一价，尤其是二手房，很多价格都含有一定的装修价格，而且有时小面积的住宅房产单价比大面积的住宅房产要高得多，所以不仅应当通过公开渠道能够查询所有历史上成交的房产价格，而且应当包含房子更具体的一些信息。只有建好透明的房产交易信息网络，才能大幅减少房地产中介商的不法行为，形成良好的房地产交易秩序。外媒批评中国其中一个重要方面就是中国经济数据的不透明，同样地，关于中国房地产市场未来发展的争论喋喋不休也是来自数据的不透明。这种情况应当通过信息政策工具卓有成效地建立予以改变。

新型城镇化稳定环境的塑造需要政策及其工具本身的稳定。2014年2月，习近平在北京考察时，首站就选择了北京市规划展览馆，他指出考察一个城市首先看规划，规划科学是最大的效益，“规划失误是最大的浪费，规划折腾是最大的忌讳”①。城市发展规划是政府直接提供的政策工具，其稳定性是关系到城市健康发展的重要前提。但是规划的外在环境变化太快或者太过随意，就会严重影响规划的稳定，行政区划的调整影响规划的稳定性比较典型，行政级别较高的城市区域不断吞并周围经济发展较好的区域，比如杭州市2001年把周边的萧山市、余杭市并入杭州市，时隔14年后，在2015年又把富阳市纳入版图，硬是把本来面积偏小的副省级城市弄成全国第五位，在长三角经济区已经超越别的城市成为仅次于上海市的超大城市，再有想象力的城市规划，也难以赶上这种变化。而被吞并的新区市民并没有随着合并和老城区市民享受同等待遇，长时间和而不统。杭州市这种情况绝非个案，比较有名的还有像曾是全国百强县首位的广东顺德市

① 《习近平把脉北京城市建设——规划先行引领中国城市发展》，新浪网（http://news.sina.com.cn/o/2017-02-26/doc-ifyavrsx5158270.shtml）。

被行政层级更高的佛山市吞并，排名第八的江苏省武进市被常州市撤市建区等。这种改变主要都出自当地行政官员的扩张冲动，这是导致城市规划不稳定的最重要因素。规划政策工具不是具体计划，本身应该有足够弹性。李晓江在2003年谈到上版城市总体规划时说，有的城市规划存在目标不清、策略不明、缺乏弹性和应变能力等问题，总体规划批准之日就是修编之时[①]，如此何来规划的稳定性呢？而且城市发展规划并没有建立与规划相配套的财政政策，很多做出的规划并没有相应的财力付诸实施，规划的目标自然难以实现，这些问题时至今日依然存在。规划师有时也是为虎作伥，由于规划区与土地财政密切相关，根据《城乡规划法》，只有列入规划区的土地才能进行建设用地开发，所以地方政府的天然倾向就是希望把规划区做大，而规划经费的计算方法就是按规划面积计算，规划师所在的机构为了自身利益，往往也配合地方政府做大规划区，这种情况下出台的规划也很难科学和稳定。虽然种种问题有经济发展比较快导致城市发展快速、城市环境变化剧烈、规模越来越大的客观原因，但是更多的是源于规划体制性问题，尤其是地方政府修编规划的冲动，比较典型的如通过规划调整改变土地用途结构，以满足房产商的开发要求，或者扩大土地供给总量，以此增加政府土地出让金收入，有的城市把原先在规划范围以外的违规土地出让通过规划改变进行事后合法化。因此维护规划的稳定性，最重要的是维护规划的法定权威。而通过家庭、社区等政策工具，加强公众参与城市规划，对限制地方政府规划的随意性很有帮助。

（三）建立有利于新型城镇化财政新基础形成的政策工具组合

现有的“土地财政”模式无论从土地供给的有限性，土地出

---

① 李晓江：《关于城市空间发展战略研究的思考》，《城市规划》2003年第2期，第29页。

让净收益持续下降的现实（以 2016 年为例，国有土地使用权出让收入 37457 亿元，同比增长 15. 1%，而同期国有土地使用权出让收入相关支出 38406 亿元，同比增长 16. 8%①），还是未来房地产市场可能大幅调整的角度，都不具备可持续性。目前，按照最新的 2016 年财政部数据计算，国有土地使用权出让收入要占所有地方财政收入的 28. 6%，比起 2013 年高企的 35% 稍有回落，但是这个数据是全国平均水平，部分城市比这个数据要高，如果算上与房地产有关的税费收入，那么这个依存度还将提高，而国有土地使用权出让收入严重依赖房地产市场的冷热程度，如果真有一天出现房地产市场的大幅下跌，无人买地情况发生的时候，这个资金缺口很难补上。通过上文分析可以看到，土地财政的形成主要是住房市场的兴起与两税制背景下地方政府行为共同作用的结果，因此，土地财政的转型也需要从这两方面入手，而两者都需要加强政策社群和府际网络的互动，规范中央政府和地方政府关系。

1. 从规范地方政府财政支出入手推进土地财政转型

土地财政除了土地出让金总量占财政收入比例过高问题以外，还有一个非常重要的支出管理问题，支出管理不规范也是助长地方政府追求国有土地使用权出让收入的重要原因。一直以来政府性基金中国有土地使用权出让收入占 85% 以上，而土地出让金收入部分 80% 都用于国有土地使用权出让支出，如此庞大的支出管理不到位，公众很难监督经费使用，这从公开渠道的数据缺失以及前后矛盾可见一斑。在财政部公开网站上，两篇文章对 2012 年全国土地出让收入情况居然不完全一致，题为《2012 年全国土地出让收支情况》中介绍，2012 年全国缴入国库的土地出让收入

---

① 下面的数据亦同 2016 年财政收支情况，财政部网站（http：//gks. mof. gov. cn/zhengfuxinxi/tongjishuju/201701/t20170123_ 2526014. html）。

28886.31亿元[①]，而另一篇《全国土地出让收支管理及使用情况》中提到，2012年全国缴入国库的土地出让收入28892.3亿元[②]，后面所有子项目的数据也都不一样，比如用于城市建设支出前者为3049.2亿元，后者为3204.15亿元，其他不一一详细列举，这很难让人觉得只是笔误，虽然统计数字前后差距不大，但是国家财政部公布的数据都有出入，前后矛盾，说明该统计数据非常随意、笼统，很多地方政府对此数据干脆根本就不公开。所以，国有土地出让金支出管理黑洞比较明显，2007年开始收紧土地出让金管理的努力并没有在根本上改变土地出让金管理的松散现状。只有从支出端扎紧篱笆，才能遏制地方政府对土地出让金收入的追求。

从现有财政部公开数据看，全国土地出让金支出科目一般分为六个，各包括三个成本性支出项目和非成本性支出项目，具体见表6.2和表6.3。这些列支项目的统计并不稳定，比如成本性支出项目中，2015年和2014年的名称并不一样，补助被征地农民支出两个年度分属不同部分，而2015年则多出支付破产或改制企业职工安置费，数据年度比较无法进行，失去统计意义。而2012年的数据更为粗略，成本性支出中只分为土地开发支出和补偿开支。2006年财政部、国土资源部、中国人民银行颁行的《国有土地使用权出让收支管理办法》对规范土地出让金的使用做了一定规范，但是公开信息并没有按照该办法公布。总量接近4万亿左右的公共资金的开支不详细，没有接受公开监督，地方政府能相对自由使用数量庞大的资金是地方政府热衷于“卖地”的重要原因。与中国土地财政现象很类似的香港特别行政区，特区政府也有较多的土地交易收

① 《2012年全国土地出让收支情况》，财政部网站（http：//zhs. mof. gov. cn/zhengwuxinxi/zonghexinxi/201303/t20130311_ 764426. html）。

② 《全国土地出让收支管理及使用情况》，财政部网站（http：//www. mof. gov. cn/mofhome/mof/zhuantihuigu/czjbqk1/czgl/201405/t20140505_ 1075208. html）。

入，但是他们所有的土地出让金都存入香港特区政府土地基金账户，独立于一般财政运作，并不能很自由地运用这些土地财政收入。因此，改变土地财政过度依赖症首要的就是改变目前中央政府对地方政府土地出让金的使用管理较为松懈的现状，把对政府性基金的管理强度提高到像政府一般性预算收入一样，中央政府通过修订相关管理办法并且积极严格执行列出更详细的支出结构、定期向社会公开等措施加强对土地出让金支出的财政管理，限制地方政府在土地出让金使用上的自由与随意。

表 6.2　　全国土地出让金成本性支出结构

年份	全国缴入国库的土地出让收入	成本支出占出让金收入比例	成本性支出						
			征地拆迁补偿和补助被征地农民支出	占比	土地开发支出	占比	补助被征地农民、土地出让业务支出	支付破产或改制企业职工安置费	占比
2015	33657.7	0.80	17935.8	66.8%	6533.9	24.3%		2374.9	8.9%
2014	42940.3	0.79	21216.0	62.5%	9206.4	27.1%	3529.96		10.4%

表 6.3　　全国土地出让金非成本性支出结构

年份	全国缴入国库的土地出让收入	非成本性支出占出让金收入比例	非成本性支出（土地出让收益安排的支出）					
			农业农村支出	占比	保障性安居工程支出	占比	城市建设支出	占比
2015	33657.7	0.20	2528.17	36.7%	823.49	12.0%	3531.53	51.3%
2014	42940.3	0.21	2435.49	33.6%	760.1	10.5%	4063.02	56%

资料来源：国家财政部网站，以上两个表格根据《2014 年全国土地出让收支情况》和《2015 年全国土地出让收支情况》文中数据整理而成。

2. 通过建立多层次的房地产市场体系减小土地财政的原动力

如上所述，土地财政形成的客观原因是中国房地产市场的建立与崛起后进入了高房价—土地高价—土地出让金收入最大化—促进 GDP 数据增长—保护高房价的循环怪圈。离开不断上涨的房价，链条就会崩塌，土地财政就会被釜底抽薪。只要稍具市场常识的人都知道，世界上不存在永远上涨的商品，只要是市场经济，任何商品都有它的独特的涨跌运行周期。所以，不断上涨的住宅房产价格始终是高悬的达摩克利斯之剑。从目前支出结构看，成本性支出要占所有土地出让金总额的 80%，其中占比最大的是土地征迁补偿，以 2015 年为例，所有的征迁补偿占土地出让金总收入的 60%，数额巨大的土地征迁补偿款项实际上是把被征地家庭固定资产予以变现，使许多人拆迁拆成富翁①。这些补偿收入形成货币以后并没有太多去处，多数重返房地产市场，制造房地产市场的强劲需求。也就意味着大量的土地出让金收入，实际上充当了推动房价上涨的重要力量，这也是为什么如此之高的房价还能上涨的原因。政府推进城市建设，引起的土地价格上涨，这些溢价实际上被少部分群体享受，土地出让金上升形成的巨大收入很大一部分被这个群体瓜分，成为现在城市贫富差距的重要推手，也是房地产市场中重要的投机力量，他们的需求更多属于投机性而非刚需。但是所有的投机力量买入的行为都是为了卖出，所以支撑房地产价格的最终力量必定是刚需。减少刚需群体对房地产市场中住宅房产的依赖，可以有效减缓房价的上涨泡沫，也就是政府通过保障性住房的提供，成为市场以外住宅供给主体，加大市场住宅房产供应量，通过供求关系的调节，来调控

① 类似的报道非常多，比如《拆迁让人一夜暴富 50 万资金为何难倒千万富翁》，和讯网（http://money.hexun.com/2010-08-23/124671443.html）；《拆迁户一夜变富翁 17 万买的房补偿超百万》，腾讯网（http://cd.house.qq.com/a/20160517/019782.htm）。

房地产市场，而不是采用简单粗暴的行政限购的办法。政府提供保障性住房的重要性，可以从香港房地产市场发展得到启示。董建华担任香港特区政府首脑时曾经提出要在十年间提供50万套公屋、25万套居屋的计划，公屋计划在2000年达到供应高峰，共推出46756套，2003年迫于压力，整体公屋供应减少至每年20390套，而到了曾荫权任上时每年只有14363套，只有前任政府供应量的60%，而居屋计划，只完成了6万套，2003年干脆停止了该计划，相对应的香港的房地产价格从2003年到2013年年初房价翻了四倍，而且也不断抬高房屋租金水平，私人房屋的租金剧涨，远超薪酬上涨幅度，2003年到2011年香港平均工资只上涨了7%，而私人房屋的租金却上涨了82%①。中国的住宅房产价格不断上涨，也可以从保障性住房几乎缺失得到印证。在土地出让金中，非成本性支出中占比最大的是城市建设支出，保障性住房安居工程开支仅占全国缴入国库的土地出让总收入的2%左右，中央政府三令五申要求地方政府加大保障性住房的供给，但是始终得不到地方政府的配合。因此，我们需要回到1998年房地产政策设计目标的初衷——建立多层次的房地产市场体系，而不是把大多数人的住房需求通过房地产市场解决。适度增加保障性住房的供应，既可以调控房地产市场运行节奏，又可以有利于实现新型城镇化政策公平正义目标的要求。这同样可以通过调节土地出让金支出结构的硬性或法定规定来实现。

3. 适应体制转型特点，逐步推进房地产税的征收

许多研究者把改变土地财政现象的希望寄托于房地产税。如上所述，征收房地产税必须首先解决法理问题，所有购买房子的房价实质上是由70年租期的土地租金和土地上附着的建筑物共同

① ［英］马克·斯蒂芬斯、［美］满燕云编著：《公共住房的未来》，陈杰译，中信出版社2015年版，第78—81页。

构成，在没有改变土地国有制的情况下没办法对租赁物收取财产税，如果要减去土地价格，最后全面开征后的房产税收入总量并不大，难以达到土地财政收入量级。目前试点城市的情况基本说明了这个问题，2012 年试点的上海市房产税收入只有 24.6 亿元。如果把土地出让金和房地产税之间的法理问题搁置一边，设计方案使房地产税成为地方政府财政收入主要来源，意味着财产税这类直接税将成为最主要的税收来源，那么目前以间接税为主的征收体制就需要实行根本性的转换。2011 年，我国流转税收入占全部税收比例为 70% 以上，而所得税和其他税合计占比不足 30%，企业缴纳的占比达 92.06%，而居民缴纳只占 7.94%，如果再减去企业代扣的个人所得税，个人纳税占 2%，起征点上调后，个人比例还更低[①]。在现有国民收入水平的情况下，实现这种转变难度非常大。如此大比例的税收收入的来源转化需要一个较长的逐步渐进改革过程。实现税收来源的转化更有利于推进新型城镇化进程。间接税表面看起来都是厂商在交纳，造成税收依靠工商业的错觉，地方政府必然喜欢鼓励工商业企业投资，不惜进行大量补贴，但实际上厂商通过转嫁税负的办法，最后还是消费者承担，很难体现外来人口地方税收的贡献。这种体制不像直接税建立人口与税收之间的联系，地方政府都是积极为工商业企业服务，而非服务居民，更别说为外来劳动力服务。外来人口的增加，表面上还增加人口流入地的公共服务压力，所以，地方政府往往对农民工市民化没有动力。建立财产税为主的直接税征收体制更有利于新型城镇化，因此，征收房产税在不改变目前土地所有制情况下，只能实现对土地出让金的部分替代，而且房地产税的全面开征需要相关配套制度改革的配合，但是毫无疑问，这是

① 潘洪其：《税负水平合理社会保障也要合理》，新浪网（http：//news. sina. com. cn/o/2012 - 02 - 28/063024018153. shtml）。

改变地方财政脆弱性的重要方向。

（四）不断改进新型城镇化政策网络管理

由于一直存在土地城镇化远超人口城镇化的现象，为了激励地方政府加大对人口流入城市常住人口的落户力度，国土资源部会同国家发改委、公安部、人社保障部、住建部联合颁发了《关于建立城镇建设用地增加规模同吸纳农业转移人口落户数量挂钩机制的实施意见》，到2020年，全面建立人地挂钩机制，并确定进城落户人口新增城镇建设用地标准为：现在人均城镇建设用地在100—150平方米的城镇，按照人均80平方米安排，100平方米以下的按人均100平方米安排，超过150平方米的按人均50平方米安排。超大和特大城市的中心城区原则上不因吸纳农业转移人口安排新增建设用地[①]。虽然上述意见以国家新型城镇化规划的标准设限，但是目前待转移的1亿左右农业转移人口实际上已经居住在城市，在现有的人均城镇建设用地已经包含这些人的用地需求的情况下，意味着用未来的城市建设用地空间来激励地方政府，这种做法虽然找到了地方政府的痛点，对激励地方政府积极推进户籍人口城镇化有一定帮助，但是这种做法仍然囿于土地做文章，并没有从根本上解决问题。目前中国城市人均建设面积已经远超标准，2014年中国城市人均建设面积为129.57平方米，远超国家标准的85.1—105平方米/人，也大大高于发达国家人均84.4平方米和发展中国家人均83.3平方米的水平[②]。而就总量来说，2004年城乡建设用地总量就已足够16亿人口达到世界发达水

---

① 《关于建立城镇建设用地增加规模同吸纳农业转移人口落户数量挂钩机制的实施意见》，国土资源部网站（http：//www.mlr.gov.cn/zwgk/zytz/201610/t20161010_1418921.htm）。

② 《1981—2014年中国城市建设用地情况分析》，前瞻产业研究院网站（http：//bg.qianzhan.com/report/detail/459/160714－f4a033e0.html）。

平的用地需要①。在这种情况下，依然沿用土地调控的办法显然不是最佳思路。

解决人的城镇化动力不足问题，关键在重构政策社群和府际网络之间的互动关系。在约束地方政府支出行为的同时，必须加大中央政府对地方政府在新型城镇化方面投入的调控。对于地方政府来说，外来劳动力只是一个过客，在政府官员任期内并不是很愿意为新增劳动力人口增加支出，如果要扭转地方政府这种行为，没有利益的重构，其结果肯定是阳奉阴违。所以新型城镇化最重要的是发挥中央政府的调控协调职能，不能寄希望于政府官员的政治觉悟。新型城镇化在新型城镇化政策目标讨论中得出结论：农民工市民化成本全部由地方政府来承担，在短时间内完成相应的政策目标难度非常大。如果中央政府能在其中发挥调控作用，也就是在农民工人口流动过程中伴随政府支出的流动，扣减原户籍地的相关支出，减轻人口流入地的财政压力，比如使用教育券等方式实现教育经费跟随人流动，相关的新型城镇化政策目标则是可以实现的。同时，在目前新型城镇化主要由地方政府来执行的情况下，需要建立中央政府和地方政府财权与事权相适应的制度。在涉及公民基本权利的问题上，应当建立起基本公共服务的国民待遇基准线，中央政府需要负起更大的责任，完成兜底之后才是当地政府依据当地经济发展水平提供不同的公共服务水平，而不是目前主要由地方政府来承担的做法。

在城市建设上，需要保持网络开放性，引入各方资金共同建设城市，减少管制政策工具的使用。新型城镇化实质是中国开始进入新的质量发展阶段，最迫切的就是要提升城市公共服务能力。不仅要保持一定的城市基础设施建设投资力度，而且要切实推进对农民

---

① 《为何人均建设用地要控制在100平方米以内》，《第一财经日报》2014年4月3日。

工的市民化服务，这意味着城市化的发展需要大量的资金。目前的主要做法是地方政府财政资金直接投资、财政性融资。现在财政性融资主要依靠地方融资平台和政府性基金收入两个渠道，地方融资平台负责融入，政府性基金收入的主要构成是土地出让金，负责偿还债务，土地出让金的不可持续性决定了城镇化融资平台的潜在风险很大。目前无论是中央还是地方政府，财政收入增速都开始趋缓[①]，但是地方政府负债却在不断增长，单靠政府财政已经难以担负城镇化过程中大量的资金需求，所以建立多元化的地方政府投融资机制迫在眉睫，尤其是存在巨大资金缺口的城市基础设施建设向民间资本开放已经成为共识。2014 年财政部颁发了《关于推广运用政府和社会资本合作模式有关问题的通知》，2015 年财政部又会同发改委、人民银行联合颁布《关于在公共服务领域推广政府和社会资本合作模式的指导意见》，2016 年 9 月 3 日，国家主席习近平与时任美国总统奥巴马在 G20 领导人杭州峰会的会晤成果中专门提到，双方承诺向各自的地方政府宣传推广政府与社会资本合作（PPP）模式的最佳实践，并加强在公共服务设施投资、运营的交流与信息共享[②]。公共服务基础设施投资、运营的多元化主体参与不仅是中国现实需要，同时也符合世界发展趋势。这里的多元化主体必须与上述的服务业向非国有企业开放结合，如果政府仅仅与国有企业合作，也就是直接投资方和公共企业合作，并不能有效激活社会资本，要减少政府对城市基础设施建设的直接投资，腾出精力搞好城市规划和管理。同样地，对城市人口流动的限制同样需要调整，需要进一步放松管制，而不是简单硬性规划。前面人口控制性

---

① 2016 年全国一般公共预算收入比上年增长 4.5%，低于 2015 年 5.8% 的增速，为自 1988 年以来我国财政收入最低增速。从 2014 年增速跌破两位数达 8.6% 以后，短短两年内，增速已经下降 50%。具体数据参见财政部门户网站数据。

② 《中美元首杭州会晤中方成果清单》，腾讯网（http://news.qq.com/a/20160904/030192.htm?pgv_ref=aio2015）。

规划失败已经说明问题，人口控制规划的错误直接体现为城市公共服务设施的严重短缺，因为城市公共服务设施的建设与人口规划紧密相关，在劳动力流动上尽量少使用管制政策工具，减少对城市人口的限制是当务之急，这不仅对城市化发展有利，也有利于实现新型城镇化政策公平正义目标，符合中国特色社会主义核心价值观要求。

结　语

新型城镇化不仅是不可阻挡的客观社会历史进程，也是受到政府诸多规制的政策过程，在政府主导特点鲜明的中国更是如此，新型城镇化概念的提出本身就是国家政策意图的体现。因此，新型城镇化实质就是一个政策过程。但是无论多么强大的政府都必须尊重事物发展的客观规律。新型城镇化必须建立在城镇化客观规律基础上因势利导才能顺利实现。新型城镇化的实现也就是新型城镇化政策执行过程，而基于政策执行研究的权变理念，新型城镇化政策执行实质又是新型城镇化政策工具的选择过程。政策工具是实现新型城镇化的重要抓手，选取什么样的政策工具直接关系到政策效果，但是政策工具的选择受政策目标、政策网络、政策环境等要素影响，结合历史发展过程以及目前发展现实认真选择政策工具，才能有利于实现新型城镇化。

第一，在世界城市化历史进程中正确理解新型城镇化。新型城镇化战略的提出，是对中国城市化的主动标识。但是绝大多数研究者都过分注重新型城镇化与中国前期城镇化，也就是所谓传统城镇化的区别，他们的标识仅仅限于当下和以前的区别，而且把城镇化所有美好想象都赋予新型城镇化，过分美化新型城镇化概念。但是实际上应该把对新型城镇化的认识置于世界城市化历史背景下，其参照系不应仅仅停留在自身发展历史中，而是两者的结合。只有在世界城市化历史视角下新型城镇化的根本意义才能得以充分体现。虽然城市化类型分法众多，但只有资源配置方式的区别是关键，中国的发展特点决定了中国城市化是除了市场经济和计划经济条件下的城市化以外的一种“新”类型，即新型城镇化是中国体制渐进转型与城市化重叠型的城市化，是政府主导下的渐进性城镇化，有“求稳”特征，转型的路径依赖使得城镇化问题更为复杂，这是新型城镇化质的内在规定性。就中国城市化自身而言，新型城镇化已经开始进入新的历史发展阶段，在新的社会发展背景下有新的历史任务，需要有新的发展策略。特别是需要处理好经济新常态与新型城镇化的关系，真正实现城市化发展方式的转变。

第二，新型城镇化的实现某种意义上就是政策目标的实现。正是因为新型城镇化本身就是政策过程，新型城镇化政策目标充分反映我们对新型城镇化的主观理解，所以政策目标对新型城镇化有自我规定性，可以通过设定合适目标、解释目标来调节新型城镇化实现的实际难度。新型城镇化的实质性目标就是价值目标，毫无疑问在中国应该深刻体现社会主义核心价值观，最重要的是应该体现效率、稳定、正义等理念。只有效率与正义兼具的城镇化才是真正的新型城镇化，片面追求效率尤其是那种只要利益但不愿意承担责任的城市化是违背社会公平原则的，会对国家社会发展造成很大伤害，并不断增加社会风险的累积。新型城镇化必须改变以往存在的错误做法，把我们大力张扬的社会主义核心价值观作为政策制度与执行过程中的关键要素，只有符合核心价值观的城市化才是真正的新型城镇化。如果说实质性目标作为价值观念要求是抽象的，那么工具性目标是新型城镇化实现的具体约束条件。基于正义的政策目标，面对所有人口建立公共服务均等化体系是城市化的必然要求，其中最为刚性的就是预算约束，没有足够的财政经费难以消除城市化中新二元结构现象。由于城镇化的跨区域迁徙性，中央政府应当在市民化成本的协调上充分发挥作用。如果抵扣进城农民工原本留在农村的预算开支，人口流入地城市的短期预算开支并不大（考虑官员任期制对政府预算的可能制约），但是如果没有较为充分的转移支付，城市的财政压力巨大，地方政府极有可能就会选择性执行中央政府政策。市民化成本预算是新型城镇化过程中最重要的工具性目标，并直接影响地方政府行为。

第三，构建、改进适应新型城镇化要求的政策网络。政策网络是新型城镇化赖以实现的依靠力量，所有政策目标的实现都依赖这个网络，新型城镇化实际上就是城镇化相互依赖的主要利益相关主体行为及其互动的结果，由此构成的政策网络进行利益、意见的协调综合，直接影响新型城镇化进程。同时网络结构互动则受到政策目标的导引，尤其是约束力更强的工具目标。要想顺利推进新型城镇化，必须构建与新型城镇化相适应的政策网络。需要调适规范政策社群与府际网络之间在城镇化过程中形成的财政关系，土地财政的形成不仅是在两税制下的地方政府行为的“理性”选择，更与政策社群在宏观经济领域尤其是房地产市场的政策思路变化有关。所以推进土地财政转型不能只从地方政府入手，也需要从改变资源互赖关系入手破除府际网络和生产者网络联盟。土地财政在不断固化两者联盟，只有重塑地方政府财源才能解决府际网络和生产者网络联盟的固化，政策社群的调控政策才能被有效执行。同时需要从开放网络入手引入专业网络、议题网络、生产者网络力量打破固化网络联结，减少无谓的管制，形成互动结构的多样性，不断改进政策网络的有效管理，提高新型城镇化政策的执行水平。

第四，尊重城市化客观规律，坚持市场政策工具优先原则。城镇化起源于工业化，新型城镇化应植根于产业健康发展，违背城市化规律人为造城，只会造成严重的资源浪费。服务业在城市化新阶段日显重要，这迫切需要改变目前对多数服务业管制较多的局面，市场应面向所有主体保持开放，符合中央政府发展混合所有制的精神。同时，城市之间不应利用行政优势集聚资源，而是应遵循市场平等竞争原则，这样才更有利于城市群的发展。

第五，需要重视“稳定”的政策工具和工具的稳定。稳定不仅是新型城镇化的内在要求，更重要的是对未来风险的防范。城镇化过程中最大的危险之一是房地产业的大幅波动，新型城镇化“维稳”的政策工具不能仅立足于不让其发生，而是应着眼于如果发生，怎么减少冲击与损失。应当未雨绸缪加大对市场投机力量的打击力度，加强包括土地市场、房地产交易市场在内的公开信息工具体系建设，构建真正的房地产交易市场，要像对证券市场监管一样加强对房地产市场的监管，建立统一的房地产登记平台就是第一步。稳定的政策目标也要求工具的稳定，其中最重要的是坚持规划的稳定，这需要从限制政府权力随意性、扩大政策参与等方面入手。

第六，建立促进新型城镇化财政基础转型的政策工具组合。新型城镇化不能建立在土地财政上已是基本共识，大家都意识到土地财政的不可持续性。但这需要依循渐进原则，首先从规范财政支出入手减少地方政府对土地财政的依赖，其次建立多层次的房地产市场体系减小土地财政的原动力，再次适应体制转型特点，逐步推进房地产税的征收，建立新型城镇化坚实的财政基础。这些都依赖政策社群和府际网络互动的加强，规范中央政府和地方政府关系。

本书是把政策科学与新型城镇化理论进行结合的尝试，主要聚焦于政策执行环节，重点在于政策工具的选择，侧重于理论研究，提出了一些自己的看法：比如对新型城镇化概念的思考，论著研究也是建立在这个结论基础上；比如土地财政的转型，提出从资源互赖关系改变入手更具有可操作性，而不仅仅是简单提出改征房产税；比如对农民工市民化成本的讨论，研究者提出了自己的核算研究思路，还提出了要像监管证券市场一样监管规模大出几倍的房地产市场的建议，虽然政府最近已经行动起来规范房地产中介交易行为，但是整体性的监管框架还是没有建立。由于篇幅限制，未能对每个新型城镇化的政策工具进行深入细致研究，更多是提供了一个思考框架，论著的研究留下很多遗憾，比如像新型城镇化政策网络与政策后果之间的关系，促进土地财政转型的政策工具，建立房地产统一市场及其监管体系，针对特定城市的新型城镇化微观实证研究之类问题，都有待以后进一步拓展研究。

参考文献

一　中文译作

《马克思恩格斯全集》第2卷，人民出版社1957年版。

《马克思恩格斯全集》第4卷，人民出版社1958年版。

《马克思恩格斯选集》第1卷，人民出版社1995年版。

《马克思恩格斯文集》第1卷，第3卷，人民出版社2009年版。

马克思：《资本论》第1卷，人民出版社1975年版。

［美］阿瑟·奥沙利文：《城市经济学（第四版）》，苏晓燕等译，中信出版社2003年版。

［美］艾本·佛多：《更好，不是更大：城市发展控制和社区环境改善》，吴唯佳译，清华大学出版社2012年版。

［美］安德烈·施莱弗、罗伯特·维什尼：《掠夺之手——政府病及其治疗》，赵红军译，中信出版社2004年版。

［美］奥利弗·E. 威廉森：《治理机制》，王健、方世建等译，中国社会科学出版社2001年版。

［美］B. 盖伊·彼得斯、弗兰斯·冯尼斯潘主编：《公共政策工具——对公共管理工具的评价》，顾建光译，中国人民大学出版社2007年版。

［美］保罗·诺克斯、琳达·迈克卡西：《城市化》，顾朝林、汤培源、杨兴柱等译，科学出版社2009年版。

［英］鲍尔：《社会为何如此复杂：用新科学应对21世纪的挑战》，韩昊英译，科学出版社2015年版。

［美］彼得·J. 卡岑斯坦编：《权力与财富之间》，陈刚译，吉林出版集团有限责任公司2007年版。

［美］D. B. 杜鲁门：《政治过程》，陈尧译，天津人民出版社2005年版。

［英］大卫·麦克里兰：《意识形态》，孔兆政、蒋龙翔译，吉林人民出版社2005年版。

［美］戴维·L. 韦默、［加］艾丹·R. 维宁：《政策分析：理论与实践》，戴星翼、董骁、张宏艳译，上海译文出版社2003年版。

［美］戴维·奥斯本、彼得·普拉斯特里克：《政府改革手册：战略与工具》，谭功荣、颜剑英、魏军妹等译，中国人民大学出版社2004年版。

［美］戴维·奥斯本、特德·盖布勒：《改革政府：企业精神如何改革着公营部门》，上海市政协编译组、东方编译所译，上海译文出版社1996年版。

［美］戴维·奥斯本、特德·盖布勒：《改革政府：企化家精神如何改革着公共部门》，周敦仁等译，上海译文出版社2006年版。

［英］戴维·贾奇等编：《城市政治学理论》，刘晔译，上海人民出版社2009年版。

［美］戴维·诺克、［美］杨松：《社会网络分析（第二版）》，李兰译，上海人民出版社2012年版。

［美］道格拉斯·C. 诺思：《经济史上的结构和变革》，厉以平译，商务印书馆1992年版。

［美］道格拉斯·C. 诺思：《制度、制度变迁与经济绩效》，杭行译，格致出版社2008年版。

［美］德博拉·斯通：《政策悖论：政治决定中的艺术》，顾建光

译，中国人民大学出版社 2006 年版。

［法］迪尔凯姆：《社会学方法的规则》，胡伟译，华夏出版社 1999 年版。

［英］F. A. 哈耶克：《致命的自负》，冯克利译，中国社会科学出版社 2000 年版。

［英］弗里德利希·冯·哈耶克：《自由秩序原理》，邓正来译，生活·读书·新知三联书店 1997 年版。

［美］盖伊·彼得斯：《政治科学中的制度理论："新制度主义"》，王向民、段红伟译，上海世纪出版集团 2011 年版。

［法］古斯塔夫·勒庞：《乌合之众：大众心理研究》，冯克利译，广西师范大学出版社 2007 年版。

［韩］河连燮：《制度分析：理论与争议》，李秀峰、柴宝勇译，中国人民大学出版社 2014 年版。

［美］加里·戈茨：《概念界定：关于测量、个案和理论的讨论》，尹继武译，重庆大学出版社 2014 年版。

［美］拉斯·特维德：《逃不开的经济周期》，董裕平译，中信出版社 2012 年版。

［美］莱斯特·M. 萨拉蒙主编：《政府工具——新治理指南》，肖娜等译，北京大学出版社 2016 年版。

［美］刘易斯·芒福德：《城市发展史》，宋俊岭、倪文彦译，中国建筑工业出版社 2005 年版。

［美］罗尔斯：《正义论》，何怀宏译，中国社会科学出版社 1988 年版。

［英］马克·斯蒂芬斯、［美］满燕云：《公共住房的未来》，陈杰译，中信出版社 2015 年版。

［英］迈克·希尔、［荷］彼特·休普：《执行公共政策》，黄健荣等译，商务印书馆 2011 年版。

［美］迈克尔·波特：《国家竞争优势》，李明轩、邱如美译，华夏出版社 2002 年版。

［加］迈克尔·豪利特、［加］M. 拉米什：《公共政策研究——政策循环与政策子系统》，庞诗等译，生活·读书·新知三联书店 2006 年版。

［美］迈克尔·P. 托达罗、［美］斯蒂芬·C. 史密斯：《发展经济学（第九版）》，余向华、陈雪娟译，机械工业出版社 2009 年版。

［英］米切尔·黑尧：《现代国家的政策过程》，赵成根译，中国青年出版社 2004 年版。

［澳］欧文·E. 休斯：《公共管理导论》，彭和平、周明德、金竹青等译，中国人民大学出版社 2001 年版。

［美］R. J. 斯蒂尔曼：《公共行政学——观点和案例》（上），李方、潘世强等译，中国社会科学出版社 1988 年版。

［美］斯皮罗·科斯托夫：《城市的形成：历史进程中的城市模式和城市意义》，单皓译，中国建筑工业出版社 2005 年版。

［美］文森特·奥斯特罗姆：《美国联邦主义》，王建勋译，上海三联书店 2003 年版。

［英］亚当·斯密：《道德情操论》，蒋自强等译，商务印书馆 1997 年版。

［美］约翰·M. 利维：《现代城市规划》，张景秋等译，中国人民大学出版社 2003 年版。

［美］詹姆斯·E. 安德森：《公共决策》，唐亮译，华夏出版社 1990 年版。

［美］詹姆斯·M. 布坎南：《自由、市场和国家》，吴良健、桑伍、曾获译，北京经济学院出版 1988 年版。

［日］植草益：《微观规制经济》，朱绍文等译，中国发展出版社 1992 年版。

［新加坡］郑永年：《中国的“行为联邦制”：中央地方关系的变革与动力》，邱道隆译，东方出版社2013年版。

二 中文著作

《毛泽东文集》第7卷，人民出版社1999年版。

《邓小平文选》第3卷，人民出版社1993年版。

《国家新型城镇化规划（2014—2020年）》，人民出版社2014年版。

陈庆云：《公共政策分析》，北京大学出版社2012年版。

陈秀山、张可云：《区域经济理论》，商务印书馆2003年版。

陈振明：《公共政策分析》，中国人民大学出版社2003年版。

陈振明：《政策科学》，中国人民大学出版社2003年版。

董利民：《城市经济学》，清华大学出版社2011年版。

段成荣：《人口迁移研究：原理与方法》，重庆出版社1998年版。

樊纲、武良成：《城镇化：一系列公共政策的集合》，中国经济出版社2009年版。

樊纲、武良成主编：《城市化发展——要素聚集与规划治理》，中国经济出版社2012年版。

谷荣：《中国城市化公共政策研究》，东南大学出版社2007年版。

国家统计局：《中国教育经费统计年鉴2015》，中国统计出版社2016年版。

国务院发展研究中心课题组：《中国新型城镇化道路、模式和政策》，中国发展出版社2014年版。

韩红根、龚介民：《城镇化政策法律指南》，同济大学出版社2012年版。

侯保疆：《中国乡镇研究》，中国社会科学出版社2006年版。

胡伟：《政府过程》，浙江人民出版社1998年版。

金观涛、刘青峰：《兴盛与危机——论中国封建社会的超稳定结构》，法律出版社2011年版。
李翠萍：《社会福利政策执行网络探析》，秀威资讯科技，2006年。
李丽辉：《技术进步对劳动力流动的效应研究》，经济科学出版社2007年版。
李强：《农民工与中国社会分层》，社会科学文献出版社2004年版。
李少星、顾朝林：《全球化与国家城市区域空间重构》，东南大学出版社2011年版。
林尚立：《国内政府间关系》，浙江人民出版社1998年版。
佟新：《人口社会学》，北京大学出版社2000年版。
吴敬琏：《中国增长模式抉择》，上海远东出版社2014年版。
吴靖：《中国城市化制度障碍与创新——基于城市化制度支持系统的一个分析框架》，人民出版社2010年版。
夏振坤主编：《发展经济学新探》，武汉出版社1997年版。
新玉言主编：《国外城镇化比较研究与经验启示》，国家行政学院出版社2013年版。
徐和平、李明秀、李庆余：《公共政策与当代发达国家城市化模式——美国郊区化的经验与教训研究》，人民出版社2006年版。
鄢一龙：《目标治理——看得见的五年规划之手》，中国人民大学出版社2013年版。
杨代福：《政策工具选择：基于理性与政策网络的视角》，中国社会科学出版社2016年版。
姚洋：《发展经济学》，北京大学出版社2013年版。
叶裕民：《中国城市化之路：经济支持与制度创新》，商务印书馆2001年版。
俞吾金：《意识形态论》，上海人民出版社1993年版。
张成福、党秀云：《公共管理学》，中国人民大学出版社2001年版。
张健明：《我国城市化进程中新二元结构问题研究》，上海交通大学出版社 2015 年版。

张耀辉等：《区域经济理论与地区经济发展》，中国计划出版社 1999 年版。

张自然、张平等：《中国城市化模式、演进机制和可持续发展研究》，中国社会科学出版社 2016 年版。

中共中央宣传部：《习近平总书记系列重要讲话读本（2016 年）》，学习出版社 2016 年版。

周一星：《城市地理学》，商务印书馆 1995 年版。

朱春奎：《政策网络与政策工具：理论基础与中国实践》，复旦大学出版社 2011 年版。

朱克英：《城市文化》，张廷佺、杨东霞、谈瀛洲译，上海教育出版社 2006 年版。

三 中文报刊、学位论文

贝涵璐：《建设用地利用效率时空差异及其与城镇化质量的耦合关系》，博士学位论文，浙江大学，2016 年。

卜茂亮：《移民和城市居民就业渠道差异性揭示——2002CHIPS 数据的实证分析》，《中国经济问题》2011 年第 11 期。

蔡若愚：《农民市民化：有成本但收益更多》，《中国经济导报》2015 年 1 月 24 日。

曾德雄：《解决垃圾分类是该从“社会性”入手了》，《南方都市报》2017 年 1 月 11 日。

陈斌：《耕地红线 18 亿亩：凭什么》，《南方周末》2014 年 5 月 2 日。

陈春林：《人力资本驱动与中国城镇化发展研究》，博士学位论文，复旦大学，2014 年。

陈光庭：《再论汉译马克思著作中的“城市化”一词系误译》，《城市问题》1998 年第 5 期。
陈敬良、匡霞：《西方政策网络理论研究的最新进展及其评价》，《上海行政学院学报》2009 年第 3 期。
陈明星、叶超、周义：《城市化速度曲线及其政策启示——对诺瑟姆曲线的讨论与发展》，《地理研究》2011 年第 8 期。
陈明星、叶超：《健康城市化：新的发展理念及其政策含义》，《人文地理》2011 年第 2 期。
陈蓉：《创新用地政策推进城镇化——关于如何使进城农民工在城镇落户长居的探索》，《小城镇建设》2010 年第 1 期。
陈粟：《企业孵化器与技术创新——作为一种政策工具的企业孵化器的研究》，博士学位论文，厦门大学，2006 年。
陈彦光、罗静：《城市化水平与城市化速度的关系探讨——中国城市化速度和城市化水平饱和值的初步推断》，《地理研究》2006 年第 6 期。
陈一非：《广东新型城镇化的成本测算及金融支持》，《广东科技》2013 年第 18 期。
陈易：《政策调控与城市化进程研究——以无锡城市化发展为例》，《经济地理》2002 年第 1 期。
陈振明：《是政策科学，还是政策分析？——政策研究领域的两种基本范式》，《政治学研究》1996 年第 4 期。
陈志勇、陈莉莉：《财税体制变迁、“土地财政”与经济增长》，《财贸经济》2011 年第 12 期。
城镇化进程中农村劳动力转移问题研究课题组：《城镇化进程中农村劳动力转移：战略抉择和政策思路》，《中国农村经济》2011 年第 6 期。
程映红：《城市—社会—国家》，《读书》1996 年第 10 期。
仇保兴：《新型城镇化：从概念到行动》，《行政管理改革》2012 年第 11 期。
丁煌、杨代福：《政策工具选择的视角、研究途径与模型建构》，《行政论坛》2009 年第 3 期。
丁煌：《德洛尔的宏观政策分析思想》，《中国软科学》1997 年第 1 期。
丁萌萌、徐滇庆：《城镇化进程中农民工市民化的成本测算》，《经济学动态》2014 年第 2 期。
丁祖昱：《中国城市化进程中住房市场发展研究》，博士学位论文，华东师范大学，2013 年。
董彪：《"政府经营城市理念"的法律问题思考——以城市化进程中政府角色定位为中心》，《云南社会科学》2007 年第 5 期。
范双涛：《中国新型城镇化发展路径研究》，博士学位论文，辽宁大学，2015 年。
房庆方、马向明、宋劲松：《城中村：我国城市化进程中遇到的政策问题》，《城市发展研究》1999 年第 4 期。
冯雁军：《论城市化模式与途径》，《城市研究》1998 年第 4 期。
冯云廷：《城市化转折点及其政策含义》，《财经问题研究》2010 年第 2 期。
高拓、王玲杰：《构建农民工市民化成本分担机制的思考》，《中州学刊》2013 年第 5 期。
顾朝林：《城市群研究进展与展望》，《地理研究》2011 年第 5 期。
顾建光、吴明华：《公共政策工具论视角述论》，《科学学研究》2007 年第 1 期。
郭克莎：《城市化与工业化关系之我见》，《光明日报》2001 年 8 月 21 日。
郭庆松：《农民工市民化：破局体制的"顶层设计"》，《学术月刊》2011 年第 6 期。

郭巍青、涂锋:《重新建构政策过程:基于政策网络的视角》,《中山大学学报》(社会科学版)2009年第3期。

韩艳丽、王雅莉:《中国城市化与公共政策互动关系研究》,《河南社会科学》2010年第4期。

何玲玲:《农民市民化的成本解构》,《重庆社会科学》2016年第3期。

何晓春:《房产马车的缰绳会松吗?》,《浙商》2010年第7期。

何志扬:《城市化道路国际比较研究》,博士学位论文,武汉大学,2009年。

胡必亮:《城镇化是否等于城市化》,《解放日报》2007年8月13日。

胡桂兰:《农民工市民化成本效益分析》,《农业经济问题》2013年第5期。

胡伟、石凯:《理解公共政策:政策网络的途径》,《上海交通大学学报》(哲学社会科学版)2006年第4期。

黄红华:《统筹城乡就业中的政策工具——以浙江省湖州市为例》,《中国行政管理》2009年第2期。

黄红华:《政策工具理论的兴起及其在中国的发展》,《社会科学》2010年第4期。

黄璜:《政策科学再思考:学科使命、政策过程与分析方法》,《中国行政管理》2015年第1期。

黄锟:《中国城镇化的最新进展和目标模式》,《武汉大学学报》(哲学社会科学版)2014年第2期。

J. Vernon Henderson:《中国的城市化:面临的政策问题与选择》,《城市发展研究》2007年第4期。

纪晓岚:《苏联城市化历史过程分析与评价》,《东欧中亚研究》2002年第3期。

贾康、刘微：《"土地财政"：分析及出路——在深化财税改革中构建合理、规范、可持续的地方"土地生财"机制》，《财政研究》2012 年第 1 期。

蒋硕亮：《政策网络：政策科学的理论创新》，《江汉论坛》2011 年第 4 期。

蒋硕亮：《政策网络路径：西方公共政策分析的新范式》，《政治学研究》2010 年第 6 期。

接栋正：《从社会结构变迁看中国人口城镇化政策》，《浙江社会科学》2013 年第 6 期。

李国平：《质量优先、规模适度：新型城镇化的内涵》，《探索与争鸣》2013 年第 11 期。

李晶、谭少华：《国内外城市化研究进展综述》，《山西建筑》2007 年第 31 期。

李兰、蒙婷怡：《促进城镇化发展的转移支付政策研究》，《哈尔滨商业大学学报》（社会科学版）2012 年第 5 期。

李玫：《西方政策网络理论研究》，博士学位论文，云南大学，2013 年。

李瑞昌：《政策网络：经验事实还是理论创新》，《中共浙江省委党校学报》2004 年第 1 期。

李文椿、何炽：《城镇化带来的相关城市和农村低保政策衔接和整合问题探析》，《中国名镇》2011 年第 9 期。

李晓江：《关于城市空间发展战略研究的思考》，《城市规划》2003 年第 2 期。

李勇军：《政策网络与治理网络：概念辨析与研究维度》，《广东行政学院学报》2013 年第 1 期。

李玉：《从农民到市民：细化成本综合改革》，《中国社会科学报》2014 年 6 月 6 日。

李苑：《“滚烫”的土地财政》，《上海证券报》2016 年 9 月 21 日第 2 版。

连希蕊：《只有驾驭了城市化才能实现千年发展目标》，《财经界》2013 年第 5 期。

刘炳璐、陶建杰：《郑州“户籍新政”三年之变》，《新京报》2004 年 9 月 23 日。

刘海燕、李勇军：《政策网络影响政策产出的模式分析》，《经济问题》2015 年第 2 期。

刘昊：《城镇化发展与财政政策相关性的实证分析》，《地方财政研究》2013 年第 4 期。

刘怀玉、范海武：《“让日常生活成为艺术”：一种后马克思的都市化乌托邦构想》，《求是学刊》2004 年第 1 期。

刘善槐：《新城镇化、“单独二孩”政策与学校布局调整新走向》，《东北师大学报》（哲学社会科学版）2015 年第 4 期。

刘斯斯：《多元分担农民工市民化成本》，《中国投资》2012 年第 13 期。

卢岚、邓雄：《结构性货币政策工具的国际比较和启示》，《世界经济研究》2015 年第 6 期。

陆万军：《户籍门槛、发展型政府与人口城镇化——基于大中城市面板数据的经验研究》，《南方经济》2016 年第 2 期。

吕萍：《快速城镇化过程中我国的住房政策》，《中国软科学》2010 年第 8 期。

马骏、侯一麟：《中国省级预算中的非正式制度：一个交易费用理论框架》，《经济研究》2004 年第 10 期。

马骏：《交易费用政治学：现状与前景》，《经济研究》2003 年第 1 期。

马鑫媛、赵天奕：《非正规金融和正规金融双重结构下的货币政策工具比较研究》，《金融研究》2016 年第 2 期。

孟繁瑜：《中国城镇化与新农村建设协调统一发展研究——国家土地政策的负外部性路径依赖分析与破解》，《中国软科学》2015 年第 5 期。

孟勤国：《物权法如何保护私有财产》，《法学》2005 年第 8 期。

莫亚琳、莫龙炯、徐鹏程：《地方投融资平台的制度根源、问题和对策》，《经济研究参考》2015 年第 59 期。

潘峰华等：《新经济地理学和经济地理学的对话——回顾和展望》，《地理科学进展》2010 年第 12 期。

潘俊强：《农民变市民成本有多高》，《人民日报》2013 年 12 月 1 日。

潘松挺、金桂生、李孝将：《政策网络的结构与治理——以我国房地产宏观调控政策为例》，《城市发展研究》2011 年第 3 期。

彭代彦、彭旭辉：《财政分权对人口城镇化与土地城镇化——基于 1981—2013 年数据的分析》，《城市问题》2016 年第 8 期。

彭雪辉、王德、顾文选：《城市化率指标的本质与合理目标进度问题》，《城市发展研究》2005 年第 3 期。

屈婷：《马克思的城乡分工理论与中国的城市化道路》，博士学位论文，南开大学，2012 年。

R. A. W. 罗茨：《如何管理政策网络》，王宇颖译，《中国行政管理》2015 年第 11 期。

任勇：《政策网络：流派、类型与价值》，《行政论坛》2007 年第 2 期。

邵海鹏：《农民市民化财政成本平均每人 13 万元》，《第一财经日报》2014 年 7 月 31 日。

申兵：《“十二五”时期农民工市民化成本测算及其分担机制构建——以跨省农民工集中流入地区宁波市为案例》，《城市发展研究》2012 年第 6 期。

石凯、胡伟：《政策网络理论：政策过程的新范式》，《国外社会科学》2006 年第 3 期。

石凯：《政策结果的多面向：寻访新政策网络理论》，《社会科学研究》2008 年第 5 期。

宋明爽：《城市化战略与政策取向分析》，《山东社会科学》2004 年第 11 期。

孙柏瑛、李卓青：《政策网络治理：公共治理的新途径》，《中国行政管理》2008 年第 5 期。

孙建平：《从购房者、政府、商业银行与开发商的三重博弈关系研读房地产行业》，《中国房地产》2011 年第 1 期。

孙秀林、周飞舟：《土地财政与分税制：一个实证解释》，《中国社会科学》2013 年第 4 期。

孙振华：《新型城镇化发展的动力机制及其空间效应》，博士学位论文，东北财经大学，2014 年。

谭羚雁、娄成武：《保障性住房政策过程的中央与地方政府关系——政策网络理论的分析与应用》，《公共管理学报》2012 年第 1 期。

谭羚雁：《政策网络对政策结果的解释力研究》，博士学位论文，东北大学，2012 年。

陶力：《中国城市化的一般性和特殊性："中国城市化模式"的辨识》，博士学位论文，复旦大学，2014 年。

田莉：《探究最优城市规模的"斯芬克司之谜"——论城市规模的经济学解释》，《城市规划学刊》2009 年第 2 期。

王海光：《2000 年以来户籍制度改革的基本评估与政策分析》，《理论学刊》2009 年第 5 期。

王红扬：《我国户籍制度改革与城市化进程》，《城市规划》2000 年第 5 期。

王洪江：《论经济新常态与新型城镇化的“共振”》，《社会主义研究》2017 年第 1 期。

王洪江：《新型城镇化究竟“新”在何处？——基于类型学分析》，《社会主义研究》2016 年第 6 期。

王家永：《农民市民化转型成本测算与分担机制考察——以大连市甘井子区为例》，《地方财政研究》2014 年第 5 期。

王建：《论城市化是走出低谷的唯一通道》，《中国经贸导刊》2009 年第 8 期。

王金胜：《世界城镇化发展模式与中国新型城镇化建设》，《湖南财政经济学院学报》2014 年第 4 期。

王敬尧、叶成：《地方财政视角下的农民市民化成本》，《华中师范大学学报》（人文社会科学版）2015 年第 5 期。

王绍光：《中国公共政策议程设置的模式》，《中国社会科学》2006 年第 5 期。

王曙光：《中国城市化发展模式研究》，博士学位论文，吉林大学，2011 年。

王文志：《广东紫金县政府承诺开发商你不中标我赔你钱》，《经济参考报》2013 年 12 月 6 日。

王欣芳：《吴敬琏济南谈转型》，《齐鲁周刊》2014 年第 33 期。

王雅莉：《我国城市化战略的演变及政策趋势分析》，《城市》2008 年第 11 期。

王涌：《楼市迷局中的房地产税》，《中国改革》2010 年第 8 期。

王玉波、恽晓方：《国有土地出让方式地域差异研究——基于治理土地财政视角》，《东北大学学报》（社会科学版）2015 年第 2 期。

魏开、许学强：《城市空间生产批判——新马克思主义空间研究范式述评》，《城市问题》2009 年第 4 期。

魏下海、王跃龙：《城市化、创新与全要素生产率增长—基于省际面板数据的经验研究》，《财经科学》2010 年第 3 期。

吴建峰、周伟林：《经济增长视角下的中国城镇化：理论、现实挑战和政策选择》，《城乡规划》2011 年第 1 期。

吴敬琏：《农村剩余劳动力转移与“三农”问题》，《宏观经济研究》2002 年第 6 期。

吴良镛、吴唯佳、武廷海：《论世界与中国城市化的大趋势和江苏省城市化道路》，《科技导报》2003 年第 9 期。

吴文钰：《政府行为视角下的中国城市化动力机制研究》，博士学位论文，华东师范大学，2014 年。

夏建中：《新城市社会学的主要理论》，《社会学研究》1998 年第 4 期。

萧功秦：《从转型政治学看三十年中国变革》，《探索与争鸣》2008 年第 5 期。

谢庆奎：《中国政府的府际关系研究》，《北京大学学报》（哲学社会科学版）2000 年第 1 期。

徐豪、王红茹：《谁会成为“国家中心城市”》，《中国经济周刊》2017 年第 7 期。

徐红芬：《城镇化建设中农民工市民化成本测算及金融支持研究》，《金融理论与实践》2013 年第 11 期。

徐镭、朱宇方：《政策工具的制度属性——以德国住房投资模式为例》，《经济社会体制比较》2013 年第 4 期。

徐媛媛、严强：《公共政策工具的类型、功能、选择与组合——以我国城市房屋拆迁政策为例》，《南京社会科学》2011 年第 12 期。

许海涛：《石家庄户籍改革一年接纳外地人口十万》，《中国青年报》2002 年 8 月 22 日。

许学强：《城市化空间过程与空间组织和空间结合》，《城市问题》1986 年第 3 期。

宣晓伟：《过往城镇化、新型城镇化触发的中央与地方关系调整》，《改革》2014 年第 5 期。

闫文仙、尹广义：《政策网络理论回顾与评述》，《云南行政学院学报》2014 年第 2 期。

杨传开：《中国多尺度城镇化的人口集聚与动力机制——基于人口流动的视角》，博士学位论文，华东师范大学，2016 年。

杨代福：《政策工具选择的网络分析——以近年我国房地产宏观调控政策为例》，《新疆社会科学》2009 年第 4 期。

杨登峰：《没实惠何必农转非》，《工人日报》2014 年 12 月 2 日。

杨绍澄：《苏联城市化的进程与趋势》，《俄罗斯东欧中亚研究》1990 年第 1 期。

翟兰云：《荒唐：出让土地政府倒贴钱》，《检察日报》2015 年 5 月 21 日。

湛中林：《交易成本视角下政策工具的选择与创新》，《江苏行政学院学报》2015 年第 5 期。

张成思：《货币政策传导机制：理论发展与现实选择》，《金融评论》2011 年第 1 期。

张国胜、杨先明：《中国农民工市民化的社会成本研究》，《经济界》2008 年第 5 期。

张红利：《我国传统城镇化的反思和新型城镇化的内涵要求》，《生态经济》2013 年第 11 期。

张继良、马洪福：《江苏外来农民工市民化成本测算及分摊》，《中国农村观察》2015 年第 2 期。

张建伟、娄成武：《房地产宏观调控之政策网络研究》，《东北大学学报》（社会科学版）2007 年第 4 期。

张康之、向玉琼：《从“多元主义”向“政策网络”的转变》，《江海学刊》2014 年第 5 期。

张应祥、蔡禾：《新马克思主义城市理论述评》，《学术研究》2006 年第 3 期。

张占斌：《新型城镇化的战略意义和改革难题》，《国家行政学院学报》2013 年第 1 期。

赵斌：《经营城市：市长就是 CEO》，《领导决策信息》2001 年第 31 期。

赵燕菁：《土地财政：历史、逻辑与抉择》，《城市发展研究》2014 年第 1 期。

赵洋：《近 30 年来国内关于马克思恩格斯城乡关系思想研究综述》，《理论与改革》2010 年第 4 期。

赵永平：《中国新型城镇化的经济效应：理论、实证与对策》，博士学位论文，东南大学，2015 年。

赵峥、倪鹏飞：《当前我国城镇化发展的特征、问题及政策建议》，《中国国情国力》2012 年第 2 期。

郑芳：《世界城市化发展模式比较》，《世界农业》2014 年第 6 期。

直言：《区政府咋成了房产商的销售部》，《江苏科技报》2009 年 4 月 2 日。

周飞舟：《大兴土木：土地财政与地方政府行为》，《经济社会体制比较》2010 年第 3 期。

周飞舟：《分税制十年：制度及其影响》，《中国社会科学》2006 年第 6 期。

周建瑜：《城市经营实践与初衷背离及其矫正》，《求实》2005 年第 8 期。

周黎安：《中国地方官员的晋升锦标赛模式研究》，2007 年第 7 期。

周英男:《工业企业节能政策工具选择研究》,博士学位论文,大连理工大学,2008 年。

朱波:《不同货币政策工具对系统性金融风险的研究》,《数量经济技术经济研究》2016 年第 1 期。

朱亚鹏:《政策网络分析:发展脉络与理论构建》,《中山大学学报》2008 年第 5 期。

竺乾威:《经济新常态下的政府行为调整》,《中国行政管理》2015 年第 3 期。

四 电子文献

《2014 年度人力资源和社会保障事业发展统计公报》,国家人力资源和社会保障部网站(http://www.mohrss.gov.cn/SYrlzyhshbzb/dongtaixinwen/buneiyaowen/201505/t20150528_162040.htm)。

《2014 年社会服务发展统计公报》,《关于全面推进居家养老服务工作的意见》,民政部网站(http://www.mca.gov.cn/article/zwgk/fvfg/shflhshsw/200802/20080210011957.shtml)。

《2016 年财政收支情况》《2012 年全国土地出让收支情况》《全国土地出让收支管理及使用情况》,财政部网站(http://gks.mof.gov.cn/zhengfuxinxi/tongjishuju/201701/t20170123_2526014.html)。

《保障房建设考验地方政府的责任心》,凤凰网(http://news.ifeng.com/a/20160810/49749514_0.shtml)。

《北京上海将启动新一轮城市规划编修》,网易财经网(http://money.163.com/14/0403/02/9OSEUESA00253B0H.html#from=keyscan)。

《北京这些年供地计划从来完不成》,搜狐网(http://mt.sohu.com/20170220/n481242386.shtml)。

《关于建立城镇建设用地增加规模同吸纳农业转移人口落户数量挂钩机制的实施意见》，国土资源部网站（http：//www. mlr. gov. cn/zwgk/zytz/201610/t20161010_ 1418921. htm）。

《国际货币基金组织和世界银行联合报告称发展中国家需要驾驭城市化以实现千年发展目标》，世界银行网站（http：//www. shihang. org/zh/news/press-release/2013/04/17/developing-countries-need-to-harness-urbanization-to-achieve-mdgs-imf-world-bank-report）。

《国务院关于促进房地产市场持续健康发展的通知》，中央人民政府网站（http：//www. gov. cn/zhengce/content/2008 - 03/28/content_ 4797. htm）。

《国务院关于进一步深化城镇住房制度改革加快住房建设的通知》，中国政府公开信息整合服务平台（http：//govinfo. nlc. gov. cn/fjsfz/zfgb/19988172/201104/t20110413_ 679921. shtml？classid = 416）。

《河南省人民政府办公厅关于促进农民进城购房扩大住房消费的意见》，人民网（http：//henan. people. com. cn/n/2015/1111/c351638 - 27074283 - 3. html）。

《揭秘鄂尔多斯真相》，网易（http：//money. 163. com/11/0822/10/7C282EIF00253G87_ 2. html）。

《金华市人民政府关于积极稳妥推进户籍制度改革的实施意见》、《金华市人民政府办公室关于公布行政规范性文件清理结果的通知》，金华政务网（http：//www. jinhua. gov. cn/art/2017/1/12/art_ 6243_ 1900. html）。

《农村宅基地面积每年增 1%，1/4 农房常年无人居住》，搜狐网（http：//news. sohu. com/20130303/n367612349. shtml）。

《社科院调查称八成农民工不愿放弃土地变“非农”》，新华网（http：//news. xinhuanet. com/life/2010 - 10/29/c_ 12716798.

htm）。

安徽省财政厅：《关于支持安徽省农民市民化基本公共服务的财政政策建议》，国家财政部网站（http：//www. mof. gov. cn/xinwenlianbo/anhuicaizhengxinxilianbo/201404/t20140404_ 1064243. html）。

陈海波：《〈中国流动人口发展报告（2015）〉发布》，中国社会科学网（http：//ex. cssn. cn/dybg/gqdy_ gdxw/201511/t20151112_ 2577302. shtml）。

定军：《城镇化率呈放慢趋势十三五城镇化指标完成难度大》，凤凰网（http：//finance. ifeng. com/a/20150908/13960461_ 0. shtml）。

国家统计局国际统计信息中心：《国际比较表明我国劳动生产率增长较快》，国家统计局网站（http：//www. stats. gov. cn/tjsj/sjjd/201609/t20160901_ 1395572. html）。

黄奇帆：《户籍制度改革是重庆撒手锏》，新浪网（http：//finance. sina. com. cn/china/dfjj/20130513/023015434584. shtml）。

李克强：《城镇化发展是中国最大内需所在》，新浪网（http：//finance. sina. com. cn/stock/t/2016 – 03 – 24/doc-ifxqsxic3113369. shtml）。

刘剑、邵玉宁：《中央新型城镇化决策始末》，江苏省城市规划设计研究院网站（http：//www. jupchina. com/webpage/more. jsp？id = 44724a8617bfd115f270887b491b5b933132bac07a4dba623d0e0cc9d0687ca5）。

刘以宾：《市长思维与“老板”思维》，新华网（http：//news. xinhuanet. com/comments/2003 – 09/18/content_ 1087022. htm）。

马涤明：《最赚钱的中石油咋成了“补贴王”?》，新浪网（http：//news. sina. com. cn/zl/zatan/blog/2015 – 12 – 03/09165042/1236357250/49b150820102vvv8. shtml）。

潘洪其：《税负水平合理社会保障也要合理》，新浪网（http：//

news. sina. com. cn/o/2012 - 02 - 28/063024018153. shtml）。

上海市人力资源社会保障局网站（http：//www. 12333sh. gov. cn/201412333/xxgk/czzxzj/08/201502/t20150226_ 1197659. shtml）。

上海统计局：《2015 年上海市国民经济和社会发展统计公报》，上海统计局网站（http：//www. stats-sh. gov. cn/column/tjgb. html）。

沈会丰：《地方政府招商引资乱象解析》，网易（http：//money. 163. com/14/0819/09/A40HESFV00253B0H. html）。

司徒望：《袁奇峰重入规委会，能否狙击规划之神?》，南都网（http：//paper. oeeee. com/nis/201503/11/332079. html）。

韦森：《什么是真正的国进民退?》，财经网（http：//www. caijing. com. cn/2010 - 02 - 09/110375152. html）。

吴敬琏：《“强势政府”不是中国成功的根源》，中国共产党新闻网（http：//theory. people. com. cn/n/2013/1108/c40531 - 23480791. html）。

张琰：《12 省 144 地级市中 133 个地级城市提出要建设新城新区》，凤凰网（http：//news. ifeng. com/a/20140505/40153921_ 0. shtml）。

朱宁：《谁制造了中国的泡沫? 它会破灭吗?》，搜狐网（http：//mt. sohu. com/20160502/n447297769. shtml）。

五 外文文献

A. F. Ades and E. L. Glaeser, “Trade and Circuses: Explaining Urban Giants”, *Quarterly Journal of Economics*, Vol. 110, No. 1, 1995.

B. H. Hibbard, *A history of the Public Land Policies*, The University of Wisconsin Press, 1965.

Benny Hjern and David O. Porter, “Implementation Structures: A New Unit of Administrative Analysis”, *Organization Studies*, Vol. 2, No. 3, 1981.

Christopher C. hood, *The Tools of Government*, London: Macmillan, 1983.

Chun-Chung Au and J. V. Henderson, "Are Chinese Cities Too Small?", *Review of Economic Studies*, Vol. 73, No. 3, 2006.

David E. Bloom and David Canning, "Guenther Fink: Urbanization and the Wealth of Nations", *Science*, Vol. 319, No. 8, 2008.

David Marsh and Martin Smith, "Understanding Policy Networks: Towards a Dialectical Approach", *Political Studies*, Vol. 48, No. 1, March 2000.

David Marsh, *Comparing Policy Networks*, Buckingham and Philadelphia: Open University Press, 1998.

Douglass Cater, *Power in Washington: A Critical Look at Today's Struggle to Govern in the Nation's Capital*, New York: Random House, 1964.

E. L. Glaeser and J. E. Kohlhase, "Cities, Regions and the Decline of Transport Costs", *Papers in Regional Science*, Vol. 83, No. 1, 2004.

E. L. Glaeser, J. Kolko and A. Saiz, "Consumer City", *Journal of Economic Geography*, Vol. 1, No. 1, 2001.

Fay and M. C. Opal, "Urbanization Without Growth: A not-so-uncommon Phenomenon", World Bank Policy Research Working Paoer, 2000, No. 2412.

Frans Van Waarden, "Dimensions and Typesof Policy Networks", *European Journal of Political Research*, Vol. 21, No. 1 -2, February 1992.

H. Heclo (ed.), "Issue Networks and the Executive Establishment", In A. King (Ed.), The New American Political System, Washington, D. C: American Enterprise Institute, 1978.

H. D. Lasswell, "The Emerging Conception of the Policy Sciences", *Policy Sciences*, Vol. 1, No. 1, 1970.

Hiroki Kondo, "Multiple Growth and Urbanization Patterns in an Endogenous Growth Model with Spatial Agglomeration", *Journal of Development Economics*, Vol. 75, No. 1, 2004.

［美］杰伊·M. 沙夫里茨、艾伯特·C. 海德编：《公共行政学经典（英文版）》，中国人民大学出版社 2004 年版。

J. V. Henderson, "Urbanization and Growth", *Handbook of Economic Growth*, Vol. 1, PartB, 2005.

J. B. Forrest, "Networks in Policy Process: An International Perspective", *International Journal of Public Administration*, Vol. 26, No. 6, 2003.

J. C. Davis and J. V. Henderson, "Evidence on the Political Economy of The Urbanization Process", *Journal of Urban Economics*, Vol. 53, No. 1, 2003.

J. L. Freeman, *The Political Process*, New York: Random House, 1965.

J. V. Henderson and A. Kuncoro, "Industrial Centralization in Indonesia", *World Bank Economic Review*, Vol. 10, No. 3, 1996.

J. V. Henderson and Hyoung Gun Wang, "Urbanization and City Growth: the Role of Instituteion", *Regional Science and Urban Economics*, Vol. 37, No. 3, 2007.

J. V. Henderson, "How Urban Concentration Affects Economic Growth", World Bank Policy Research Working Paper, 2000, No. 2326.

Jeffrey L. Pressman and Aaron. Wildavsky, *Implementation*, Berkeley: University of California Press, 1973.

L. Bertinelliand D. Black, "Urbanization and Growth", *Journal of*

Urban Economics, No. 56, 2004.

M. Herrmann and H. Khan, "Rapid Urbanization, Employment Crisis and Poverty in African LDCs: A New Development Strategy and Aid Policy", Munich Personal RePEc Archive Paper, 2008, No. 9499.

M. Howlett and M. Ramesh, "Policy Subsystem Configurations and Policy Change: Operationalizing the Postpositivist Analysis of the Policy Process", *Policy Studies Journal*, Vol. 26, No. 3, 1998.

M. M. Atkinsonand W. D. Coleman, "Strong States and Weak States: Sectoral Policy Networks in Advanced Capitalist Economies", *British Journal of Political Science*, Vol. 19, No. 1, 1989.

M. P. Todaro, "A Model of Labor Migrationan Urban Unemployment in Less Developed Countries", *American Economic Review*, Vol. 59, No. 1, 1969.

M. Thatcher, "The Development of Policy Network Analyses", *Journal of Theoretical Politics*, Vol. 10, No. 4, 1998.

Marius Brülhart and Federica Sbergami, "Agglomeration and Growth: Cross-country Evidence", *Journal of Urban Economics*, Vol. 65, No. 1, January 2009.

Mark Evans, "Understanding Dialectics in Policy Network Analysis", *Political Studies*, Vol. 49, No. 3, August 2001.

Maurice Wright, "Policy Community, Policy Network and Comparative Industrial Policies", *Political Studies*, Vol. 36, No. 4, December 1988.

Mickael Howlett, "Managing the 'Hollow State': Procedural Policy Instruments and Modern Governance", *Canadian Public Administration*, Vol. 43, No. 4, 2000.

Mike Douglass, "Mega-urban Regions and World Ccity Formation:

Globalizationthe Economic Crisis and Urban Policy Issues in Pacific Asian", *Urban Studies*, Vol. 37, No. 12, 2000.

N. S. Ginsburg, B. Koppel and T. G. MeGee, " The Extended Metropolis: Settlement Transition in Asia", *The Journal of Asian Studies*, Vol. 51, No. 4, 1992.

P. A. Sabatier, "An Advocacy Coalition Framework of Policy Change and the Role of Policy Oriented Learning Therein", *Policy Sciences*, Vol. 21, No. 2, 1988.

Patrick Kenis and Keith G. Provan, "Towards an Exogenous theory of Public Network Performance", *Public Ad-ministration*, Vol. 87, No. 3, 2009.

Paul krugman, " The Myth of Asia's Miracle", *Foreign Affairs*, Vol. 73, No. 6, 1994.

R. A. Hackenber, "New Patterns of Urbanization in Southeast Asia: An Assessment", *Population and Development Review*, Vol. 6, No. 3, 1980.

R. A. W Rhodes and D. Marsh: "New Directions in the Study of Policy Networks", *European Journal of Political Research*, Vol. 21, No. 1 – 2, February 1992.

R. A. W. Rhodes and David Marsh, *Policy Networks in British Government*, Oxford: Clarendon Press, 1992.

Richard F. Elmore, "Backward Mapping: Implementation Research and Policy Decisions", *Political Science Quarterly*, Vol. 94, No. 4, Winter 1979 – 1980.

Ronald K. Mitchell, Bradley R. Agle and Donna J. Wood, "Towards a Theory of Stakeholder Identification and Sa-lience: Defining the Principle of Who and What Really Counts", *Academy of Management*

Review, Vol. 22, No. 4, 1997.

S. Poelhekke, "Urban Growth, Uninsured Risk and the Rural Origins of Aggregate Volatility", EUI Working Paper ECO, 2008, No. 26.

Stark, "Rural-to-urban Migration in LDCs: ARelative Deprivation Approach", *Economic D-evelopment and Cultural Change*, Vol. 32, No. 3, 1984.

Tanja A. Börzel, "Organizing Babylonon the Different Conceptions of Policy Network", *Public Administration*, Vol. 76, No. 2, 1998.

Walter J. M. Kickert, "Public Governance in the Netherlands: An Alternative to Anglo-American 'Managerialism'", *Public Administration*, Vol. 75, No. 4, 1997.

后　记

博士学位论文答辩完成后，我思虑再三，准备把我的精力重新专注于学术。在论文获得浙江工业大学社会科学研究院人文社科出版资助计划资助之后，我开始收集资料着手博士学位论文的大幅修改。但何曾想到，命运捉弄，一场重病的降临几乎击溃我对人生的信心。由于需要治疗，但时间又有限制，我实在没有时间与心情修改博士学位论文，致使文中缺憾甚多，出版时间也一拖再拖，是为憾事。

华中师范大学是我生命的重要组成部分。我和华师的情缘超过20个年头，本该属于人生职业生涯的黄金岁月，却因自己的懈怠和兴趣的几经转移，了无成绩，愧对师恩。20年前，懵懂无知的我几经波折成为宋才发教授和唐鸣教授的研究生，三年学习生活的点点滴滴依然历历在目，特别难忘武汉那个多年未见大雪纷飞的寒假，唐老师邀请孤身在校的建国兄和我一起去他家过除夕夜，吃年夜饭，导师的关心与爱护令人难以忘怀。在我人生低谷时，唐老师再次给了我重返华师校园的机会，在我论文选题犯难时，又是唐老师帮我敲定了新型城镇化这一研究方向，在写作过程中也是唐老师纠正了我盲目扩展阅读的问题，在论文研究视角的选择上，他的跨学科思维也深深影响了我，这才有了论文中政策科学与新型城镇化理论的结合。而我严重的拖延征，把三年的博士研修硬生生拖到了六年，但唐老师依然鼓励支持，他对人对事的宽容和涵养，我将永远铭记于心并将以之为学习榜样。总之，没有唐老师的帮扶和付出，拙作难以完成，衷心感谢唐老师一直以来对我的关心与帮助。

同时也非常感谢徐勇、项继权、程又中、俞思念、聂运麟、陈伟东、胡宗山、高秉雄、邓大才、牟成文、王建国、陈荣卓等各位教授在博士生课程讲授、开题报告答辩、毕业论文答辩以及日常交流中的启发、建议，各位教授给予我诸多教益，拓展了我的研究思路和视野，使论文得到进一步完善，受益匪浅。在这里还要特别感谢我的同窗挚友、现任华中师范大学政治与国际关系学院副院长的王建国教授，在硕士学业期间结下的兄弟般的深厚友谊一直温暖着我，感谢老天爷的眷顾让我拥有如此美好的友情。现担任华中师范大学公共管理学院副院长的徐增阳教授虽然和我不同属一个专业，但一直甚为投机，非常感谢他一直以来对我的关心、鼓励与支持。同时也非常感谢政治与国际关系学院办公室主任的潘广炜师弟对我的关照，以及赵琳老师、答辩秘书冯连军博士和其他同学在我准备答辩时的高效率协助工作，没有他们我的论文答辩恐难顺利进行。

完成在职博士学业，离不开工作单位的大力支持，非常感谢学院历任领导胡平书记、鲍健强教授、邢乐勤教授、陈衍泰教授、蓝汉林教授对我的关心与帮助，尤其是邢乐勤教授，她是我从事公共管理专业教学研究的引路人。特别感谢学院现任书记顾容研究员、周亚越执行院长、祝建华副院长、徐吉洪副书记的支持，尤其是周亚越教授给予了我特别多的关心与鼓励。一直以来，我们学院同事相处都非常愉快，很感谢大家平日里对我的照顾与关心。

最需要感谢的是我的父母，是他们含辛茹苦培养了我，尤其是我的母亲，没有她的严厉督促就没有我的今天。同时还要感谢我的妻子刘莹，她的支持使我能静心写作。在我重病期间，她不辞辛劳，东奔西跑，给了我最大的支持，女儿梓涵的天真笑靥、可爱举动激起了我重生的勇气与信心。还有我的许多老师、同学、同事、朋友、学生、家人等在得知我生病后，都纷纷伸出援助之手给我莫大的关心、鼓励与帮助，在此我无法一一列出表示感谢，但是珍贵的情谊我将永铭在心，这些都将激励我砥砺前行。

最后，还要感谢与拙作主题相关的所有论著的作者，不敢说文中有多少创见，贡献多少新知，哪怕有一点，也是建立在他们真知灼见的基础之上。论著的出版则要感谢浙江工业大学社会科学研究院人文社会科学后期资助项目，使我的博士学位论文有了出版的机会。感谢中国社会科学出版社张林主任等编辑人员不厌其烦的沟通与交流，拙作才能得以成功出版。

王洪江

2020 年 9 月